비트겐슈타인 회상록

비트겐슈타인
회상록

Recollections of Wittgenstein

P 필로소픽

감사의 글

존 킹의 〈비트겐슈타인 회상록〉, M. O'C. 드루어리의 〈비트겐슈타인과의 대화〉, 러시 리스의 후기는 이 책의 초판(Oxford, 1981: Blackwell, Totowa, NJ, 1981: Rowman & Littlefield)에 처음 소개되었다. 헤르미네 비트겐슈타인의 〈내 동생 루트비히〉의 독일어 원문도 초판에 실렸는데, 마이클 클라크가 특별히 옥스퍼드 페이퍼백 판을 위해 번역하였다. 노먼 맬컴의 서문 역시 이번 판본에 새로 실었다. 기타 에세이들은 이전에 출판되었던 것들이다. 사용을 허락해준 저자와 출판사에 감사의 말을 전한다. 세부 사항은 다음과 같다.

파니아 파스칼Fania Pascal, 〈비트겐슈타인: 사적인 회고록Wittgenstein: A Personal Memoir〉 [*Encounter* 41 No 2 (August 1973), 23-39; repr. with revisions in C. G. Luckhardt (ed.), *Wittgenstein: Sources and Perspectives* (Hassocks, 1979: Harvester; Ithaca, NY, 1979: Cornell University Press)]

F. R. 리비스Leavis, 〈비트겐슈타인에 대한 기억들Memories of Wittgenstein〉 [*The Human World* No 10 (February 1973), 66-79 (reprinted here by permission of the Brynmill Press Ltd.)]

M. O'C. 드루어리Drury, 〈비트겐슈타인과의 대화에 관한 비망록Some Notes on Conversations with Wittgenstein〉 [*Acta Philosophica Fennica* 28 (1976) (*Essays on Wittgenstein in Honour of G. H. von Wright*), 22-40]

옥스퍼드 페이퍼백 편집본에 대하여

이번 새 판본은 전면 개정판이다. 이 기회에 여러 오류를 고쳤고 수정 사항을 반영했다. 노먼 맬컴이 기고한 새로운 서문을 실었다. 헤르미네 비트겐슈타인의 회고록은 새로 번역되었고, 독일어 원본은 삭제했다. 러시 리스의 후기에 있던 독일어 원문 인용도 삭제하였다. 다만 이들 원문이 다른 곳에 출간된 적이 없거나 쉽게 구하기 어려운 경우, 또한 번역의 문제가 논해지는 경우에는 남겨두었다. 비트겐슈타인의 저작에서 가져온 모든 인용문(317쪽 인용문헌 참고)과 다른 저자의 저작에서 가져온 대부분의 인용문에 대해 출처가 명기되었다. 참고문헌을 새롭게 정리하였고, 저자 주는 각주로 달았다. 편집자 주는 숫자로 표시하고 텍스트 말미에 미주로 달았다.

차례

머리말

헤르미네 비트겐슈타인은 루트비히의 누나로 8남매 중 장녀였다. 그녀는 루트비히보다 15년 연상이었다. 루트비히는 1889년에 태어났고, 그녀는 1874년에 태어났다. 그녀는 루트비히보다 1년 먼저 세상을 떠났다. 헤르미네는 1950년, 루트비히는 1951년에 사망했다. 내생각에 두 사람은 비트겐슈타인이 케임브리지에 머물던 첫 시기인 1912년, 1913년경에 특히 가까웠다. 만년에 그는 종종 누나를 언급했다. 그는 내게 자기 형제와 누나들 가운데 헤르미네가 "가장 마음이 깊다"고 말했다. 나와 이야기할 때 그녀는 고마움과 애정을 담아 루트비히에 대해 말했고, 마치 그가 나이가 더 많기라도 한 것처럼 그의 판단을 존중했다.

　동생에 대한 그녀의 회고록은 〈가족 회상록Familienerinnerungen〉이라 불리는 긴 원고에서 가져왔다. 이 가족 회상록은 그녀가 조카들과 종손들을 위해 쓴 것이다. 그녀는 그것을 2차 세계대전 중인 1944년 6월에 빈에서 '가족에 대해 아직 기억할 수 있는 것들을 급하게 남기기 위해' 시작했다. 당시는 기록과 건축물과 인간이 무차별적으로 소멸의 위협을 받던 시기였다. 무차별 폭격과 러시아 군대의 진격으로 그녀는 곧 빈을 떠나 그문덴에 있는 여동생 집으로 갔고, 거기서 집필을 계속했다. 전쟁이 끝나고 2년이 지난 1947년 7월에는 빈의 남동쪽에 있는 가족 소유 별장 '호흐라이트'에서, 1948년 10월에는 다시 한 번 빈에서 집필을 이어갔다. 하지만 1949년 암으로 심각하게 앓으면서 더 이상 원고를 쓸 수 없게 되었다.

그녀는 조카들과 종손들을 위해 회고록을 썼고 출판은 염두에 두지 않았다. 루트비히에 관한 절을 출간하도록 허락해준 존 스턴버러를 비롯한 그녀의 조카들에게 감사드린다. 그녀는 회상록을 시작하면서 살아있는 누군가에 대해 쓰는 게 쉽지 않다고 말한다. 특히 스스로도 분명하지 않은 점들에 대해 당사자와 편지로도 상의할 수 없을 때 더 그렇다고 말한다. 그녀는 1945년 봄에 소묘를 썼고, 1947년 9월에 동생을 만났다. 하지만 나는 그녀가 회상록에 관해 그와 협의를 했을지 의심스럽다. 1950년 1월에 동생을 다시 만났을 때, 그녀는 뭔가를 주제로 토론하기에는 너무 아팠다. 아마도 그녀의 글에서 일부 세부 내용은 부정확할 수도 있다. 아니면 적어도 명확하지 않을 수 있다. 예를 들어 비트겐슈타인이 공학에서 철학으로 전환하고 베를린의 공과대학을 떠난 일을 말할 때 그녀는 그가 맨체스터에서 보낸 시기를 언급하지 않는다. 그리고 노르웨이를 방문한 일에 대해서는 1913년과 1914년의 방문을 뒤섞어 기록한 것처럼 보인다. 이들 세부 사항은 수정될 수 있다. 그리고 그것들이 수정되었을 때, 우리는 그녀의 글을 통해 비트겐슈타인에 대해 받는 인상에서 이 세부 사항들이 별로 중요하지 않다는 것을 알게 된다.

이 책의 다른 저자들은 비트겐슈타인이 1929년 오스트리아에서 케임브리지로 온 직후에 그를 알았다. F. R. 리비스는 케임브리지의 영문학 강사였다. M. O'C. 드루어리는 (당시에는 심리 도덕과학이라 불렸던) 철학책을 읽고 있었다. 그는 1930년 6월 시험을 쳐서 1등급 우등 학사 학위를 받았다. 존 킹은 1930년 가을에 비트겐슈타인을 알게 됐다. 그가 1930/1931년과 1931/1932년도 학기에 강의를 받아 적은 노트들은 (강의를 들은 다른 이들의 노트들과 함께) 현재 출간되었다.* 하지만 이 책에 포함된 그의 짧은 회고록은 독립적인 것으로 볼 수 있다.

파니아 파스칼(결혼 전 성은 폴리아노브스카야)은 1차 세계대전 이후 베를린에서 철학을 공부하기 위해 러시아를 떠났다. 베를린에서 박사 학위를 받은 뒤 그녀는 1930년에 케임브리지에 왔고, 이듬해 대학의 독일어 강사인 로이 파스칼과 결혼했다. 그녀와 남편 모두 비트겐슈타인의 가까운 친구였다. 이 우정은 로이 파스칼이 독일어 교수가 되어 버밍엄으로 이사갔던 1939년까지 유지됐다. 비트겐슈타인은 대화 중에 파스칼 부부가 언급될 때면 그들에 대해 따뜻하게 말했고, 버밍엄에 갈 때마다 그들을 방문했다. 거기에는 비트겐슈타인이 케임브리지에서 알게 된 또 다른 친구인 조지 톰슨이 고전학 교수로 있었다. 그리고 거기서 비트겐타인은 니콜라스 바흐친Nicholas Bachtin을 알게 되었다. (파스칼 여사의 논문 참조)

나는 드루어리 박사의 두 논문을 포함했다. 이 가운데 짧은 논문은 그가 출간을 위해 준비한 것으로 여기 처음으로 공개한다. 그것은 G. H. 폰 브릭트 기념 논문집에 실렸고, 드루어리는 죽기 이틀 전에 발췌 인쇄본을 전달받았다. (그는 1976년 크리스마스에 사망했다.) 긴 논문은 여러 차례 썼던 것들 가운데 가장 나중에 나온 것이었지만 여전히 초고 상태였다. 그는 초고에서 일부 것들을 뽑아 더 짧은 출판용 논문을 작성했다. 하지만 내가 예상했던 것보다는 짧지 않았다.* 짧은 논문에서 그의 주제나 논지는 새롭다. 그렇기 때문에 반복되는 언급들도 새로운 각도에서 조명되고 있다.

그는 긴 논문을 1974년에 타자본으로 만들었는데, 내용이 만족스럽지 않았지만 다듬지는 않았다. 그는 한두 차례 다른 사람들이 그것

---

* Desmond Lee (ed.), *Wittgenstein's Lectures, Cambridge 1930-1932*, From *the Notes of John King and Desmond Lee* (Oxford, 1980; Totowa, NJ, 1981).
* 나는 긴 논문에서 짧은 논문에 거의 전적으로 복사한 구절들은 삭제했다.

을 사용해도 좋다고 말했다. 그 원고는 우리가 비트겐슈타인을 이해하는 데 도움이 되었는데, 그것은 드루어리가 쓴 대로 비트겐슈타인에게서 직접 나온 것이기 때문이다. 그리고 나는 그 논문을 출판하는 것이 그의 소망을 침해한 것이 아니라고 생각한다. 드루어리 여사와 그의 두 아들도 동의했다.

1966년의 초기본 도입부에서 그는 말했다.

비트겐슈타인의 철학에 대한 입문서와 해설서의 수는 꾸준히 늘어나고 있다. 하지만 그의 옛 제자에게 그의 사상에서 핵심이었던 무언가가 아직 말해지지 않았다.

키르케고르는 그의 작품의 영향에 대해 쓰라린 우화를 말했다. 그는 관객들에게 불이 났다고 경고하며 무대 위를 달리는 극장관리인처럼 느꼈다고 말했다. 하지만 관객들은 그의 등장을 그들이 관람하는 연극의 일부로 여기고 그가 더 크게 소리칠수록 더 많이 박수친다.

40년 전 비트겐슈타인의 가르침은 내게 당시 내가 강하게 유혹받던 어떤 지적, 영적 위기에 대한 경고로 다가왔다. 이들 위험은 여전히 우리를 둘러싸고 있다. 선의의 해설가들이 비트겐슈타인의 저작을 이제 그 저작들이 크게 경고했던 그 지적인 환경에 쉽게 동화될 수 있는 것처럼 보이게 만든다면 그것은 비극일 것이다.

드루어리는 초고를 계속 작업했지만 여전히 그에게 영향을 주었던 그 경고를 결국 체계적으로 구성할 수 없다고 느꼈다. 자신이 쓴 글이 좋은 영향보다는 악영향을 줄 거라고 느꼈던 것이다.

1973년 그는 여러 단체에서 했던 일부 강의를 《단어의 위험*The Danger of Words*》이라는 단행본으로 출간했다. 그는 서문에서 이렇게 말한다. "긴급한 실천을 요하는 동시에 보다 깊은 철학적 당혹감을 불러일으키는 난제에 직면한 사람의 사고에 비트겐슈타인이 끼친 영향의 사례로서 이 에세이를 내놓는다." 가장 주목할 만한 에세이는 〈광기와 종교〉이다.

드루어리는 학사학위를 받은 후 신학을 공부하고 성공회 사제가 될 작정으로 케임브리지에 왔다. 그는 케임브리지의 신학대학(웨스트코트 하우스)에서 1년을 보냈다. 그리고 학업을 중단하기로 결심했다. 약 2년간 그는 뉴캐슬과 머타이어 타이드필의 실업자들과 다양한 프로젝트에서 일했다. 그는 스물여섯 살인 1933년에 의학을 공부하기 시작했고, 1939년 전쟁이 발발하기 몇 개월 전에 자격을 취득했다. 그는 론다 밸리에서 일반의로 수개월 동안 일했다. 그러고는 전쟁 기간 중에 영국 육군 의무부대RAMC에서 복무했다. (그리고 내 생각에 전쟁이 끝나고 잠깐 동안 독일에서 육군의 '재건' 작업에 참여했다.) 더블린 소재 성 패트릭 병원장의 조언에 따라 1947년에서야 정신의학을 전공했다. 그리고 1969년에서 1976년까지 정신과 의사로 있었다. 사망 당시에도 은퇴하지 않았다.

그의 주된 긴 논문은 그가 성공회 사제직을 위한 준비를 중단하고 나중에 의학을 공부하기 시작한 동기의 일부를 설명한다. 비트겐슈타인은 1951년 사망했다. 드루어리는 그와 계속 연락했고 그의 임종을 지켰다.

러시 리스

들어가는 말

더 오래 전 예술의 시대에는

건축가들이 최고의 세심함을 기울여 공들여 만들었지

매 순간 보이지 않는 부분까지도,

신들이 모든 곳에 계셨으므로.

비트겐슈타인은 롱펠로의 이 시구를 자신의 노트에 필사하면서 이런 논평을 덧붙였다. "나의 모토로 삼을 만하다." 그의 철학 작품은 사실 '최고의 세심함으로 만들어졌다.' 완전한 이해를 향한 그의 강렬한 분투, 비타협적인 성실함과 천재의 힘은 그를 우리 시대의 영웅적 인물로 만들었다. 많은 이들이 그를 금세기 가장 위대한 철학자로 꼽는다. 하지만 그의 작품은 철학계에서 제대로 이해되고 있지 않고 철학계 바깥에서는 사실상 알려지지 않았다. 그는 아마도 생애의 각각 다른 시기에 두 권의 철학 고전(《논리철학논고》와 《철학적 탐구》)을 썼다는 점에서 철학사에서 유일무이할 것이다. 두 저작 모두 탁월하고 심오하며, 두 번째는 첫 번째를 부정한 것이다.

　비트겐슈타인의 성격과 개성은 그를 만난 모두에게 큰 영향을 주었다. 러시 리스는 비트겐슈타인과 공부했고, 여러 해 동안 가까운 친구였으며, 비트겐슈타인의 방대한 철학 작품의 집행자이자 편집자 가운데 한 명이다. 그는 이 책에 비트겐슈타인의 여러 친구들의 멋진 회고록들을 모았다. 우리는 엄격하고 불같은 성격, 또 관대함과 애정 어린 배려의 태도를 보여주는 사례들을 통해 단지 그에 대한 인상뿐만

이 아니라 그에 관한 사건, 활동, 몸짓, 대화를 보게 된다. 우리는 비트겐슈타인의 탈속성과 자기 자신과 타인에 대한 엄격한 요구, 영적인 관심을 볼 수 있다.

비트겐슈타인은 1889년 빈에서 8남매 가운데 막내로 태어났다. 그의 부친은 오스트리아 제강업계의 유력인사였다. 부유하고 교양 넘치는 비트겐슈타인 집안은 음악생활의 중심지였다. 루트비히는 14세까지 가정교육을 받았고, 그 뒤 3년 동안 수학과 자연과학에 특화된 오스트리아의 학교에서 교육을 받았다. 이후에는 독일에서 2년간 기계공학을 공부하였다. 1908년에 그는 영국으로 가서 맨체스터 대학교에서 항공학을 연구했다. 그의 관심은 곧 수학으로 옮겨갔다. 그러고는 다시 수학의 기초로 옮겨갔다. 1912년 그는 공학을 포기하고 케임브리지로 가서 러셀과 논리학을 공부했는데, 그의 진도가 너무 빨라 러셀을 놀라게 했다. 얼마 안 있어 둘은 대등한 위치에서 함께 연구하게 됐다. 1차 세계대전이 발발하자 비트겐슈타인은 즉시 오스트리아 육군에 자원입대했고, 여러 차례 전선에 참전했다. 하지만 그는 배낭에 노트를 넣고 다니며 계속해서 논리학과 철학의 문제에 대한 자신의 사유를 기록했다. 1918년 11월 포로가 되었을 때 그는《논리철학논고》의 완성 원고를 지니고 있었다.

이 회상록의 첫 번째 글은 루트비히의 큰누나인 헤르미네가 쓴 것이다. 그녀는 전쟁에서 돌아온 직후 자신의 막대한 재산을 모두 포기한 루트비히의 행동에 대한 가족의 당혹감을 말해준다. 또한 초등학교 교사가 되려는 결심에 실망한 것도 알려준다. 1920년에서 1926년까지 그는 니더외스터라이히^{Niederösterreich}의 작은 마을에서 초등학교 교사 생활을 했다. 교사를 그만두고는 놀랍게도 빈에 있는 누이 그레틀의 새 집을 짓는 건축가가 되었다. 헤르미네는 동생이 이 작업에 심취해

쏟은 2년 동안의 전념을, 즉 그가 어떻게 모든 세부 사항들을 감독했는지, 그리고 정확성에 대한 그의 요구가 때로 얼마나 기술자들을 화나게 했는지를 묘사한다.

1929년에 비트겐슈타인은 불현듯 자신이 철학에서 창조적인 연구를 재개할 수 있다고 느꼈다. 나머지 회상록들에서 장면은 케임브리지로 이동한다. 비트겐슈타인은 케임브리지에서 처음에는 강사, 훗날에는 교수가 되었다. 우리는 그가 놀라울 만큼 직설적이라는 것을 알게 된다. 저명한 문학비평가인 F. R. 리비스에게 그는 단도직입적으로 말했다. "문학비평을 그만두시오." 깜짝 놀랄 일이다. 하지만 악의가 있는 것도 아니고 오만함에서 비롯된 것도 아니었다.

1930년대에 비트겐슈타인에게 러시아어를 가르쳤던 파니아 파스칼은 케임브리지 소련 친선 위원회에 선출되어 기뻤다. 이 소식을 알렸더니, 비트겐슈타인은 축하를 하는 대신 단호하게 말했다. 정치적인 일은 매우 해로울 것이라고. 그러고는 덧붙였다. "당신이 해야 할 일은 사람들을 친절히 대하는 것이오. 그걸로 충분하오." 이 사건을 회상하면서 파스칼은 말한다. "그는 사람들이 지금 하고 있는 일 말고 다른 일을 하기를 바랐는데, 그것은 매우 불쾌한 경험이었다." 더 화나는 경험도 있다. 집안일을 벗어나 다른 일을 하고 싶었던 그녀는 노동자 교육협회Worker's Educational Association에서 시사 문제에 대한 강의를 해달라는 요청을 기쁘게 받아들였다. 그런데 비트겐슈타인은 그녀에게 '절대 그 강의를 해서는 안 된다. 그것은 당신에게 옳지 않으며 나쁘고 해롭다'는 내용의 편지를 보냈다. 그녀는 화가 나서 그 편지를 갈가리 찢어버렸다. 35년 후 회고록을 쓰면서도, 여전히 그녀는 그 쓰라린 기억에 분개하며 다음과 같이 말한다. "그는 사람의 마음에 상처를 주는 데 탁월한 능력을 지녔다. … 그가 아주 순수하고 순진한 사람이라는 것을 안다 해도 내 감정은 바뀌지 않는다."

그와 함께 공부하며 가까운 친구가 된 드루어리는 비트겐슈타인과의 대화를 기록하면서 그가 자신의 철학 연구에 대해 어떤 태도를 취했는지 약간의 실마리를 제공한다. 비트겐슈타인은 자신의 연구가 "비즈니스 같기"를, "어떤 일들을 해치우기"를 바랐다. "내 부친은 사업가였다. 나도 사업가다." "나쁜 철학자는 빈민가 집주인과 같다. 그들을 업계에서 쫓아내는 게 내 일이다!" 하지만 1949년에 자신의 새 책(《철학적 탐구》)에 어떤 제목을 붙여야 할지 고민할 때, 드루어리가 "철학"을 제안하자 비트겐슈타인은 화를 내며 이렇게 말했다. "멍청한 소리 좀 하지 말게. 인류 사상사에서 그토록 중요한 의미를 가진 단어를 어떻게 제목으로 사용할 수 있겠나? 마치 내 작업이 철학의 작은 한조각보다 중요한 뭐라도 되는 것 같잖아."

헤겔에 대한 드루어리의 언급에 대답하면서 비트겐슈타인은 말했다. "헤겔은 항상 다르게 보이는 것들이 사실은 같다고 말하고 싶어 하는 걸로 보여. 반면 내 관심은 같아 보이는 것들이 사실은 다르다는 것을 보여주는 거야." 그는 자신의 사고방식을 당대가 요구하지 않는다고 말했다. "아마도 백 년 후의 사람들은 내가 쓰는 걸 정말로 원할 거야." 그는 오스트리아에 있는 오랜 친구인 한 신부의 편지를 받았다. 그는 비트겐슈타인의 연구가 잘 되길 바란다고 하면서 "그것이 신의 뜻이라면"이라고 썼다. 비트겐슈타인은 이렇게 답했다. "그것이야말로 지금 내가 원하는 모든 걸세. 그것이 신의 뜻이라면. 바흐는 《오르간 소곡집*Orgelbüchlein*》 표지에 이렇게 적었지. '가장 높은 신의 영광을 위하여, 그것으로 내 이웃이 혜택을 받을 수 있기를.' 그것이 내가 내 연구에 대해 말하고 싶었던 거라네."

대화들은 비트겐슈타인의 음악적·문학적 견해에 대한 풍부한 정보를 준다. 베토벤 피아노 협주곡 4번의 느린 악장을 언급하면서 그는 "거기서 베토벤은 단지 그의 시대와 문화를 위해서가 아니라 전 인류를 위해 작곡하고 있다"고 말했다. 아우구스티누스의 《고백록》에 대해서는 어쩌면 "지금까지 쓰인 책 가운데 가장 진지한 책"일지도 모른다고 했다. 또 《카라마조프가의 형제》를 여러 번 읽었는데, 오스트리아 시골학교의 교사 시절에는 마을 목사에게 읽어주기도 했다. 그는 톨스토이의 《스물 세 개의 이야기Twenty-three Tales》를 높이 평가했고 친구들에게 추천했다. 블레이크는 그가 가장 좋아하는 영국 시인이었으며, 드루어리에게 그의 시를 암송해주기도 했다. 한번은 키르케고르가 19세기의 "단연 가장 심오한 사상가"라고 말했다. 하지만 몇 년 후에는 키르케고르가 "너무 길고 지루하다"고 언급했다. 키르케고르를 읽으면서 비트겐슈타인은 이렇게 말하고 싶어 했다. "맞아, 동의해, 동의한다고. 하지만 빨리 다음으로 넘어가라고." 그는 드루어리에게 프로이트의 《꿈의 해석》을 처음 읽었을 때 "여기 마침내 뭔가 중요한 말을 하는 심리학자가 나타났군" 하고 혼잣말을 했다고 말했다. 그런데 12년 뒤에는 "프로이트의 연구는 그와 함께 죽었다. 오늘날 아무도 프로이트 방식으로 정신분석을 할 수 없다"고 말했다.

이 회상들은 종교에 대한 비트겐슈타인의 사상과 느낌을 상당히 잘 보여준다. 드루어리는 언젠가 라틴식 전례Latin rite의 고대 전례 기도liturgical prayers와 그것을 영국 성공회 기도서Anglican Prayer Book로 번역한 게 얼마나 인상적인지를 언급했다. 비트겐슈타인은 이렇게 말했다.

맞아, 이 기도문들을 읽고 있노라면 수 세기 동안 이어온 신을 향한 예배에 푹 잠겨있는 듯한 느낌이 들지. 나는 이탈리아에서 전쟁 포로로 있을 때, 일요일마다 강제로 미사에 참여해야 했네. 그런 강제 조치가 아주 마음에 들었어. … 하지만 기독교는 기도를 많이 해서 이루어진 종교가 아니며, 사실상 우리는 정반대로 움직이도록 강요받고 있다는 걸 기억해야 하네. 자네와 내가 종교적인 삶을 살려 한다면, 종교에 대해 많이 떠들 게 아니라 어떻게든 삶이 달라져야 하지.

비트겐슈타인은 자기 자신은 물론 친구들에게도 엄격한 기준을 적용했다. 하지만 이들 회상록은 수많은 우정과 애정어린 행위를 증언한다. 비트겐슈타인은 W. E. 존슨의 세 권짜리 논리학 책에 대해 낮게 평가했고, 존슨은 비트겐슈타인이 오만하고 케임브리지 철학에 재앙적인 악영향을 끼쳤다고 생각했다. 하지만 존슨의 건강이 악화되기 시작하자 비트겐슈타인은 자주 존슨의 집을 찾아가서 체스를 두거나 존슨이 피아노로 바흐를 연주할 때 단독 관객 노릇을 했다. 왜냐하면 그는 듣는 사람이 없으면 존슨이 연주하지 않을 것을 알았기 때문이다. 비트겐슈타인은 드루어리가 의학 공부를 할 수 있도록 장학금 지원을 주선하기도 했다. 드루어리는 병원에서 수련의 과정을 밟던 첫해에 자신의 무지와 서투름에 좌절하여 비트겐슈타인에게 자신이 의사가 된 것은 실수 같다고 말했다. 다음날 그는 편지를 받았다.

그 당시 자네는 자네가 알기로 혹은 알아야 하는 것 가운데 간과한 게 아무것도 없었으니 잘못한 게 없네. … 중요한 건 자네가 원하는 세계를 생각하거나 꿈꾸는 것이 아니라, 자네가 존재하는 세계 안에 사는 것이지. 자네가 가까이 접하는 인간의 육체적 정신적 고통을 살핀다면, 틀림없이 자네 고민의 좋은 해결책이 될 거라고 믿네. … 자네의 환자들을 고통에 빠진 인간으로 세심하게 살피고, 많은 이들에게 '안녕히 주무세요'라는 인사를 할 기회를 더 많이 누리게. 이것만으로도 많은 이들이 부러워할, 하늘이 내린 선물을 갖게 되는 거야.

드루어리는 영국 육군 의무부대에서 전쟁 기간 중 복무했고, 1941년에는 중동으로 파견되었다. 비트겐슈타인은 케임브리지에서 리버풀로 와서 그에게 작별인사를 하면서 은제 수통을 선물로 건넸다. "은제 수통으로 마시면 물맛이 훨씬 좋아. 이 선물에는 딱 한 가지 조건이 있네. 잃어버려도 걱정하지 말라는 거야."

탁월한 후기에서 러시 리스는 비트겐슈타인에 관한 호기심을 불러일으키는 두 가지 문제를 다룬다. 러시아에 대한 관심과 "고백"에 대해서다. 비트겐슈타인은 생애 가운데 여러 차례 러시아에 정착하고 싶다는 소망을 표명했다. 그를 알았던 사람들은 그의 동기가 무엇인지 명확히 알지 못했다. 파니아 파스칼은 서구 문명으로부터 도피하고자 하는 바람 때문이라고 생각했다. 그녀는 "러시아에 대한 그의 감정은 줄곧 사회정치적 문제 때문이 아니라 톨스토이의 도덕적 가르침이나 도스토옙스키의 영적인 통찰과 관계가 있"을 걸로 추측한다. 또한, 1930년대의 러시아에서의 힘든 삶은 "비트겐슈타인의 금욕적 성향에 오히려 더 호소력이 있었을지도 모른다." 리스는 비트겐슈타인이 분명히 의사 수련을 받기를 원했다고 말한다. 그리고 아마도 그가 생활이 원시적이던 소련 변방의 새로운 식민지 지역에서 의사 수련을 받고 싶어했다고 생각한다. 비트겐슈타인은 당시 러시아 정부가 육체노동을 강조하는 것에 매우 공감했다. 그는 1935년 여름에 러시아를 방문했고, 케임브리지로 돌아와 집필과 강의를 계속했다. 알려진 바에 따르면 비트겐슈타인은 아무에게도 러시아에 대한 인상을 얘기하지 않았다. 1945년 리스가 비트겐슈타인에게 (트로츠키주의) 혁명공산당에 합류해야겠다는 생각을 표명했을 때, 비트겐슈타인은 그의 행보를 경고했다. 그가 말하려는 요점은 이랬다: 당원이 되면 당의 결정대로 행동하고 말할 각오가 되어야 하네. 반면에 철학을 할 땐 이동 방향을 바꾸기 위해 부단히 준비해야 해.

1937년에 비트겐슈타인은 파니아 파스칼을 찾아와서 대뜸 "고백을 하러 왔소"라고 선언했다. 그는 방금 같은 목적으로 무어 교수를 만나고 온 참이었다. 그에 앞서 1931년에는 고백록을 써서 드루어리에게 읽으라고 고집을 피웠다. 고백의 주제는 분명히 두 가지였다. 하나는 자신이 친구들이 알고 있는 것보다 더 유대 혈통이 강하다는 것, 그런데도 그런 오해를 바로잡으려고 하지 않았다는 것이었다. 다른 하나는 1920년대 오스트리아에서 교사로 있을 때 화가 나서 학생을 때렸는데도 때리지 않았다고 거짓말을 했다는 것이었다.

리스는 이 이상한 고백을 논하면서 그것에 뜻밖의 깊이가 있다는 점을 보여준다. 비트겐슈타인에게 고백은 그것이 자신의 내면에 변화를 불러일으켜야 한다는 점에서 중요했다. 1931년에 그는 노트에 "고백은 새로운 삶의 일부여야 한다"고 적어 놓았다. 1937년에는 이렇게 썼다. "지난해 나는 신의 도움으로 기력을 회복해서 고백을 했다. 이 때문에 나는 더 잔잔한 물로 들어가게 되었으며, 다른 사람들과 더 좋은 관계를 맺을 수 있었고, 더 진지하게 되었다. 그러나 지금은 마치 내가 그것을 다 써버린 것처럼 되어서, 과거에 있던 곳으로 다시 돌아온 것 같다." 1차 세계대전에서 군인으로 복무할 때, 그리고 그 이후에도 종종 비트겐슈타인은 '다른 사람', '훌륭한 인간'이 되어야 할 필요성을 토로하였다. 이것은 그가 더 이상 스스로 그렇다고 간주했던, '영웅적이지 못하'고 '비겁한' 사람이고 싶지 않다는 의미일까? 리스가 보기에 비트겐슈타인의 바람은 그보다는 자기 자신의 본성을 깨닫고, 자기를 가식적으로 꾸미지 않는 것을 의미한다. 고백은 이것을 성취하는 데 도움을 줄 수 있을지도 모른다. 오직 이런 종류의 자기 이해만이 그에게서 '허위'를, 즉 자기기만이라는 허위를 제거할 것이었다.

자신의 본성을 이해할 이 요구는 비트겐슈타인에게 완전히 정직한 인간이 되고 싶다는 바람뿐만 아니라 철학적 작업의 성질과도 연결되었다. 그가 자신에게 진실하지 않다면 그의 저작 또한 진실하지 않은 것이다. 1938년의 노트에서 그는 이렇게 썼다. "만일 어떤 이가 너무 고통스럽다는 이유로 자신 속으로 내려가기를 꺼린다면, 그의 글쓰기는 피상적인 수준에 머물 것이다." 다음 해에는 이렇게 썼다. "진리에 이미 머무르고 있는 사람만이 진리를 말할 수 있다. 아직 비진리에 머무르고 있는 자, 어쩌다 한 번 비진리에서 진리로 손을 내미는 자는 말할 수 없다."

지금까지 살펴본 것은 이 회상록에 담긴 풍부한 사건과 언급 가운데 비트겐슈타인의 정신과 인격의 중요한 측면들을 보여주는 일부 사례들이다. 의심할 여지없이 그는 앞으로도 신비롭고 도전적인 인물로 남아있을 것이다. 이 회상록의 독자는 비범한 지성과 진리에 대한 대담성과 열정을 겸비한 한 인간의 초상에 틀림없이 깊은 인상을 받을 것이고, 어쩌면 감명을 받을 것이다.

노먼 맬컴

내 동생 루트비히

헤르미네 비트겐슈타인

살아 있는 사람에 대해 글을 쓰는 것은 정말이지 어려운 일이다. 특히 그 사람에 관해 불확실한 사항들을 그와 직접 협의하는 것이 불가능하다면 더욱 그러하다. 하지만 나는 루트비히가 여기에 적을 단순한 사실적 설명까지 불쾌하게 받아들이지는 않을 것이라고 믿는다. 내가 아는 한 그럴 것이다. 이 세상에서 우리가 다시 만나게 된다면, 나는 중요한 내용을 변경하는 것엔 흔쾌히 동의하지 않겠지만, 동생이 필요하다고 여기는 자잘한 수정 사항들은 고칠 수 있다. 이미 말했듯이, 나는 사실에 근거한 설명만을 제공할 것이며, 나의 최고 관심사인 루트비히의 인격이 빛나게 되길 바란다.

어린 시절 루트비히는 기술과 관련된 모든 것들에 큰 관심을 보였다. 꽃과 자연, 동물과 풍경 등에 빠져들었던 형 파울과는 달랐다. 예를 들자면, 열 살 때 이미 루트비히는 재봉틀의 구조를 아주 잘 알고 있어서 철사와 나무 조각으로 소형 재봉틀 모형을 만들 수 있었다. 실제로 그걸로 약간의 박음질도 할 수 있었다. 물론 이 모델을 만들기 위해 루트비히는 재봉틀 실물의 각 부품들과 박음질에 요구되는 기계 장치의 움직임을 자세히 연구해야 했다. 집안의 늙은 침모가 내내 의심에 찬 눈으로 불만스럽게 그를 지켜보았다. 14살에 루트비히를 공립학교에 보내려 했으나, 아버지의 독특한 교육 방침 때문에 빈의 김나지움 입학 요건을 충족시키지 못했다. 이 때문에 초등교육을 보충하기 위해 단기 개인교습을 받은 뒤 린츠에 있는 실업학교에 진학했다. 나중에, 그의 동창생 가운데 한 명은 나에게 처음에 루트비히가 딴 세상에서 온 사람처럼 보였다고 말했다. 루트비히의 태도는 다른 학생들과 완전히 달랐다. 예를 들어 급우들을 부를 때면 '당신^{Sie}'이라는 정중한 표현을 썼다. 그 자체가 장벽이긴 했지만 독서에 대한 관심과 취향도 서로 완전히 달랐다. 루트비히가 급우들보다 나이가 좀 더 들었고, 확실히 훨씬 더 성숙하고 진지했다고 생각할 수도 있다. 하지만 무엇보다도, 루트비히는 극도로 예민했다. 나는 오히려 그의 급우들이 동생 눈에 딴 세상, 그것도 끔찍한 세상에서 온 것처럼 보였을 거라고 생각한다.

고등학교 졸업 후, 루트비히는 베를린에 있는 공과대학에 진학해 항공공학 분야의 광범위한 문제와 실험에 몰두했다.[1] 이 시기 아니면 약간 뒤에, 철학 또는 철학적 문제들에 대한 성찰이 갑자기 그를 사로잡았다. 자신의 의지에 반해 완전히 사로잡힌 루트비히는 상충되는 소명 사이에서 분열을 느끼며 끔찍하게 괴로워했다. 이것은 그의 생애에서 겪었던 여러 변화 가운데 첫 번째 변화였고, 그의 전 존재를 흔들어 놓았다. 이때 루트비히는 철학적 글 한 편을 작업하고 있었는데, 마침내 예나 대학교의 프레게 교수에게 그 글에 대한 계획을 드러내 보이기로 결심했다. 프레게 교수 역시 비슷한 문제에 관심을 가지고 있었다. 이 기간 동안 루트비히는 끊임없이 계속되는, 형언할 수 없는, 거의 병적인 동요 상태에 있었다. 나는 노령인 프레게가 상황의 심각성에 걸맞게 그 문제를 파고들려는 인내심이나 이해력을 가지고 있을지 심히 염려가 되었다. 그 때문에 나는 루트비히가 프레게를 만나러 여행하는 동안 꽤 걱정도 되고 불안하기도 했지만, 내가 생각했던 것보다 훨씬 결과가 좋았다. 프레게는 루트비히의 철학적 탐구를 격려했고, 케임브리지로 가서 러셀 교수 밑에서 공부할 것을 권했다.

루트비히는 그의 조언을 따랐다.

1912년에 나는 케임브리지에 있는 루트비히를 방문했다. 동생은 러셀과 친구가 되어 있었고, 우리는 러셀의 멋진 연구실에 초대되어 차를 대접받았다. 모든 벽면을 가득 채운 높은 책장들, 아름다운 대칭 구조의 석조 문설주들, 채광창이 있는 높은 구식 창문들이 있는 그곳이 지금도 눈에 선하다. 갑자기 러셀이 나에게 말했다. "우리는 동생분이 철학에서 다음 번 큰 진전을 이끌 것으로 기대합니다." 그의 말은 아주 놀랍고 믿을 수 없는 것이어서 잠깐 동안 모든 게 깜깜해졌다. 당시 루트비히는 스물 세 살이었지만, 나보다 열 다섯 살이나 어렸기 때문에 나에게는 여전히 배울 게 많은 소년처럼 보였다. 내가 그 순간을 결코 잊지 못하는 건 이상할 게 없다.

이 일이 있은 지 얼마 되지 않아, 루트비히는 노르웨이로 가서 완전한 고독 속에서 책을 집필했다. 동생은 피오르로 돌출된 바위 지대에 있는 작은 오두막을 사서 혼자 살았다. 거기서 그는 병적인 상태에 가까우리만큼 지적으로 강렬하게 고양되어 있었다.[2] 1914년 전쟁이 발발하자 동생은 오스트리아로 돌아왔다. 이중 탈장으로 수술을 받은 적이 있어 이미 병역을 면제받았지만 그는 입대를 고집했다. 나는 그가 단순히 조국을 지키겠다는 바람 때문에 자원한 것이 아니라는 걸 잘 안다. 동생에겐 순수한 지적인 작업 외에 힘든 과제를 스스로 떠안으려는 강렬한 욕망이 있었다. 처음에 그는 갈리치아의 군 수리창까지만 갈 수 있었다. 하지만 그는 계속해서 전방에 배치해달라고 요구했다.[3] 안타깝게도 이제 나는 당시 군 당국이 범했던 그 우스운 오해가 잘 기억나지 않는다. 그들은 매번 동생이 더 쉬운 보직으로 옮기려 했다고 여겼다. 사실은 더 위험한 곳으로 옮기고 싶어 했는데도 말이다. 마침내 동생의 바람이 이루어졌다. 그 후 동생은 용맹한 행동으로 여러 훈장을 받았고, 폭발 사고로 부상을 입었다. 그 뒤에 올뮈츠에서 장교가 되기 위한 훈련을 이수한 다음 아마도 소위로 임관한 걸로 기억한다. 건축가 파울 엥겔만과의 우정은 올뮈츠 시기로 거슬러 올라간다. 그에 대해서는 뒤에 이야기하도록 하겠다.

그 시기에도 루트비히는 심대한 변화를 겪었다. 그 결과는 전쟁이 끝날 때까지 겉으로 드러나지는 않았는데, 더 이상 부를 소유하지 않겠다는 결심에서 마침내 절정에 이른다. 군대에서 루트비히는 '복음서를 든 사람'으로 불렸다. 항상 톨스토이가 쓴 요약복음서를 들고 다녔기 때문이다. 전쟁이 끝날 무렵 동생은 이탈리아 전선에서 싸우다가 이상한 휴전이 선포되었을 때 이탈리아 군에 포로로 잡혔다. 마침내 집으로 돌아왔을 때, 그가 첫 번째로 한 일은 재산을 던져버리는 일이었다. 동생은 자기 재산을 우리 형제자매들에게 나눠주었다. 그레틀[마르가레테 스톤버러-비트겐슈타인]은 예외였다. 다른 형제자매들이 재산을 크게 잃은 반면 그레틀은 여전히 엄청난 부자였기 때문이다.

파울 삼촌과 내 친구인 민체 잘처를 비롯하여 많은 이들은 어떻게 우리가 동생의 돈을 받을 수 있는지, 그리고 왜 우리가 루트비히가 나중에 자기 결정을 후회할 경우를 대비해 은밀히 최소한의 돈이나마 따로 떼어 놓지 않았는지 이해하지 못했다. 그들은 그 결심을 불러온 인생관을 알지 못했고, 바로 지금 말한 그 가능성이 동생을 괴롭혔다는 것도 알 수 없었다. 루트비히는 어떤 형태로든 단 한 푼의 돈도 자기 앞으로 남아 있을 가능성이 없도록 백 번은 확인하고 싶어 했다. 동생이 하도 이 점을 되풀이하여 지적해서 재산 이전을 담당한 공증인이 절망을 느낄 정도였다.[4] 사람들이 또 몰랐던 것은 향후 어떤 상황에서도 형제자매들의 도움을 기꺼이 받아들인다는 것이 루트비히의 인생관에서 중요한 부분이었다는 사실이다. 도스토옙스키의《카라마조프가의 형제들》을 아는 사람이라면 기억할 것이다. 검소하고 매사에 조심조심하는 이반이야 어느 날 불확실한 상황에 빠질 수도 있지만, 무소유에 돈에 대해서는 아무것도 모르는 그의 형제 알료샤는 절대로 굶주리지 않으리라는 것을 말이다. 왜냐하면 모든 이가 기꺼이 자신들이 가진 것을 알료샤와 나누려 하고, 알료사는 거리낌 없이 그것을 받아들일 것이기 때문이다. 나는 이 모든 것을 분명히 알고 있었기 때문에 루트비히가 원하는 대로 일일이 모든 것을 해주었다.

동생의 두 번째 결정은 완전히 평범한 직업을 선택하는 것이었고, 가능하다면 시골 초등학교의 교사가 되는 것이었다. 이 결정은 나로서도 처음엔 이해하기 힘들었다. 우리 형제자매들은 종종 뜻하는 바를 설명하기 위해 비유를 들어 말하곤 했는데, 나는 그때 동생과 오랜 시간 대화를 나누면서 이렇게 말했다. 철학적으로 훈련된 너의 지성을 생각할 때 초등학교 교사가 된다는 것은 마치 나무상자를 열기 위해 정밀 공구를 사용하는 것처럼 보인다고. 그러자 루트비히는 다음과 같은 비유로 나의 말문을 막아버렸다. "누님은 닫힌 창문을 통해 바깥을 바라보면서 지나가는 사람의 이상한 몸짓을 이해하지 못하는 사람처럼 보입니다. 이 사람은 바깥에 어떤 종류의 폭풍이 몰아치는지, 그 행인이 단지 두 발로 서 있기 위해서 얼마나 힘들게 버티고 있는지 전혀 알지 못합니다." 그제서야 나는 동생의 마음을 이해할 수 있었다.

처음에 루트비히는 휘텔도르프의 수도원과 클로스터노이부르크의 신학교에서 정원사의 조수가 되었다. 그다음에 빈의 교원양성기관에서 교육을 받고는 기차역도 없는 작은 산간 마을인 트로텐바흐에 있는 초등학교의 교사가 되었다. 나중에는 오테르탈과 푸흐베르크 암 슈네베르크의 초등학교로 옮겼다.

여러 면에서 루트비히는 타고난 선생이었다. 동생은 모든 것에 관심이 있었고, 사물의 가장 중요한 측면을 잡아내 다른 이들에게 명확히 설명하는 방법을 알고 있었다. 내가 운영하던 직업학교에서 루트비히가 오후 시간을 내서 소년들을 가르치는 것을 몇 번 지켜볼 기회가 있었는데, 우리 모두에게 놀라운 교습이었다. 단순히 강의하는 게 아니라 질문을 통해서 올바른 해법으로 소년들을 인도하려고 했다. 그들이 직접 증기기관을 만들어보거나 칠판에 탑을 설계해보도록 했고, 움직이는 사람의 모습을 그려보게 하기도 했다. 그는 엄청난 흥미를 불러일으켰다. 평소에는 잘 참여하지 않던 재능 없는 아이들도 놀랄 만큼 훌륭한 답변을 하였고, 서로 먼저 발표를 하거나 대답할 기회를 얻으려고 적극적으로 나섰다. 하지만 초등학교 교사는 흥미 있는 방식으로 교재를 제시하거나 똑똑한 아이들만을 향상시키는 것(실제로 강의요강에 계획된 것보다 진도를 더 나가는 것)만으로는 안 된다. 초등학교 교사는 또한 재능 없고, 게으르고, 딴생각으로 가득 찬 소녀들까지 가장 기초적이고 핵심적인 지식을 배우고 졸업할 수 있도록 인내심과 기술과 경륜을 갖춰야 한다. 가끔은 극도로 무식한 학부모를 다루는 요령과 참을성도 필요하다. 그런데 루트비히에게는 바로 이 참을성이 부족했다. 동생의 교사 경력은 이러한 자질이 부족했기 때문에 실패하고 말았다. 그러나 내 생각에 이 실패는 그의 진로에서 새로운 단계를 여는 계기가 되었다.

루트비히가 교사라는 직업을 그만두었을 때 우리는 그가 다시 철학으로 돌아가기를 바랐다. 그러나 먼저 중간 단계를 거쳐야 했다. 이 단계를 거쳐 전적으로 새롭고 예상하지 못했던 것이 구체화되었다. 말이 나온 김에 언급하자면, 루트비히는 프레게 교수에게 자기 책의 첫 부분을 전쟁 기간 중에 타자본으로 보냈다. 교수와는 전쟁 전에 좋은 친구가 되어 몇 차례에 걸쳐 여러 날 동안 방문하기도 했었다. 놀랍게도 프레게는 그 책을 전혀 이해하지 못했고 루트비히에게 꽤 솔직하게 그 사실을 인정하는 편지를 보내왔다. 루트비히는 프레게에서 벗어나는 방향으로 발전한 것처럼 보였고, 전쟁이 끝난 뒤에 둘의 우정은 회복되지 못했다. 비슷한 일이 러셀과도 일어났다. 러셀은 전쟁 기간 중 비트겐슈타인의 책을 영어로 번역하고 독영대역본으로 출판까지 해주었는데 말이다.[5] 내가 알기로 루트비히는 러셀의 대중적 에세이에 이의를 제기했고, 둘의 우정은 지속되지 못했다.

내 여동생 그레틀이 루트비히의 친구였던 건축가 파울 엥겔만이 설계한 집을 지을 계획을 할 때, 루트비히의 직업도 바뀌게 되었다. 그레틀은 쿤트만가세에 자기 목적에 맞는 특이한 필지의 땅을 샀다. 도로보다 높은 곳에 위치한 그 땅에는 아름다운 고목이 있는 작은 정원과 철거해야 할 낡은 집이 있었다. 주변은 단순하고 불쾌감을 주지 않는 주택들로 둘러싸였고, 무엇보다 우아하고 도회적인 구역과는 반대되는 곳에 위치하고 있었다. 이러한 대조는 그레틀의 기질에 잘 맞았다.

엥겔만은 그레틀의 집에 머물며 설계도를 그렸고 그녀와 끊임없이 협의했다. 우리는 그를 건축가로서 높이 평가했고 개인적으로도 친하게 되었다. 엥겔만은 나와 내 동생 파울을 위해 별 매력 없던 방을 놀랍게 아름다운 방으로 탈바꿈시키는 작업을 하기도 했다. 그때 루트비히가 등장해서는 모형과 설계에 강한 관심을 가지게 되었고 그것을 수정하기 시작했다. 그는 점점 더 몰입해서 결국은 그 프로젝트 전체를 다 떠안기에 이르렀다. 엥겔만은 개성이 더 강한 이에게 양보해야 했고, 그 집은 루트비히가 세세한 부분까지 수정한 설계에 따라 그의 감독 하에 건축되었다. 루트비히는 모든 창호와 문, 창문 자물쇠, 라디에이터 등을 마치 정밀기계를 설계하듯 최대한 주의를 집중하여 격조를 살려 설계했다. 또한 비타협적인 열정으로 모든 작업들이 똑같이 세심하게 진행되도록 만들었다. 나는 자물쇠제조공이 열쇠구멍에 대해 "말해보시오. 기사 양반, 여기에 1밀리미터 차이가 정말로 그렇게 중요한 거요?"라고 물었던 것을 생생히 기억한다. 그 말이 끝나기 무섭게 루트비히가 크고 단호하게 "그렇소!"라고 대답하자, 자물쇠제조공은 펄쩍 뛸 정도로 깜짝 놀랐다. 실제로 루트비히는 비례 감각이 너무 예민해서 0.5밀리미터 차이도 그에게는 큰 것이었다. 그런 경우 시간과 비용은 전혀 문제가 되지 않았다. 나는 이런 사안에 대해 루트비히에게 전적인 재량권을 준 그레틀을 높이 평가한다. 두 위대한 인물이 건축가와 의뢰인으로 힘을 합쳐 완전한 건축물을 창조하는 것을 가능하게 했던 것이다. 가장 눈에 띄지 않는 구석구석까지 중요한 부분과 마찬가지로 똑같이 세심한 주의를 기울였다. 모든 부분이 중요했다. 중요하지 않은 것은 아무것도 없었다. 시간과 돈을 빼놓고는.

예를 들어 작은 방의 두 인접한 구석에 서 있던 두 개의 작고 검은 주철 라디에이터가 기억난다. 밝은 방에서 두 검은 물체의 대칭성이 주는 행복감이란! 라디에이터 자체도 정밀하고 매끄럽고 호리호리한 형태와 비례의 측면에서 조금도 흠결이 없었다. 그래서 그레틀이 난방용으로 쓰지 않는 몇 개월 동안 라디에이터를 예술작품의 받침대로 썼을 때 기가 막히게 어울려 보였다. 한번은 내가 라디에이터를 칭찬하고 있을 때 루트비히가 그것에 관한 내력을 말해주었다. 라디에이터 때문에 얼마나 어려움을 겪었는지, 그리고 그 아름다움의 관건이었던 정밀함을 얻기 위해 얼마나 오랜 시간이 걸렸는지를. 각 구석에 라디에이터는 정확하게 서로에 대해 올바른 각도와, 밀리미터까지 정확하게 계산된 거리로 떨어져 서 있는 두 부분으로 구성된다. 라디에이터는 그것이 꼭 들어맞는 다리 위에 놓인다. 처음에 수많은 모형들이 주조되었지만, 루트비히가 염두에 두고 있는 종류는 오스트리아 어디서도 만들 수 없다는 것이 분명해졌다. 그리하여 개별 부품들은 외국에서 주조되었다. 그런데 처음에는 그 부품들이 루트비히가 요구한 정밀도를 얻을 수 없을 것처럼 보였다. 파이프 부분 전체는 불량품으로 불합격 판정을 받았고, 다른 것들은 0.5밀리미터 이내의 정확도로 기계로 만들어야 했다. 상점에서 구할 수 있는 것과는 전혀 다른, 루트비히가 설계한 대로 제작된 매끄러운 플러그는 커다란 곤란을 야기했다. 루트비히의 지휘 아래 실험들은 마침내 모든 게 제대로 된 결과가 나올 때까지 종종 밤늦도록 계속되었다. 겉보기에는 아주 단순했던 이 라디에이터의 설계에서 배송까지 실제로 꼬박 한 해가 걸렸다. 하지만 그렇게 해서 결국 완벽한 형태가 된 걸 보면, 거기에 들인 시간은 그만큼의 가치가 충분했던 것 같다.

  루트비히가 말해준 두 번째 큰 문제는 문과 창호였다. 그것들은 모두 철로 만들었는데, 문설주가 좁고 이례적으로 높은 유리문을 제작하기가 무척이나 힘들었다. 가로지지대가 없었을 뿐더러 불가능할 정도의 정확도가 요구되었기 때문이다. 길고 세부적인 협상을 벌인 끝에 그 작업을 떠맡을 수 있다고 생각한 곳은 여덟 개의 회사 중 오직 한 곳뿐이었다. 하지만 제작에 수개월이 걸렸던 완성품 문은 불량품 판정을 받았다. 최종적으로 문을 제작했던 회사와 협의하는 중에 협상을 담당했던 엔지니어는 감정을 주체하지 못하고 울음을 터트렸다. 그는 의뢰받은 주문을 포기하고 싶지 않았지만, 루트비히가 원하는 대로 문을 완성할 수 있을지 고민을 거듭하다 절망에 빠졌던 것이다. 그 회사가 흠 없는 기량에 자부심을 가진 뛰어난 기술자들을 데리고 있지 않았다면 그 모든 것은 성공하지 못했을 것이다. 실험과 모델 제작에만 비정상적으로 많은 시간이 투입되기는 했지만, 결과는 정말로 공들여 노력할 만한 값어치가 있었고 열광할 만했다. 이 글을 쓰면서 나는 그 정교한 문들을 다시 보고 싶은 마음이 간절하다. 비록 그 집의 나머지 부분들이 파괴된다고 하더라도, 사람들은 여전히 그 문에서 창조자의 정신을 알아볼 수 있을 것이다.

아마도 정확한 비례를 얻으려는 루트비히의 무자비함을 가장 무시무시하게 증명하는 것은 강당으로 써도 될 정도로 큰 어떤 방의 천장을 3센티미터 들어 올렸던 사실일 것이다. 그것도 집을 다 완성하고 이제 막 청소를 시작하려던 참에 말이다. 루트비히의 본능은 절대적으로 옳았고, 그 본능에 따라야 했다. 마침내 건축 기간이 끝났다. 얼마나 길었는지 기억나지는 않는다. 동생은 만족한다는 선언과 함께 완성된 집을 넘겨야 했다. 그가 유일하게 완전히 만족하지 못한 건 집 뒤의 계단창이었다. 나중에 동생은 그 계단창 때문에 복권을 샀다고 실토했다. 만일 복권에 당첨되었다면, 건물의 계단창을 수리하는 데 썼을 것이다.

여전히 집짓기 작업을 하면서 루트비히는 또한 다른 관심사에 사로잡혔다. 동생은 이탈리아 장교 포로수용소에서 만난 조각가 미카엘 드로빌과 친구가 되었는데, 나중에 빈에서 드로빌이 씨름하던 조각 작업에 깊은 관심을 가졌다. 동생은 그에게 어떤 면에서 영향을 주기도 했다. 그것은 거의 피할 수 없었다. 루트비히는 매우 단호했고, 그가 뭔가를 비판할 때는 항상 자신의 근거에 대해 확신했기 때문이다. 드로빌의 조각상에서 자신이 싫어했던 두상을 자신만의 관점과 표현으로 재창조한다는 아이디어에 매혹되었을 때, 동생은 급기야 직접 조각을 해보기로 했다. 그는 실제로 아주 마음에 드는 매혹적인 작품을 만들어냈다. 그레틀은 그 석고 두상을 자기 집에 전시했다.

　음악 역시 점점 더 루트비히의 강한 흥미를 끌게 되었다. 어릴 땐 결코 악기를 연주하지 않았지만, 교사가 되려면 적어도 하나는 다룰 줄 알아야 했다. 그는 클라리넷을 택했다. 나는 이때부터 비로소 동생이 음악에 대한 감수성을 강하게 발전시켰다고 믿는다. 루트비히는 확실히 훌륭한 음악적 감수성으로 연주했고, 악기는 그에게 큰 즐거움을 주었다. 동생은 악기를 케이스 대신 낡은 양말에 넣어 들고 다니곤 했다. 그리고 겉모습에 대해서는 조금도 관심이 없었기 때문에 종종 이상한 인상을 주었지만, 그의 진지한 얼굴과 열정적인 태도가 워낙 당당해보여서 모든 이가 즉시 그가 '신사'임을 알아보았다. 드로빌과 관련된 하나의 재미있는 에피소드는 이것과 상충하는 것처럼 보이지만 아마도 전반적인 상황 때문에 그랬던 것 같다. 앞서 얘기했듯 드로빌은 포로수용소에서 루트비히를 알게 되었는데, 그는 비트겐슈타인이라는 이름을 몰랐거나 그 이름이 어떤 가문인지를 이해하지 못했다. 그래서 이 남루하게 보이고 전혀 잘난 체하지 않는 장교가 비천한 배경 출신인 걸로 여겼다. 우연히 대화하다가 클림트가 그린 비트겐슈타인 양의 초상화가 주제가 되었다. 그것은 내 동생 그레틀의 초상화였다. 클림트의 모든 초상화가 그렇듯, 그 초상화는 극히 우아하고 정교하게, 심지어 시크하게 그려졌다. 루트비히는 그 그림이 '나의 누이를 그린 초상화'라고 말했다. 면도도 하지 않은 단정치 못한 전쟁포로 루트비히의 몰골과 그림 속 여자의 외모가 너무 대조되었기 때문에 드로빌은 잠시 동안 루트비히가 정신이 나간 걸로 생각했다. 드로빌은 겨우 "그렇다면 당신은 비트겐슈타인 가문 출신? 맞아요?"라고 물었다. 그리고 그 사건을 회상할 때면 그는 여전히 놀라움 속에서 고개를 절레절레 흔들며 웃을 수밖에 없었다.

드로빌은 몇 장의 거칠지만 실물과 매우 닮은 루트비히의 연필 소묘를 그렸다. 나는 그것을 아주 좋아한다. 하지만 그가 조각한 대리석 흉상은 별로 마음에 들지 않는다. 그것은 잔잔한 표정의 대상을 표현한 드로빌 스타일의 인물상이다. 하지만 루트비히의 불같은 성정을 제대로 표현하기 위해서는 다른 예술가가 필요했을 것이다. 동생의 얼굴이 실제로는 훨씬 갸름하고 굴곡이 덜하다는 사실은 말할 필요도 없다. 또한 그의 곱슬머리는 훨씬 더 일어서 있다. 마치 타오르는 화염과도 같이 그의 강렬한 성정에 어울려 보이는 어떤 것처럼. 말이 나온 김에 덧붙이자면, 이러한 비판은 더 이상 아무 의미도 없다. 내가 다시 이 회상록에서 언급한 소묘나 대리석 흉상이나 다른 그림과 미술 작품들을 볼 가능성은 거의 없을 것이기 때문이다. 빈에 있는 나의 집은 폭격으로 파괴되었고, 우리가 안전을 위해 대부분의 예술 작품을 보관한 호흐라이트 역시 파괴되었을 가능성이 크다. 그 지역에서 격렬한 전투가 벌어졌고 호흐라이트의 집들이 독일군 본부로 사용되었기 때문이다. 하지만 나의 염려가 사실로 판명된다 하더라도, 그것은 더 이상 의미가 없을 것이다. 모든 것이 이 끔찍한 전쟁의 시기에 그 가치를 잃었고 우리는 오직 인류의 운명에 대해서만 염려할 수 있을 뿐이다. 하지만 나는 예전의 중요했던 것들로 반복해서 향하는 생각을 멈출 수 없다. 그런 생각들이 나를 이런 여담으로 이끌었다.

집짓기를 완료한 건 루트비히의 발전에서 또 다른 단계가 끝났다는 표시였다. 동생은 다시 철학으로 돌아갔다. 내가 올바르게 기억하는 것이라면, 동생은 처음에 노르웨이에서 새로운 철학 저술 작업을 했다. 그러고는 케임브리지로 다시 갔다. 거기서 그는 트리니티 칼리지의 철학 교수로 임명되었다. 그는 통상적인 자격을 갖추지 못했기 때문에 — 예를 들어 그는 학위가 없었다 — 어떤 공식적인 요건이 실제로 충족되어야 했다. 그래서 교수진들 앞에서 공식적인 시험을 보게 되었다. 영국의 대학교는 관습으로 지원자가 입어야 할 대학예복까지 세세하게 규정했다. 그런데 루트비히는 단연코 예복 입기를 거부했고, 고맙게도 그 요청은 받아들여졌다. 또한 대학은 관대하게도 시험 규칙을 바꾸어 교수들로 하여금 루트비히가 자기 책의 구절을 설명하는 것으로 대체했다.[6]

　루트비히는 사물의 핵심을 꿰뚫어볼 수 있는 위대한 철학적 지성을 갖추었다. 그것은 그로 하여금 똑같은 방식으로 음악이나 조각 작품, 책이나 사람, 심지어는 이상하게 들릴 수도 있지만 때로는 여성복의 본성을 파악할 수 있도록 해주었다. 그 외에도 루트비히는 또한 너그러운 마음씨를 가졌다. 그것이야말로 사람에 대해 말할 수 있는 가장 위대한 것이다. 그런 강한 개성은 쉽고 매끄럽게 모든 사회생활 속에서 조화를 이루기 힘든 게 사실이다. 실제로 루트비히는 사람들과 어울리는 것을 특히 힘들어했다. 아주 어린 시절부터 동생은 마음에 맞지 않은 주변 사람들 속에서 거의 병적인 고통을 겪었기 때문이다. 하지만 사람들은 그와 나눈 모든 대화에서 얼마나 큰 자극을 얻었던가! 분명히 동생은 친구들과 형제자매들에게 종종 많은 것을 요구했다. 물질적 측면에서가 아니라 지적이고 감정적인 면에서, 시간과 관심과 이해의 측면에서 그랬다. 하지만 그는 또한 항상 그들을 위해서 무엇이든 해줄 준비가 되어 있었다.

비트겐슈타인: 사적인 회고록

파니아 파스칼

못마땅하다는 듯 쏘아보는 비트겐슈타인의 눈빛을 몸소 겪어보지 않은 사람이라면 그에 대한 개인적인 회고록을 쓸 수 없을 것이다. 그는 우리가 타인에 대한 관심으로 치부하고 싶어 하는 것들에는 다른 무엇보다도 악의가 더 많이 들어 있다는 자신의 신념을 종종 토로한 바 있다. 하지만 그가 (금욕주의자였으면서도) 때로는 케이크 한 조각을 즐길 수도 있었던 것처럼, 나는 그가, 이를테면 자신의 의지에 반해, 악의 없는 가십을 즐기는 것을 (한두 차례) 목격한 적이 있다.

그는 무엇보다 자신의 사생활을 캐묻는 사람을 혐오했다. 나는 한 번도 그러진 않았다. 비트겐슈타인과 프랜시스 스키너의 관계에 대해 내가 알게 된 몇 가지 사실들은 분명히 그의 공적인 생활에 속하는 것이다. 더욱이 내 기억 속에 이 두 사람은 서로 떼려야 뗄 수 없는 관계였다.

그런데, 나의 글쓰기 경험과 습관이 일천함을 감안하더라도, 이 몇 페이지를 쓰는 데 거의 3년씩이나 걸린 것은 내가 그의 비난을 의식했기 때문일까? 내용을 보강하는 데 걸린 시간보다 중간에 글쓰기를 쉬었던 시간이 더 길었다. 하지만 또한 분명한 것은 나는 회고록으로 돌아와 쓰다 만 문장과 단어에서 다시 글쓰기를 시작하곤 했다는 점이다. 나이가 들어도 급하다는 느낌은 들지 않았다. 달팽이처럼 느린 속도 역시 이 글의 주제와 맞아떨어지기 때문이다.*

최근까지 그랬듯이 비트겐슈타인의 주가는 아직도 오르고 있을까? 그의 이름이 화제에 오를 때 "오, 내가 비트겐슈타인의 러시아어 과외 선생이었죠"라고 말하면, 젊은 사람들은 영락없이 놀라곤 한다. 이런 일화가 있다. 몇 년 전 어떤 미국인 교환교수가 이 이야기를 자기 나라에 전했는데, 열성적인 철학자 한 명이 나에게 문의를 해왔다. 나는 지금 이 글을 쓰는 이유와 상당히 같은 이유로 그의 편지에 답장했다. 그런데 그는 비트겐슈타인이 마르크스와 엥겔스에게 보였던 태도나 러시아에 대해 취했던 입장에 대해 내가 '문서 또는 구두로 된 증거'를 가지고 있는지 등을 추가적으로 물었다. 내 남편 로이와 나는 그의 논지를 입증하는 데 이미 엮여 들어가고 있었던 것이다. 우리는 그 일에서 서둘러 손을 떼었다.

비트겐슈타인의 철학에 대해서 나는 거의 아무것도 알지 못한다고 미리 말해두어야 할 것 같다. 내가 그를 알게 되었을 때는 《논고》만 출간된 상태였다. 나는 그 책을 읽어보려 했지만 곧 노력을 그만두었다. 비트겐슈타인에 관한 한 내가 성취한 것은 무지뿐이었다. 《철학적 탐구》는 잠언 모음집처럼 그저 훑어볼 수 있는 정도다. 우리가 알고 지내던 때 언젠가 ― 내 물음에 참을성 있게 답할 정도로 그는 평소와 달리 우호적인 기분이었음에 틀림없다 ― 내가 이렇게 말했던 적이 있다. "왜 당신은 당신의 책이 나한테 조금의 이익도 가져다주지 못할 거라고 확신하나요?" 내가 기억하기로 그는 이렇게 답했다. "당신이 병동을 회진하는 간호사의 진행 상황에 대해 차트 하나를 그리

---

* 나는 소중한 전기적 정보를 준 두 권의 책, G. H. 폰 브릭트의 〈전기적 소묘〉를 포함한 노먼 맬컴의 《회고록》과 파울 엥겔만이 쓴 《루트비히 비트겐슈타인에게 받은 편지와 회상록》으로부터 도움과 자극을 받았다. (엥겔만의 책 227쪽 참조)

려 한다고 가정해봅시다. 그리고 다른 층에서 똑같은 일을 하는 다른 간호사의 진행 상황도 차트로 그려서 마지막에는 그들의 합동 진행을 결합하여 보여줄 하나의 차트를 만들어야 한다고 생각해보시오." 나는 소리쳤다. "오, 난 그걸 절대로 완전히 이해할 순 없겠군요!"

나를 압박하여 미국인 교수의 편지에 답하게 만들었던 것들 중 하나는 먼저 비트겐슈타인에 관해 쓰인 모든 글에서 프랜시스 스키너에 대한 언급이 빠져있다는 점이었다(그가 비트겐슈타인의 구술에 따라 '갈색 책'을 받아 적었다는 사실을 제외하고 말이다). 이제 나는 그가 1930년대 거의 내내, 1941년 요절할 때까지 비트겐슈타인의 동반자였다는 것을 알고 있다. 그들은 함께 산책을 하고, 대화를 나누고, 연구했다. 때로는 작은 식료품점 위층의 방을 나눠 쓰기도 했다. 나에게 러시아어 과외를 받으러 온 것도 둘이 함께였다.

나는 1969년 가을 캐나다에서 이 글을 쓰기 시작했다. 그리고 집으로 돌아오자마자 프랜시스의 누나인 트러스콧 부인에게 다시 연락을 취했다. 그녀의 이야기를 듣고서 그들의 관계에 대한 나의 관심은 더 깊어졌고, 회고록을 쓰겠다는 약해져가던 결심도 되살아났다.

프랜시스와 마찬가지로, 하지만 완전히 다른 의미에서, 나는 비트겐슈타인의 또 다른 절친한 친구인 니콜라스 바흐친 박사가 했던 모든 이야기도 그립다. 그는 사우샘프턴의 고전학 강사였다가 나중에는 버밍엄에서 언어학 부교수를 했는데, 비트겐슈타인보다 1년 앞서 사망했다. 전쟁 직전에는 남편이 독일어과 학과장으로 임명되어 우리도 버밍엄으로 이사를 갔다. 우리가 그들을 만난 것도 비트겐슈타인이 (종종 스키너와 함께) 바흐친 부부를 방문하던 때였다. "비트겐슈타인은 바흐친을 사랑했어요"라고 바흐친의 미망인 콘스탄스가 내게 말했다. (그녀는 다발성 경화증으로 수년간 지독히 고생하다가 1959년 사망했다.) 나는 콘스탄스에게서 두 사람 사이의 끊임없었던 토론에 대해, 그리고 비트겐슈타인의 특이한 성벽에 대해 이야기를 들었다.

니콜라스 바흐친은 러시아 혁명의 망명객이었지만 2차 세계대전이 발발할 무렵에는 열렬한 공산주의자였고, 훌륭한 선생이자 강사였다. 그는 자신의 연구를 글로 써내는 데 고질적인 어려움을 겪었고, 나는 오스틴 던컨–존스 교수가 편집한 추모집에 실려 있는 몇 편의 논문과 강연록 외에는 그의 완성된 작품을 알지 못한다. 내가 알고 있는 것과 이 둘의 우정에서 그 자체로 흥미로운 것은 비트겐슈타인이 바흐친을 사랑했고 그와 함께 있을 때 유난히 행복해하고 즐거워했다는 점이다. 그는 다른 이들과는 쉽게 절교하곤 했지만, 바흐친과는 결코 그런 일이 없었다. 바흐친은 비트겐슈타인이 사람을 있는 그대로 받아들인 드문 경우였다. 이 모든 것은 그들의 외모나 성격이 상극이었다는 사실에도 불구하고 그랬다. 바흐친은 극도로 열정적이었으며 제어되지 않는 과도한 감정과 표정을 갖고 있었다. 그는 마치 화산처럼 항상 폭발 직전인 것 같아 보였다. 그는 여러 비합리적인 두려움과 강박에 시달렸고, 과대망상을 사랑했으며 위대한 미식가였다. 아이는 없었지만 비트겐슈타인과는 달리 바흐친은 아이들을 좋아했고, 심지어 고양이도 좋아했다. 하지만 그들은 어린아이 같은 순진함을 공유했고, 평범한 구석이라곤 전혀 찾아볼 수 없었다.

하지만 나는 단지 오래 전 세상을 떠난, 비트겐슈타인과 우리의 이두 친구들에 대한 관심 때문에 이 글을 쓰는 것이라고 오해받고 싶지는 않다. 비트겐슈타인을 알고 지냈다는 것은 오래도록 이어지는 정신적인 고양을 주는 경험이었지만, 나의 경우에는 여전히 마음을 괴롭히는 문제이기도 했다. 나는 또한 비트겐슈타인이 내게 털어놓았던 고백에 대해 쓰고 싶기도 했다.

1969년 가을 우리는 캐나다로 가려고 짐을 싸고 있었다. 남편이 초빙교수 제안을 수락했기 때문이다. 한 친구가 내게 물었다. "너는 혼자서 뭐할 건데? 너도 어떤 프로젝트가 있어야 하지 않겠어?" 사실 나는 시간이 남아돌았다. 게다가 예전이라면 숙제를 했을 모든 캐나다 초등학생들이 이제는 '프로젝트를 한다'는 사실을 알게 되었다. 그렇다면 이 '비트겐슈타인 회고록'이 나의 프로젝트가 되어야 했다.

*

　　나는 날짜와 세부적인 것들에는 약하다. 하지만 결혼이나 우리 아이들의 출생 같이 내 인생에서 주목할 만한 몇몇 사건들의 도움으로 1930년대에 일어났던 일들의 순서를 기억할 수는 있다. 이렇게 따져보니 프랜시스 스키너가 케임브리지의 우리 집을 찾아와서 러시아어 과외를 해줄 수 있느냐고 물어본 건 1934년이었다. 당시 그는 트리니티 칼리지의 대학원생이었고, 굉장히 수줍음을 탔으며 소년 같은 매력의 소유자였다. 그는 한쪽 발이 불편했는데, 시끄럽게 소리를 내며 한 번에 두세 칸씩 서둘러 계단을 오르내리던 모습이 아직도 생생하다. 비록 영국과 케임브리지에 오래 살지는 않았지만, 나는 교양 있는 중산층 집안의 젊은 자제들이 심하게 수줍음을 타는 모습을 보이는 매우 영국적인 현상에 이미 익숙해져 있었다. 불구라는 사실이 그의 수줍은 성격을 악화시킨 것일까? 나는 자의식 과잉과는 거리가 먼 그의 태도와 나를 똑바로 쳐다보면서 의논을 하는 모습을 보고는 처음부터 그를 존경했다. 어쨌든 난 낯선 사람 앞에서 부끄럼을 탈 때 어떤 요령을 써야 하는지 알고 있었는데, 그럴 땐 다른 사람이 내 감정을 수습하도록 맡겨야 했다. 프랜시스와 대화를 하면서 그런 생각이 내 머릿속을 스쳤다. 내가 요구한 금액은 당시의 표준 시세였지만 그에게는 너무 부담이 될 거라는 느낌이 들었다. "친구를 데려와도 되나요?

아직 확실하진 않아요. 친구가 아직 결정을 내리지 못했거든요." "데려오세요. 두 명이 와도 금액은 똑같으니까요." 그들은 고마워하는 것 같았고, 얼마 있지 않아 내가 그때까지 본 적 없었던 가장 커다란 수국을 보내왔다. 그들이 내 집의 현관문을 두드렸을 때 나는 전혀 예상치 못한 상황을 맞닥트렸다. 프랜시스가 말한 친구란 바로 비트겐슈타인 박사였던 것이다.

나는 1930년에 케임브리지에 왔고 1931년 여름 결혼하기 전에 도덕과학클럽에 참석하곤 했다. 이때는 젊은 학생들이 비트겐슈타인의 영향을 받아 '2가 숫자라고 말하는 건 터무니없는 일이야 ― 숫자가 아니면 도대체 뭐겠어?'라고 말하며 다니던 시기였다. 무어 교수가 주재한 이 모임에 참석한 사람들의 대부분은 학생들이었다. 그리고 비트겐슈타인은 이 저녁 모임에서 불편한 (어쩌면 방해가 되는) 중심 인물이었다. 그는 긴 시간 동안 계속해서 방안을 돌아다니고 온갖 몸짓을 하면서 비유와 우화를 사용하며 이야기하곤 했다. 그는 사람들에게 주문을 걸었다. 끈기 있게 주의를 기울이며 그의 이야기를 듣는 무어의 표정은 관대하고 깊은 인상을 받은 것 같았지만 또한 미심쩍어 하기도 했다. 나는 이 오래된 기억의 정확성을 의심했을지도 모른다. 사람의 얼굴 표정과 눈빛은 절대로 숨길 수가 없고 모두 드러내기 때문에, 그 사람의 말과 그 사건과 관련된 다른 모든 것들보다 오래 살아남는다는 것을 텔레비전이 나로 하여금 절실히 깨닫게 하지 않았다면 말이다. 나에게 무어의 이 표정은 당시 비트겐슈타인에 대한 케임브리지 지식인의 태도를 대표하는 것이었다.

*

당시 나는 베를린에서 철학 박사학위를 갓 딴 후였는데도, 도덕과학클럽은 사뭇 새로운 것이었다. 나는 그저 영어로 이야기하는 법을 배울 뿐이었고, 그곳에서 논의되는 대부분은 내게는 너무 벅찬 것들이었다. 나는 비트겐슈타인이 브레이스웨이트^{Richard Braithwaite}가 건넨 논문을 찢어버려서 모든 이들을 놀라게 했던 것을 기억한다. 그것은 그저 그 논문을 인정한다는 의미거나 그게 아니면 어쩌면 그냥 건네주기 위해서였을 것이다. 이들 토론에서 항상 명료한 결론이 나오는 것은 아니었지만 언제나 깨달음은 있었다. 한번은 그가 "여러분은 신을 사랑할 수 없습니다. 왜냐하면 신을 모르니까"라고 말하고 이 논제를 계속 정교하게 다듬어 나갔다. 그가 토론을 독점하는 것에 일부 사람들이 불만을 제기해서 그가 도덕과학클럽에 더 이상 나오지 않았던 적도 있었다. 하지만 곧 다시 참석해달라는 간청을 받았다. 이 모든 일이 1930-1931년에 일어났다.

1934년에 그와 프랜시스가 과외를 받으러 왔을 때, 만난 적은 없었어도 나는 그에 대해 이미 많이 알고 있었다. 그는 처음부터 전설적인 인물이었던 것으로 보였고 케임브리지는 그에 관한 이야기로 가득했다. 무엇보다도 그는 사람들이 두려워하는(왜 두려워하지?)《논고》의 저자였다. 트리니티의 펠로가 되기 전에 그는 밤중에 목욕을 했다는 이유로 하숙집에서 나가달라는 요구를 받았다. 그는 모든 사물들에 대해 하나하나 물었다. "그런데 그게 진짜입니까?" 그는 지적인 여자를 싫어했고, 모임에서는 그런 여자들에게 문자 그대로 등을 돌렸다. 비트겐슈타인에게 이런 무례한 대접을 받은 내 친구 한 명은 그것을 멋진 농담이라고 생각했다. 대부분의 문제들에 대한 그의 견해는 절대적이어서 어떤 논쟁도 허용하지 않았다. 당시 케임브리지 지식사회가 좌경화되었던 시절에 그는 여전히 옛 오스트리아-헝가리 제국의 구시대적인 보수주의자였다. 하지만 그는 레티스 램지 부인이 복잡한 자수를 하는 걸 알고 그것이 마음에 들어서, 그걸 지켜보며 어떻게 하는 건지 알고 싶어 하기도 했다. 한 젊은 친구는 비트겐슈타인과 펜나이프를 사러 갔던 게 즐거운 경험이었다고 내게 말했다. 도구, 사물, 온갖 기술에 대한 그의 예리한 감각과 관심은 매우 특별한 것이었다. 그것들에 대해 그는 사람들에게는 보여주지 못한 인내와 참을성을 보여주었다. 종종 몇몇 젊은이들과 손짓을 하며 이야기를 나누고 좁은 거리나 강변을 따라 걷는 그의 모습이 목격되었다. 그럴 때면 그는 일행보다 한 발 앞선 채 뒤돌아서 마주보며 걷곤 했다. 남학생들끼리의 속어로 그는 무서운 사람, 즉 뭐든 다 아는 체하는 사람이었다. 1930년대 초에는 줄리언 벨^{Julian Bell}(훗날 스페인에서 앰뷸런스 운전 중 사망했다)의 시 한 편이 학생 잡지에 실렸다. 이 시는 비트겐슈타인이 사람들에게 언어를 잘못 사용한다고 꾸짖으면서도 자기는 계속해서 떠들어대고 있으며 또한 그가 타인에게 무례하고 배려가 없다고 풍자한 것이었다.* 이 시가 발표되었을 때 가장 온순한 사람들까지도 재미있어 했다. 왜냐하면 그것은 그동안 쌓여왔던 긴장감이며 억울함, 심지어 두려움까지도 해소해주었기 때문이다. 그때까지는 어느 누구도 비트겐슈타인에게 그런 식으로 도전하지 못했던 것이다.

비트겐슈타인이 나한테 러시아 교습을 받을 거라는 얘기를 듣고 내가 만난 가장 친절한 분인 제시 스튜어트 여사가 말했다. "그러니까

---

* 줄리언 벨, 〈루트비히 비트겐슈타인 선생(철학박사)의 윤리적·미학적 믿음이라는 주제에 대해 리처드 브레이스웨이트 석사 님(킹스 칼리지 연구원)에게 보내는 서한문〉, [The Venture (Cambridge), ed. H. Romilly Fedden and Miachael Redgrave (with Anthony Blunt for Nos 1-3 of the six published), No 5 (February 1930), pp. 208-15; repr. in Sherard Vines (ed.), Whips and Scorpions: Specimens of Modern Satiric Verse, 1914-1931 (London, 1932), and in Irving M. Copi and Robert W. Beard (eds), Essay on Wittgenstein's 'Tractatus' (London, 1966).] 1932년에 다음과 같은 메모가 부기되었다. "저자는 이 풍자가 개인적인 공격이나 비트겐슈타인 박사의 순수한 논리·철학적 성취에 대한 비판이 아니라, 오직 3년 전 그가 옹호한 예술과 도덕에 대한 특정한 견해를 비판한 것임을 분명히 하고자 한다."

비트겐슈타인이 당신한테 배운다고요? 좋네요. 이제 당신이 원하는 대로 그를 통제할 수 있겠군요." 사실 그는 아주 유능할 뿐만 아니라 꽤 온순한 학생인 것으로 드러났다.

러시아어 학생

그의 외모는 종종 이렇게 묘사되었다. 키는 작지만 강렬한 내면의 에너지, 날아가는 새처럼 말쑥하고 날카로운 모습. 나는 그가 옷깃의 단추를 채우거나 넥타이를 매고 있는 것을 본 적이 없다. 그는 가만히 앉아 있는 것을 힘들어해서, 언제라도 자리를 떠날 것처럼 보였다. 그의 표정은 타인에게뿐만 아니라 그 자신에게도 엄격하고 가까이하기 힘든 무언가가 있었지만 또한 천진해 보이기도 했다. 그는 마치 싸우려드는 사람처럼 보였을 수도 있다. 나는 늘 그랬듯이 그것을 과장해서 '악마의 자부심'이라고 불렀다. 그는 휴식을 취할 때나 연구에 몰두할 때 그리고 유치한 농담을 하며 웃을 때를 제외하곤 생각이 딴 데 가 있는 것처럼 보였다. 일단 이야기를 하기 시작하면 그는 당신의 마음을 사로잡을 수 있다. 나는 그가 자신의 이런 재능을 의식하지 못했을 거라 생각한다. 훗날 '철학은 언어라는 수단으로 우리의 지성에 걸린 마법에 대항하는 투쟁이다'(P 109)라는 유명한 말을 하게 될 그였지만, 정작 그 자신이 어떤 말을, 무슨 말이든 할 때마다 사람들에게 마법을 건다는 사실은 눈치채지 못했다. 그는 완전히 순진한 사람이었고, 놀랄 정도로 타인을 의식하지 않았다. 그는 극도로 짜증을 잘 냈는데 상당 부분은 (아마 대부분은) 그 자신도 어쩔 수 없는 것이었다. 그는 과도한 감수성 때문에, 즉 모든 감각에 영향을 끼치는 예민함 때문에 힘겨운 삶을 살았다. 다른 사람들을 화나게 만드는 것들보다 더 많은 것들이 그를 화나게 만들 수 있었다. 당시에는 덜하긴 했지만 나 자신

또한 짜증을 많이 내는 편인데도, 나는 다른 사람이 비트겐슈타인처럼 그토록 화를 잘 내는 것은 상상할 수도 없다. 그가 가장 자주 하는 대표적인 표현은 "참을 수 없군. 참을 수 없어"였다. 이때 그는 고개를 뒤로 젖히고 눈동자를 위로 굴리며 첫 모음을 소리 내지 않고 "은톨러러블, 은톨러러블^{ntolerable, ntolerable}"이라고 소리쳤다. 그가 말한 다른 것들과 마찬가지로 이 말의 진실성은 의심할 여지가 없었다. 우리는 영어로 대화를 나누었다. 비트겐슈타인은 도덕과학클럽에서도 그리고 내가 아는 한 강의할 때에도 영어를 사용했다. 그의 영어는 자연스럽고 은유적이며 표현력이 풍부해서, 한번 말을 하기 시작하면 막힘없이 흘렀고 듣는 이에게 영감을 주었다.

　그는 제스처가 매우 컸다. 절망적으로 두 손을 번쩍 들거나 (드물게) 동의를 나타내는 몸짓을 했다. 몇 년 후 바흐친은 "비트겐슈타인은 당신의 교습이 훌륭하다고 생각합니다. 이렇게 말이에요…"라고 내게 말하면서 엄지와 검지를 써서 공중에 강조점을 찍었는데, 이것은 비트겐슈타인을 흉내 낸 것이었다. '교습'이라는 단어에 방점이 찍혔다. 하지만 그것은 내가 한 일들에 대해 그리고 무엇보다도 나의 말하기 방식에 대해 그가 쏟아냈던 혹평들에 비하면 새발의 피였다. 그에게 나의 말하기 방식은 항상 너무 과하거나 부정확한 것이었다. 하지만 우리가 해야 할 일이 있을 때에는 마찰이 끼어들지 않았다. 그들은 일주일에 한 번 두 시간씩 레슨을 받았다. 그것은 나에게는 즐거운 경험이었다. 아주 단기간 내에 그들은 문법구조(내가 가르치기 가장 좋아하는 부분)를 완전히 익혔고, 이어서는 훌륭한 러시아 산문 작품들을 읽어나갔다. 이내 나는 적절한 속담으로 그들을 즐겁게 할 수 있게 되었다. 후년에 가서는 그들이 다시 그때처럼 즐거워하는 모습은 보기 드물었다. 몇 주가 지났을 때인지 잘 기억나지는 않지만, 병으로 앓아누운 비트겐슈타인이 그림 형제의 동화 한 편을 독일어에서 러시아어로 번역해 내게 보내왔다. 나는 그것을 꼼꼼히 읽어보고는, 비록 프랜시스가 매우 잘 해나가고 있긴 하지만 그들을 분리해서 다뤄야 한다는 것을 깨달았다. 어떤 식으로 그렇게 수업을 했는지는 지금은 생각나지 않는다. 두 사람이 교습을 받으러 온 기간은 세 학기 정도였다. 케임브리지 대학의 한 학기는 8주였다. 비트겐슈타인은 1935년에도 소련 방문을 앞두고 혼자서 러시아어 회화를 배우러 왔다.

*

프랜시스 스키너는 상당한 수준에 도달해서 방학 때면 내게 러시아어로 쓴 편지를 보내오곤 했다. 그러면 나는 그 편지들을 교정해서 돌려보냈다. 아, 지금 내게 남아 있는 거라곤 그가 영어로 쓴 편지 한 통뿐이다. 그것은 1940년 8월에 바흐친의 집에서 부친 것이었다. 거기서 스키너와 비트겐슈타인은 우리가 과일을 따던 퍼쇼어 부근의 한 농장을 방문 중이었다. 그는 우리가 없는 것을 아쉬워했고 ―"이 불안한 시기에 안부를 전합니다"― 언제 다시 만날 기회가 있을지 확신하지 못했다. "비트겐슈타인 박사님은 늦어도 내일은 케임브리지로 돌아갈 예정입니다. 만일 무슨 일이 일어나면 돌아가지 못할 수도 있기 때문입니다." 이 편지는 1940년 여름의 기억을 떠올리게 한다. 당시는 독일 및 오스트리아 국적자들과 망명자들을 무차별적으로 체포해서 억류하던 때였다. (비트겐슈타인처럼 프랜시스도 항상 연습장에서 찢어낸, 줄이 그어진 종이에 편지를 썼다.)

비트겐슈타인이 번역한 동화가 〈룸펠슈틸츠헨Rumpelstilzchen〉이었는지 아니면 다른 것이었는지는 확실하지 않지만, 나는 그가 그림 동화 시리즈 중 한 권을 골라서 경외감이 깃든 목소리로 낭독했던 것을 기억한다.

아, 아무도 모른다는 게 얼마나 좋은가
내가 룸펠슈틸츠헨이라 불린다는 것을

"심오하군, 심오해" 하고 그가 말했다. 나는 '룸펠슈틸츠헨'을 좋아했고, 이 난장이의 힘이 인간에게 알려지지 않은 그의 이름에 있다는 것을 이해했지만, 비트겐슈타인의 통찰을 공유할 수는 없었다. 마치 보이는 것 너머를 바라보는 듯 고요한 침묵의 경외 상태에 빠진 그의 모습을 바라보는 것은 그가 말하는 것을 듣는 것에 버금가는 경험이었다.

우리는 교습 중간에 차와 집에서 직접 만든 과일케이크를 즐기곤 했다. 때로 비트겐슈타인이 차에 더 많은 물을 요구하여 작은 언쟁이 있었다. 비트겐슈타인은 "더 부어요, 물을 더 부으라고" 하며 시끄럽게 소리쳤고, 나는 그의 컵이 이미 거의 맹물이라고 응수했다. 그러자 그는 커피에 계속해서 더 많은 럼주를 넣길 요구했던('조금만 더^{Noch einen} ^{Schuss}') 오스트리아 농부 이야기를 해주었다. 그 농부는 술이 100%가 될 때까지 계속해서 럼주를 요구했다고 한다. 그가 아주 가끔씩 들려주던 일화들은 이런 순수한 인물들에 관한 것이었다. 케이크를 한 조각 더 달라고 하면서 그는 이렇게 말했다. "누구나 자기 앞에 좋은 음식을 내놓은 사람을 기억하는 법이오." 나는 그가 타고난 금욕주의자가 아니라 삶의 '좋은 것들'을, 즉 그 자신이 스스로 포기했던 그 모든 것들을 즐길 수 있는 사람이었으면 어땠을까 하고 늘 상상했다. 1935년에 이사를 가게 된 나는 새 커튼이 필요하다고 말했다. 그는 "내가 고르는 걸 도와줄 수 있소"라고 했다. 그 말은 무심코 튀어나온 것이었고 그는 즉시 겁먹은 표정으로 자기 말을 취소했다.

어느 날 오후 두 살 반 된 내 어린 딸이 방으로 뛰어들어왔다. 아이를 방에서 내보내고 나는 "아이들이 당신을 방해하지요"라고 말했다. 이 말에 그는 분노했다. 그 분노는 오직 몸짓에만 나타났는데, 마치 이렇게 말하는 듯했다. '아이들은 아이들일 뿐이오. 애들이니까 그러려니 해야지 무슨 말도 안 되는 소리요.' 얼마 지나지 않아 프랜시스가 딸을 위한 장난감을 한 아름 사가지고 왔다. 전부 울워스에서 사온 것이었다. 모든 제품의 가격이 6펜스 이하였던 이 가게는 그들이 가장 좋아하는 가게가 되었다. 거기는 오직 유용성의 문제만이 제기되는 곳이었다. 비트겐슈타인은 누군가 '취향'이라는 단어를 언급하기만 해도 불편해했다. 하지만 수년 후 나는 1차 세계대전 이전에 케임브리지 학생이었던 한 여성을 만났는데 그녀는 비트겐슈타인을 탐미주의자로 기억하고 있었다.

　도스토옙스키의 《죄와 벌》은 곧 그가 가장 읽기 좋아하는 러시아어 책이 되었다. 그로부터 20년 이상이 지나 나는 처음으로 스키너의 누나인 트러스콧 여사를 만났는데, 그녀는 동생의 유품에서 발견했다며 비트겐슈타인이 읽던 《죄와 벌》을 내게 주었다. 그 책에는 모든 악센트들이 연필로 표시되어 있었다. 비트겐슈타인은 러시아어 악센트에는 절대적인 규칙이 없다는 것을 확신하자마자 곧바로 모조리 악센트를 그려 넣었던 것이다. 나는 그와 함께 일부 구절을 읽은 적이 있다. 소설 전체에 악센트 표시를 한다는 것은 어떤 기준으로도 대단한 일이다. 배우는 사람 혼자서는 할 수 없는 일이다. 아니 그보다는 그렇게 할 수 있다 하더라도 굳이 그럴 필요가 없을 것이다. 그에게 또 다른 러시아어 선생이 있었던 걸까? 아니면 더 그럴듯하게는 바흐친과 함께 책을 읽었던 걸까? 우리가 함께 시를 읽은 적은 없었는데,

한번은 그가 푸시킨의 시를 내게 인용했다. 분명히 러시아 시를 낭송하는 것을 아주 좋아하는 바흐친에게 들었을 것이다. 우리는 도스토옙스키를 주제로 언쟁했다. 한번은 내가 도스토옙스키가 디킨스에게서 배웠다고 말했다. 그것은 사실이었다. 비트겐슈타인은 그 사실을 받아들이려 하지 않았고 분개했다. 그는 "여기가 디킨스라면"이라고 말하며 바닥에서 60센티쯤 떨어진 높이를 가리키고는, "도스토옙스키는 이 정도지요"라고 하면서 팔을 뻗어 하늘을 가리켰다.

비트겐슈타인과 스키너

비트겐슈타인이 당대의 주요 사건들에 대해 깊은 혼란을 느꼈고 고향에서부터 지녀온 보수적인 성향 속에서 충격을 받았으리라는 것은 누구도 의심할 수 없겠지만, 나는 그가 정치에 대해 말하는 것을 들어본 적이 없다. 하지만 정치 문제가 화제로 떠오를 때면 그는 발끈하곤 했다. 한번은 그가 마르크스주의에 대해 비판적인 발언을 했다. 나는 화를 내며 마르크스주의가 신빙성이 없다고 해도 그의 케케묵은 정치적 견해들보다 못하지는 않다고 말하면서 달려들었다. 놀랍게도 그는 물러서는 기색을 보였다. 비트겐슈타인을 침묵시키다니! 그와 알고 지낸 지 6-7년이 되었지만, 그가 내가 한 말에 대해 다시 생각하는 모습을 보인 것은 (수업을 제외하고) 서너 차례뿐이었다. 그의 표정은 이렇게 말하는 것 같았다. '이 여자는 자신이 무슨 말을 하고 있는 건지 알고는 있을까?' 내가 저질렀던 실수에 대해 이야기할 때면 그가 "맞소. 당신은 현명함이 부족하오"라며 그 실수를 가늠했던 일을 떠올려보듯, 그 솔직했던 의구심을 다시 한 번 기억해본다.

나는 케임브리지의 소련 친선 위원회에 선출되어 이 좋은 소식을 그 둘과 나누었다. 비트겐슈타인은 정치와 관련된 업무는 최악의 것이며 나에게 큰 해를 끼칠 거라고 단호하게 말했다. "당신이 해야 할 일은 사람들에게 친절하게 대하는 것이오. 그걸로 충분합니다. 그저 친절하게만 대하시오." 그는 사람들이 지금 하고 있는 일이 아닌 다른 일을 하기를 바랐는데, 그것은 매우 불쾌한 경험이었다. 그는 사람들의 자신감을 땅에 떨어뜨리면서 그들에게 더 나은 미래상을 불어넣곤 했다. 나는 영어였다면 그를 화나게 했을 말을 러시아어로는 할 수 있다는 것을 곧 깨달았다. 아마도 (정치적인 은어를 제외하고는) 러시아어 구어가 상투어로부터 더욱 자유롭기 때문이거나 아니면 그가 러시아어의 상투어를 알아차리지 못했기 때문이었을 것이다. 또한 우리는 감정을 폭발시킴으로써, 즉 '한바탕 소란을 피움'으로써, 사실에 기초한 진술들을 발언하는 것이 가져오는 제약들을 피하기도 했다. 그는 사람들이 강력한 감정들을 가지도록 허락했으며, 화나서 말한 것은 받아주곤 했다.

*

비트겐슈타인에 대해 조금이라도 이야기하기 위해 얼마나 많은 신임 장이 필요한지 모르는 척하는 것은 힘들기 때문에, 나는 나의 '프로젝트'가 마치 그 사람과의 우정을 묘사하는 것처럼 읽힐까 염려스럽다. 나는 우정에 대해서는 주장하고 싶지 않다. 내가 하려는 것은 그에 대한 내 기억을 1934년에서 1941년 사이에 그에 대해 가졌던 내 생각들과 연결하는 게 전부이다. 우리 집에서 함께 점심식사를 한다거나 트리니티 칼리지에서 그와 티타임을 가지는 일은 어쩌다 한 번 있을 정도로 드물었음을 밝힌다.

그는 남의 눈을 피해 다니는 사람이었고, 오고가는 것을 비밀 속에 숨겼다. 한 번은, 어쩌면 두 번 정도, 그가 마치 외국에서 기차를 타고 이제 막 도착한 것처럼 배낭을 짊어지고 집을 찾아왔다. 하지만 당신이었더라도 그가 어디에서 오는 길인지는 묻지 않았을 것이다. 나는 그에게 개인적인 질문을 물어보는 건 꿈도 꾸지 못했다. (그런 걸 물어본 사람이 얼마나 있을까?) 그 역시 내게 개인적인 것을 물은 적이 없다. 그는 사람들을 만나고 싶을 때 아니면 함께 해야 할 어떤 업무가 있을 때 찾아왔다. 업무야말로 그와 잘 지내기 위한 일종의 양해로서 가장 적절한 이유를 제공했다. 그는 언제나 사람들이 그와 맺는 관계들의 형태를 좌우했다. 그의 삶 대부분은 가장 가까운 사람들에게조차도 알려지지 않은 채 남아 있을 것이다.

나는 그 시기에는 프랜시스 스키너가 그와 가장 가까운 사람이었다는 것을 의심하지 않는다. 내가 따져보고 싶은 것은 무엇보다도 프랜시스에 대한 그의 태도이다. 자기보다 훨씬 어리고(당시 프랜시스는 스물 둘, 비트겐슈타인은 마흔 다섯이었다) 수줍음을 많이 타는 사람에 대한 그의 말투는 심판관처럼 엄격했다. 하지만 비트겐슈타인이 누군가를 그가 자리에 없을 때 세례명으로 부른 것은 프랜시스가 유일했다. 나는 그가 다른 사람을 그렇게 부르는 것을 본 적이 없다. 그는 다른 사람들은 성으로 불렀다. 물론 그의 엄격한 말투는 철학을 논할 때 사용하던 습관적인 것이었다. 바흐친과 우리는 비트겐슈타인이 없을 때 프랜시스가 훨씬 편안하고 즐거워하는 것을 발견했다. 하긴 비트겐슈타인 앞에서 즐겁고 편안한 사람이 몇이나 있었을까?

비트겐슈타인은 곧 프랜시스가 수학을 포기하고 케임브리지 과학 공구사에서 수습사원이 되는 데 영향을 끼침으로써 그의 인생에서 결정적인 역할을 하게 되었다. "비트겐슈타인은 스키너에게 좋은 영향을 주었을까, 나쁜 영향을 주었을까?" — 이것은 근년에 내가 프랜시스의 누나와 처음 만나 이야기를 나눌 때 제기된 질문이다. 그녀는 차분한 목소리로 트리니티 칼리지의 명석한 수학자이자 학자였던 동생이 그 모든 것을 포기하기로 결심했을 때 가족들이 실망했다는 것을 내게 말해주었다. "왜?" 그녀는 물었다. "도대체 왜?" 그녀는 부모님과 함께 프랜시스를 만나러 레치워스에서 출발해 학교로 갔던 일을 설명했다. 그때 프랜시스는 계단을 뛰어 내려오더니 "지금은 바빠요. 비트겐슈타인 박사가 와 계세요. 우리는 연구 중이니까 나중에 다시 오세요"라고 말하면서 그들에게 조용히 하도록 했다고 한다. 이런 식으로 사람들을 입다물게 하고 억압하는 것은 내게는 비트겐슈타인에 관해 들었던 많은 것들과 관련되어 있다.

도덕과 실천의 측면에서 비트겐슈타인이 주변 사람들에게 끼쳤던 영향력은 적어도 그의 연구만큼이나 중요한 것이라는 느낌이 들었다. 그가 몇몇 사람들의 성격과 말투에 그의 흔적을 남겨서 죽은 지 10년이 지난 뒤에도 로이와 내가 철학자가 아닌 새로운 지인에게서 그 흔적을 알아차리게 만든 것은 그의 잘못이었을까? 나는 로이에게 손님 응대를 맡기고 커피를 내리러 갔다. 돌아왔을 때 그들이 국립미술관에 있는 어떤 그림에 대해 말하는 걸 들었다. 그 젊은이가 말했다. "몇 번 방의 문으로 들어가면 보이는 왼쪽에 걸려 있는 그림을 말하는 건가요? 크기는 대략 …." 우리는 귀를 쫑긋 세웠다. 알고 보니 그는 비트겐슈타인의 친구였던 것이다. 엄격하고 까다로운 성격에도 불구하고 그는 예상치 못한 곳에서 수많은 친구들을 사귀었다.

우리는 마치 늪 위에 놓인 바위들을 밟고 지나가듯 대화를 조심스럽게 풀어나가는 방식을 통해 비트겐슈타인의 제자 한 명과 몇몇 친구들을 알아볼 수 있었다. 당시 비트겐슈타인은 사실에 바탕을 둔 발언을 하는 사람들을 골라 자기 마음에 맞는 사람으로 선택하곤 했다(바흐친은 예외였다). 극도로 겸손한 사내인 프랜시스 스키너가 단 한 번이라도 다른 식으로 말하는 것을 상상하기는 어렵다. 하지만 프랜시스가 테이블 위에 놓인 역사책을 보고 콧방귀를 뀌었을 때, 비트겐슈타인이 끼친 나쁜 영향을 눈치챌 수 있었다. 내가 봤을 때 그는 독재적인 취급을 받는 것에 전혀 고통스러운 기색을 보이지 않았다. 수년에 걸쳐 그는 눈에 띄게 향상된 자신감과 성숙함을 획득했다. 하지만 타고난 친절한 성품과 타인에 대한 민감성은 여전히 잃지 않고 간직하고 있었다. 힘든 노력 끝에 그는 지독했던 수줍음도 극복했다. 그는 타인과 함께 있는 것을 좋아하고 즐길 수 있었다. 간교한 속임수에 빠진 게 아니라면, 그가 다른 사람에 대해 나쁜 생각을 품는 것은 불가능했다. 아아, 그는 지나치게 욕심이 없고 자기 자신을 너무 내세우지 않으려 했다. 하지만 더 실천적인 사람이 되는 법을 배울 수 있었고 실제로 그런 법을 배웠다. 그의 삶은 비트겐슈타인의 철학과 우정으로 헤아릴 수 없이 풍부해졌지만, 나는 그가 정신적으로 자신만의 입장을 고수했다고 생각한다. 스페인 내전 때 국제여단에 자원하겠다는 결심은 전적으로 혼자 내린 것이었다. (그가 받아들여지지 않은 것은 신체장애 때문이었음이 틀림없다.)

1935년 프랜시스가 기계공이 되었을 때, 자신의 행동을 절대로 정당화하는 법이 없던 비트겐슈타인이 한번은 이렇게 말했다. "그에게 학자의 삶은 절대 행복하지 않았을 거요." 그것은 어쩌면 사실일지도 모른다. 노동자들은 프랜시스가 속해 있던 계층의 사람들보다 더 친절하고 남의 시선을 덜 의식했다. 그는 케임브리지 공구사에서 나와 새로 들어간 파이^{Pye} 사에서 파티를 즐기곤 했는데 심지어 춤까지 추었다. 그렇지만 비트겐슈타인이 어떤 젊은이에게 지대한 결과를 가져올 실제 결정에서, 단지 그에게 그럴 기회가 주어졌다고 해서 영향력을 행사할 권리를 가졌느냐 하는 질문은 여전히 대답되지 않은 채 남아 있다. 나는 이를 묻는 것이 비트겐슈타인의 용어로 '난센스'를 말하는 것임을 알고 있다. 하지만 그것은 세대 간의 관계에서 발생하는 문제의 측면에서 그리고 나이든 세대에게 부과된 막중한 책임의 측면에서는 난센스가 아니다. 내가 말하고자 하는 것은 부모나 스승 또는 선지자들이 청년들을 지도하는 데 있어 어디까지 개입할 수 있고 또 어디까지 개입해야 하는가의 문제다. 거의 확실하건대 비트겐슈타인은 스스로에게 단 한 번도 다음과 같은 질문을 던져보지 않았을 것이다. "프랜시스와 가까운 사람들 중에 그들의 입장을 들어봐야 할 다른 사람이 있는가?" 그는 프랜시스를 스스로 결정할 능력을 갖춘 책임감 있는 어른으로 대하곤 했다. 그 자신의 개성이 지닌 강력한 힘과 그것이 얼마나 헤어날 수 없이 강력하게 발휘되는지를 깨닫지 못한 채 말이다. 다른 한편으로 우리는 그의 머릿속에는 지위나 계급, 세속적인 성공에 대한 계산이 한 번도 들어오지 않았다는 점에서는 그를 비난할 수 없으며 칭찬해야 마땅하다. 그가 관심을 가졌던 것은 사람이 자기 본성에 충실해야 하며 그렇지 않다면 행복할 수 없다는 것이었다.

캐나다에서 돌아와서 나는 내 '프로젝트'의 일부인 비트겐슈타인과 스키너의 관계가 얼마나 중요한지를 깨달았다. 나는 이미 그들이 스키너의 부모에게 어떻게 보였는지를 암시한 바 있다. 어쩌면 비트겐슈타인은 그들에게 사악한 천재로 보였을까? 더 많은 정보가 필요하다고 느낀 나는 트러스콧 부인에게 연락했고, 그녀는 몇 가지 사실들을 더 알려주었다. 트리니티 칼리지의 강사였던 해리 샌드배치 교수는 스키너가 그곳에서 공부하던 시절에 관한 몇몇 정보들을 친절하게 찾아주었다.

프랜시스는 1925년 열세 살 때 심한 골수염을 앓았다. 오늘날의 항생제가 없었던 시절이라 뼈의 일부를 잘라내야 했다. 그는 불구가 되었고, 새롭고 위험한 감염에 취약한 상태가 되었다. 신체 발달은 지체

되었고 학교에서 운동을 할 수 없었다. 가족에게 그는 항상 매우 섬세하면서도 명석한 아이였고 특별한 보살핌을 필요로 하는 아들이었다. 1930년에 그는 세인트 폴에서 트리니티로 장학생으로 진학했다. 그는 수학을 전공했고 1933년에 수학 학위 시험에서는 1급 합격자가 되었다. 비록 당시에는 비트겐슈타인의 철학에 완전히 빠져 그와 함께 연구하는 일에 몰두하는 것처럼 보이긴 하였으나, 그는 2년간의 대학원 연구 기간 동안 각종 장학금과 상을 받기도 했다.

그의 어머니에게는 그가 비트겐슈타인과 함께 연구하기 위해 장학생 자격을 받은 것처럼 보였을 것이다. 하지만 샌드배치 교수에 따르면, 프랜시스가 제출한 신청서에 그가 제안한 연구가 아마 언급되어 있기는 하겠지만 대학에 의해 특별한 조건이 부과된 것 같지는 않다고 한다. 비트겐슈타인의 영향아래 프랜시스는 수학을 포기하기로 결정했다. 그는 의학 공부를 시작할까 한다고 이야기했다. (이것은 다른 사람, 즉 비트겐슈타인의 더 이전 제자인 드루어리가 실행했다.) 하지만 프랜시스의 부모는 그의 의학 공부를 끝까지 지원할 형편이 안 되었다. 대안으로 기계공이 되는 것에 대한 논의가 있었다. 나중에는 러시아에 가서 정착한다는 생각도 있었다. (트러스콧 부인은 동생이 러시아를 비트겐슈타인과 함께 가려고 했던 것인지의 여부는 확신하지 못했다.) 이 계획은 부모를 크게 실망시켰다. 그와 비트겐슈타인은 한번은 노르웨이에서 다른 한번은 아일랜드에서 휴가를 함께 보냈다. 1935년 여름에는 둘이 소련에 방문하려는 계획을 세웠다. 하지만 떠나기 직전에 프랜시스가 병이 재발해서 여행을 할 수 없게 되었다. 비트겐슈타인은 그때 아마도 혼자 떠났을 것이다. 트러스콧 부인의 기억에 따르면, 비트겐슈타인이 소련에서 돌아오자 그들이 세웠던 모든 계획이 포기되었다. 당시 내가 받았던 인상도 마찬가지였는데, 이에 대해서는 나중에 다시 다루도록 하겠다.

프랜시스는 그해에 케임브리지 공구사에서 일을 시작했다. 그는 죽을 때까지 비트겐슈타인의 가장 가까운 친구였다. 주말에는 함께 긴 산책을 나갔다. 전쟁 기간 중에 그는 전시 우선 작업^{war priority work}을 수행했다. 트러스콧 여사는 (1941년 10월) 장례식에 비트겐슈타인이 '평소보다 훨씬 절망적으로' 보였다고 말한다. 그녀는 자신의 부모가 비트겐슈타인과는 거의 접촉하지 않았던 걸로 기억한다. 비트겐슈타인은 일반 사람들에게 (그녀의 말에 따르면) '겁먹은 야생동물'처럼 행동했다. 장례식이 끝나고 그는 집으로 돌아가기를 거부하였으며, 그녀는 그가 '꽤 거칠어 보이는' 트리니티의 강사 버나비 박사와 함께 레치워스 주변을 걸어다니는 것을 보았다고 한다.

*

우리는 비트겐슈타인이 1934-1935년에 스키너에게 '갈색 책'을 구술했다는 것을 알고 있다. 하지만 스키너가 오로지 대필자의 역할만을 했다고 가정하는 것은 어쩌면 틀린 게 아닐까? 외부인의 눈에도 비트겐슈타인은 스키너와 몇몇 다른 젊은이들과의 끊임없는 대화 속에서 자기의 사상을 시험하고 완성하는 것처럼 보였다. 그들은 그의 사상을 명확한 언어로 정리하는 데 어느 정도 핵심적인 역할을 했고, 어쩌면 그가 영국에 살기로 선택한 이유에 대한 단서를 간직하고 있을지도 모른다. 영국 중산층의 자제들인 그들에게는 당시 비트겐슈타인이 제자에게 요구했던 두 가지 특징이 결합되어 있었는데, 그것은 바로 어린아이 같은 순수함과 최고 수준의 두뇌였다.

내가 서두에서 언급했던 미국인 교수는 내 편지에 대한 답장에서 다음과 같이 질문했다. "프랜시스 스키너는 어떤 책을 출간했지요?" 그것은 학계의 속물적인 반응이었다. 프랜시스는 아무것도 출간하지 않았으며, 단 한 번도 책 출간에 대해 생각조차 하지 않았다. 하지만 만일 그가 비트겐슈타인과의 연구에 전적으로 헌신했던 때, 특히 1933년에서 1935년 사이에 있었던 그의 기여에 대한 어떤 종류의 기록이나 인정이 정말로 존재하지 않는다면, ─ 그 기여가 단지 토론 중 그가 할 수 있었던 순간적인 주저함이나 부드러운 항의('맞습니다. 하지만…')였다고 하자 ─ 그것은 비트겐슈타인의 연구 방식의 중요한 특징은 말할 것도 없고 어떤 본질적인 것을 잃어버리고 간과한 것이다.

*

비트겐슈타인에 대한 나의 이야기의 주된 맥락으로 다시 돌아가도록 하자. 비록 1939년 우리가 케임브리지를 떠날 때까지 비트겐슈타인과 나는 지속적으로 연락도 주고받고 일도 함께 하기는 했지만, 그리고 그 후에도 가끔 만났지만, 그와 내가 편안한 관계였던 시기는 교습과 함께 끝이 났다.

1935년 1월에 나는 둘째 아이를 낳을 예정이었다. 크리스마스 휴가가 다가오자 나는 그들에게 더 이상 수업을 계속할 수 없다고 말해야 했다. 나는 임신 8개월째였고 실제로 그렇게 보였다. 그들이 그 사실을 눈치채지 못했을 거라고는 생각하지 않았다. 하지만 그들은 내 상태를 무시했고, 그저 내 건강이 좋지 않은 것이라고 가정하고는 쉬고 나면 괜찮아질 거라고 나를 안심시켰다. 그들의 순진함은 마치 초등학교 남자아이들 같았기 때문에 나는 그들에게 다가오는 분만에 대해 이야기하기가 꺼려졌다. 나는 아기를 낳을 때까지 사실을 말하기를 미루었고, 편지로 출산을 그들에게 알렸다.

그 다음 두 해 동안 있었던 사건들에 대해서는 정확히 어떤 순서로 일어났는지 기억이 확실하지 않다. 그 사건들의 공통 요인은 비트겐슈타인이 집중할 수 없다며 자주 불평하면서도 열심히 연구를 하고 있었다는 점이다. 1935년은 한껏 밝게 빛나던 해로 기억한다. 그를 괴롭혔던 극도의 우울증은 그가 1936년 노르웨이로 떠나기 전의 시기와 관련된 것으로 보인다.

그보다 앞선 시기에 있었던 즐거운 장면들이 머릿속에 떠오른다. 로이와 나는 티볼리 극장에 가서 프레드 아스테어와 진저 로저스가 나오는 〈톱 햇Top Hat〉을 보았는데, 로비에서 비트겐슈타인과 스키너를 만났다. 비트겐슈타인은 그들의 춤 기술에 대해 세세하고 꽤 진지하게 논하면서 그 춤을 침을 튀기며 극구 칭송했다. 나중에 어두워진 극장 안에서 우리는 그들이 앞좌석에 앉아 있는 것을 보았다. 한 명은 작고 다른 한 명은 큰 실루엣으로. 비트겐슈타인은 근시가 심했지만 안경 끼기를 거부했다고 들었다. 언젠가 한번은 내게 루스 드레이퍼가 나오는 영화는 절대로 빼놓지 않고 본다고 말한 적이 있다.

어느 날 그들은 꽤 진지하게 우리를 트리니티에 초대해서 함께 차를 마시자고 했다. 우리는 그 유명한 접이식 의자에 앉았는데 나는 등이 좀 불편했다. 방은 꽃 한 송이, 그림 한 점 없이 휑했다. 그들은 울워스에서 산 것이라고 자랑스럽게 말하며 토마토를 썰어 넣은 두꺼운 샌드위치를 내왔다. 차를 마신 뒤 비트겐슈타인이 이야기를 하고 우리는 들었다. 무슨 내용이었는지 지금은 기억나지 않는데, 자기는 유배되었고 우리도 같은 신세라는 말을 했던 것만 기억난다. 그는 우리를 보며 말했지만, 때로는 우리가 있는지 잊어버린 듯했다. 로이와 나는 서로 눈짓을 교환했다. 우리는 집으로 걸어오며 말했다. 다른 누구도 이런 식으로 사람의 마음을 긴장시켜 생각의 경로를 이탈하게 만들고 이전에 보지 못했던 방식으로 문제를 바라보도록 강요받는 느낌을 주는 사람은 없다고. 우리가 두꺼운 샌드위치를 먹고 있을 때 비트겐슈타인은 울워스의 상술을 칭찬했다. 그는 거기에서 개당 6펜스짜리 부품들로 만들어진 카메라 한 대를 총 2실링을 주고 샀다. ― 매우 훌륭한 기계였다! 그는 나에게 스냅 사진을 찍어주겠다고 제안했고, 실제로 날씨가 좋은 어느 날 트리니티의 네빌스 코트에서 사진을 찍어주었다. 나는 어느 벤치 위에 앉았고, 그는 한쪽 무릎을 꿇고 앉아 렌즈를 통해 나를 바라보았다. 나는 그때 그에게는 내가 하나의 물질적인 대상이며 그가 다가와서 아무 생각 없이 내 팔꿈치를 1인치 움직일 수도 있겠다는 느낌이 들었다. 프랜시스는 비트겐슈타인이 어떤 만족스런 균형미를 얻을 때까지 몇 시간이고 자기가 찍은 작은 사진들에서 미세한 조각들을 깎아내는 데 몰두한다는 얘기를 내게 해주었다. 확실히 그가 내 사진들을 주었을 때 그것들은 원래 사이즈에서 훨씬 축소된 상태였고, 어떤 것은 이제 1인치짜리 정사각형보다 크기가 작았다. 스페인 내전 기간에 비트겐슈타인은 우리 방에 걸려 있던, 당시 스페인에서 최근 사망한 존 콘퍼드의 확대된 사진을 보면서 코웃음 쳤다. "사람들은 그저 사진을 확대할 수만 있다고 생각합니다. 봐요. 바지밖에 안 보이잖아요." 사진을 보니 물론 그의 말이 맞았다. 나를 사진 찍어준 그날 그는 펠로 가든도 구경시켜주었는데, 어떤 식물 앞에 경이롭게 서서는 다음과 같이 말했다. "당신은 이 식물이 매시간마다 자라는 것을 눈으로 거의 볼 수 있습니다…." 내가 편도선을 제거하고 에벌린 요양원에서 혼자 한탄하고 있을 때, 비트겐슈타인이 나를 찾아왔다. 나는 "마치 차에 치인 개가 된 느낌이에요"라고 죽는소리를 했다. 그는 대번에 혐오스러워하는 기색을 보였다. "당신은 차에 치인 개가 어떤 기분인지 알 수 없소."

러시아와 노르웨이 방문

그해 여름 러시아 여행을 준비하면서 그는 혼자서 러시아어 회화를 배우러 나를 방문했다. 프랜시스는 공장에서 일을 하고 있어서 이 수업에는 함께하지 않았다. 프랜시스가 러시아 방문 계획에 포함되어 있다는 얘기도 듣지 못했다. 회화 수업은 고역이었다. 우리는 정원에 앉았다. 그는 극도로 조바심을 내면서 내가 제안하려는 모든 주제들, 즉 여행자들이나 보통 사람들에게 필요할 수 있는 모든 언어 표현들을 거부했다. 그에게 그것들은 모두 터무니없는 것이었고 대화 주제가 될 수 없었다. 당신은 왜 러시아에 가는가, 당신의 계획은 무엇인가 등과 같이 나로서는 자연스럽게 나오는 질문들을 그에게는 물어서는 안 된다는 것을 깨닫게 되었다. 내가 러시아어로 "그들은 아무런 대화 주제도 찾지 못하고 그저 서로 '굿모닝' 하고 인사만 할 수 있을 것"이라고 소리쳐야만, 그는 마음을 편히 가졌고 우리는 대화를 시작할 수 있었다. 드물긴 했지만 그가 자신에 대해 웃도록 만든 것은 좋은 경험이었다. 사람들이 자연스럽게 행동하는 것이야말로 자신이 가장 원하는 것이었음에도 불구하고, 스스로가 타인에게 얼마나 많은 제약을 가하는지 그는 알고 있었을까? 확실히 그의 성깔은 그 어떤 논리 이론이 요구할 수 있는 것 이상으로 이해할 수 없을 정도로 참을성 없고 훨씬 까다로웠다. 그는 사람들이 말하는 태도에 주의가 흐트러졌다.

러시아에서 돌아왔을 때 그는 스키너를 통해 나에게 소식을 전했다. 적어도 프랜시스가 말한 것은 이랬다. "비트겐슈타인 박사님이 당신께 소식을 전하라고 말씀하셨습니다." 먼저 여행의 구체적인 세부사항이 나왔다. 그는 그곳에서 환대를 받았다. 그리고 모스크바 대학으로 가서 수학 교수인 야놉스카야 Sophia Janovskaya 여사를 만났다. 그가 이름을 밝히자 그녀가 놀라서 소리치는 것을 들었다고 한다. "뭐라고요, 그 위대한 비트겐슈타인 아닌가요?" 이 즈음에서 나는 그가 스키너를 보낸 것은 자기 입으로 차마 말하기 곤란한 것을 있는 그대로 전하기 위해서였다고 추측했다. 그는 톨스토이가 공부했던 카잔 대학의 철학과 학과장직을 제안받았다. 그는 장래에 관해서는 아무런 결정을 내리지 않았다.

비트겐슈타인은 훗날 야놉스카야 교수에 대해 훌륭한 사람이라고 내게 말했다. 그녀는 어린 아들을 키우고 있고 생활고를 겪고 있으며 당뇨병을 앓고 있다고 했다. 머릿속에서 사건들을 정리하려고 애쓰면서 나는 항상 비트겐슈타인이 1936년 노르웨이에 가기 전에 야놉스카야 교수에게 약을 보내달라고 나에게 부탁했다고 생각했다. 하지만 내가 최근에 발굴한, 그가 노르웨이에서 보낸 편지(1937년 9월 4일자)는 그 생각이 착각이었다는 점을 증명한다. 이 편지에 대한 '추신'(1937년 10월 12일자)은 나의 착오를 확인시켜준다. ― 하지만 나의 또 다른 생각, 즉 그가 1937년 여름에 먼저 노르웨이에서 돌아왔다는 생각이 잘못됐다고 보지는 않는다.

그가 숄덴 이 송Skjolden i Sogn에서 보낸 편지는 비즈니스 메모처럼 짤막했던 통상적인 편지보다 길었고, 원래 야놉스카야 교수가 보낸 러시아어 편지 한 통을 동봉한 것이었다. 편지에서 그녀는 비트겐슈타인에게 어떤 약들을 보내달라고 요청했다. (프로타민-아연-인슐린, 쿱스, 뉴욕 ― 이것은 아마 스큅을 말하려고 했을 것이다.) 그는 내게 10파운드 내지 15파운드를 넘지 않는 범위라면 그녀를 도울 준비가 되어 있다고 말하면서 케임브리지의 부츠 약국을 통해 이 일을 처리할 수 있는지 확인해달라고 부탁했다. 그는 그녀의 편지에서 자신이 해독할 수 없었던 러시아어로 된 세 단어에 밑줄을 치고는 그에 대한 설명을 요청했다. 나는 편지를 그에게 돌려주어야 했고, 그것에 대해 아무에게도 말하지 말아야 했다. 하지만 로이에게는 조언을 구해야 했다. 비트겐슈타인의 필체에는 놀라운 에너지가 있었고 그것은 지금까지도 나를 흥분시킨다. 그는 줄이 있는 연습장에 편지를 썼다. 편지의 말미는 누락되었고, "annoyed"는 "anoied"로 잘못 표기되어 있었다. 나는 그의 부탁을 들어주었고, 부츠에서는 약을 발송했다. 내가 언급한 추신은 베르겐의 풍경이 그려진 작은 그림 두 장의 뒷면에 쓰여 있다. 거기에는 그가 "자신의 은행가로 활동하는" 런던의 한 친구를 통해서 3파운드 수표 한 장을 나에게 보내도록 했다는 내용이 쓰여 있었다. "만일 당신에게 이보다 더 많은 비용(원문에서는 expense를 expence로 오기)이 들었다면, 크리스마스나 그 이전에 내가 케임브리지로 돌아가서 정산하겠습니다." 정산에 대해서는 아무런 기억이 없다. 돈에 대한 그의 염려는 당시 그가 더 이상 트리니티의 펠로가 아니어서 정기적인 수입이 없었기 때문이었다.

1935년 그의 러시아 여행과 관련된 이야기를 계속하자면, 나는 앞에서 말한 것을 반복하고 싶다. 나는 그가 여행에서 돌아온 거의 즉시 러시아에 정착하러 가지 않기로 결심했다는 인상을 받았다. 비록 정신적 피난처로서의 러시아에 대한 관념은 그가 1937년 6월 21일자로 엥겔만에게 보낸 마지막 편지에서 반복되기는 하지만 말이다. 이 편지는 1922년 9월에 같은 친구에게 보낸 훨씬 이전의 편지에서도 표현했던 욕망의 잔향이었다. "그 생각이 아직도 머릿속을 맴돌고 있습니다. — 언젠가는 러시아로 탈출하겠다는 생각이⋯." 나는 이 편지들이 러시아에 대한 그의 태도를 보여주는 단서라고 생각한다. 이 문제에 대해서는 나중에 다시 이야기하겠다. 1939년의 두 번째 러시아 방문 제안은 그저 멀리서 전해들은 말일 뿐이고 분명히 오류다.

1936년 비트겐슈타인이 노르웨이로 떠났던 이야기로 돌아가보자. 그해에는 그의 정신이 걱정과 불확실함으로 평소보다 더 억압되어 사람들과의 관계를 완전히 절연하도록 만들었다고 생각하는 건 뒤늦은 깨달음이거나 기억의 속임수일까? 1년 후 케임브리지로 돌아왔을 때, 그의 정신은 여전히 추가적인 부담감을 벗어던지지 못한 것처럼 보였다. 그리고 고백은 오랜 기간 지속된 위기의 산물이었던 것으로 보인다. 확실히 그 전년의 기억에는 밝은 색채의 느낌이 나지 않는다. 하지만 어떤 식으로든 항상 절망에 빠져 있던 사람의 심리 상태를 평가하려고 할 때에는 다 염려할 만한 이유가 있는 법이다.

노르웨이로 떠나기 전 그는 (나에게 말한 대로) 새로 사귄 친구와 자동차로 브리타니를 여행했다. 그 친구는 그 지역을 잘 알았고 운전도 잘했다. 비트겐슈타인은 분명 그 여행을 즐겼다. "내 친구는 장애인입니다. 한쪽 다리를 접니다"라고 그가 덧붙였다. 나는 이 두 번째 절름발이 친구에 관한 이러한 세부 사항을 기억하는데, 왜냐하면 그것은 내게 이상한 인상을 주었기 때문이다. 작별인사를 하면서 그는 숄덴에 있을 자신에게 영국 주간지를 정기적으로 보내달라고 부탁했다. 어떤 주간지였냐고? 그것은 《일러스트레이티드 런던 뉴스*Illustrated London News*》였다! 내가 놀랄 것을 예상하면서도 사소하고 피상적인 발언 따위는 허용치 않겠다는 그의 표정은 아주 익숙했다. 프랜시스는 노르웨이에 있는 비트겐슈타인을 방문하고 돌아와서 내게 상황을 설명했다. 그것은 완전한 고립과 고독의 삶이었다. 빵을 사러가기 위해서는 배를 타고 노를 저어야 했다. 집을 청소하는 것조차 힘들었다.

비트겐슈타인이 노르웨이에서 보낸 편지 한 장은 나를 엄청나게 격분시켰다. 그것이 내 마음에 더욱 사무쳤던 이유는 나라면 감히 그런 말을 그에게 하지 않았을 것이고 나로서는 겨우 한두 친구에게나 그 일을 토로할 수 있었기 때문이었다. 나는 약간의 교습과 정치적인 일을 하고 있기는 했지만, 집안일을 벗어나 더 많은 일을 하고 싶어 했다. 그래서 노동자 교육협회에서 시사 문제에 대한 강의를 요청받았을 때 매우 기뻤다. 35년이 지나 되돌아보니 비트겐슈타인이 어떤 사람인지 알면서도 이런 소식에 그가 어떻게 반응할지 예상하지 못했다니 나도 참 바보 같았다. 하지만 나는 지금도 나의 우둔함이 그가 보낸 편지의 가혹함을 정당화하거나 변명해줄 수는 없다고 생각한다. 마치 막중한 의무가 그렇게 하라고 강요하기라도 한 것처럼, 그것이 그가 나에게 쓴 유일한 개인적인 편지였다니!

더 이상 강의나 교습을 하지 않는 요즘에도, 나는 여전히 이 편지를 평온한 마음으로 회고할 수가 없다. 그는 사람의 마음에 상처를 주는 데 탁월한 능력을 지녔다. 그의 인격의 완전성은 그를 향한 비판을 일종의 트집 잡기처럼 보이게 만든다. 하지만 나는 타인의 약점을 발견해서 맹렬히 공격하는 그의 능력을 결점이 아니라고 간주할 수 없다. 그가 동시에 아주 순수하고 순진한 사람이라는 것을 안다 해도 내 감정은 바뀌지 않는다.

*

그는 나에게 절대로 그 강의를 해서는 안 된다, 그것은 내게 옳지 않으며 나쁘고 해롭다, 라고 썼다. 나는 거기에서 받은 충격에 대한 기억으로부터 이 말을 인용하는 것이다. 화가 나서 그 편지를 갈가리 찢어버렸기 때문이다. 비록 그가 비난한다고 해서 내가 하기로 한 일을 못할 위험은 없었지만, 나는 여전히 그 기억을 떠올릴 때면 얼굴이 발갛게 달아오르는 기분이다. 그리고 이런 기분으로부터 그가 내게 끼친 영향은 해로운 것이었다는 결론을 내린다. 아마 다른 이들에게도 나에게처럼 나쁜 영향을 주었으리라. 비록 그는 사람을 정확히 판단할 줄 알았고 독선적이지는 않았지만, 자신에게 적용하는 엄격한 잣대를 타인에게도 적용하곤 했다. 만일 당신이 살인을 저질렀거나, 결혼이 파탄났거나, 개종을 하려 한다면 비트겐슈타인은 조언을 구하기에 가장 좋은 사람일 것이다. 그는 거절하지 않고 실질적인 도움을 줄 것이다. 하지만 당신이 두려움이나 불안으로 고통받거나 적응을 잘 하지 못한다면, 그는 거리를 두어야 할 위험한 인물이다. 그는 일상적인 문제에 대해서는 전혀 공감을 하지 못하며, 그의 처방은 외과적이고 너무나도 극단적일 것이다. 그는 당신의 원죄를 치료하려 할 것이다. 엥겔만에게 (1920년 10월 11일에) 보낸 초기 편지의 다음과 같은 대목은 꽤나 엽기적이다. "나는 그저 한두 개의 수족을 잘라내야 했습니다. 남은 수족이 건강해지도록 말입니다 ⋯." 그의 고백 방식 또한 이런 경향을 이해하는 데 도움을 준다. 당신은 새로운 죄의 낙인이 찍히지 않도록 힘들게 싸워야 할 것이다. ─ 당신의 어깨 너머를 바라보며 비트겐슈타인이 당신이 하는 일과 하는 말과 이런저런 책을 읽는 것에 대해 무어라고 말할 것 같은가? 그것은 아마도 갈등을 의미할 것이다. 왜냐하면 당신은 그 누구에게서보다 그에게서 더 많이 배울 수 있다는 것을 잘 알고 있기 때문이다(논리학이나 철학만을 말하는 게 아니다). 그가 덜 고압적이었다면, 무언가를 금지하려는 성향을 자제하고 타인의 성격과 사고에 더 참을성이 있었다면. 아, 그는 교육자로는 결코 어울리지 않았다.

비트겐슈타인이 내게 가혹한 편지를 보냈기 때문에 내가 맹렬한 언사를 쏟아내는 것처럼 보일지 모른다. 하지만 나는 이런 내 반응의 아주 사적인 성질에 대해 잘 알고 있다. 그가 직업을 가진 여성을 싫어했다는 사실과 그가 사람을 대하는 방식이 사람에 따라서 크게 달랐다는 사실을 잘 알듯이 말이다. 일반화해서 말하자면, 그것은 내가 당시 케임브리지에서 그가 차지하고 있던 위치를 생각하고 있기 때문이다. 비트겐슈타인에 관한 이야기를 들은 사람들은 비트겐슈타인 자신도 참을성 없고 성마르고 괴짜 같은 성격을 어찌할 수 없었을 것이라며 엄청난 관용을 보여주었다. 비트겐슈타인의 좋은 친구이자 우리의 친구였던 젊은 수학자 앨리스터 왓슨^{Alister Watson}과 그의 아내 수전의 반응도 마찬가지였다. 내가 비트겐슈타인의 편지에 대해 불평하자, 겨우 비트겐슈타인 나이의 절반 밖에 되지 않고 직업적으로 아직 안정을 이루지 못한 그는 어깨를 으쓱해 보이고는 현명하게 웃어 넘겼다. "뭐, 원래 그런 분이시잖아요….."

만일 유머감각이라는 말이 타인을 다루는 방식으로 우리 자신을 보는 능력을 의미한다면, 비트겐슈타인은 유머감각을 완전히 결여했다고 볼 수 있다. 그는 자신이 사정을 봐주지 않고 맹렬히 공격함으로써 가혹하다 못해 잔인하기까지 했던 것을 어쩌면 몰랐을 수도 있다.* 자신이 사람들에게 불러일으키곤 했던 두려움에 대해서도 몰랐을 것이다. 그처럼 감정을 거리낌 없이 드러내고 쉽게 화를 내는 사람을 상상하기 어렵다. 나는 이런 얘기를 캐나다에서 알게 된 명민한 한 젊은 여성에게 들려주었다. 내가 스스로에게 역겨움을 느끼며 "비트겐슈타인을 비난하니까 기분이 좋네요" 하고 말하자 그녀가 답했다. "그건 아마 좋은 게 아닐 거예요. 하지만 이런 기억들을 통해서 그 사람을 묘사하는 데 오히려 도움이 되지 않을까요? 투덜거리기만 해서는 당신은 그를 칭송함으로써 그걸 만회하려고 할 텐데요." 나는 비

---

* F. R. 리비스 박사는 비트겐슈타인과 함께 있을 때 전형적으로 발생하는 어떤 상황에 대해서 내 남편에게 말했다. 그 상황에서 비트겐슈타인은 평소답지 않게 자신의 행동에 대한 리비스 박사의 비판을 기꺼이 받아들였다고 한다.

트겐슈타인이 했던 방식을 기억해서 외쳤다. "참을 수 없군요. 참을 수 없어." 그녀는 지나치게 예민한 감성은 그 자체로 타인의 감정에 대한 감수성이 감소되었음을 보여주는 걸지도 모른다고 조심스럽게 말했는데, 나는 그녀가 현명하다고 생각했다.

비트겐슈타인이 노먼 맬컴 교수에게 (맬컴이 자신의 회고록에서 전한 바에 따르면) 자기는 애정이 부족하지만 많은 애정을 요구한다고 말했을 때, 나는 그가 틀린 것도 무리는 아니라고 생각한다. 그는 분명히 종종 고마움을 표현하고 보여주었기 때문이다. 그는 크리스마스에 바흐친네 가족과 우리에게 칼즈배드 자두를 선물하기도 했고, 빈에서는 '즐거운 부활절'을 기원하며 새들이 그려진 엽서를 보내기도 했다. 콘스탄스 바흐친은 비트겐슈타인이 그들과 함께 머물 때 커피가 변질되지 않게 하려고 커피를 여러 개의 작은 꾸러미들로 나누어 힘들게 가지고 와서는 마루에 쏟아놓은 적이 있다고 내게 말했다. 나는 그가 내게 프랜시스가 죽었다는 소식을 전했을 때의 섬세함을 기억한다. 그는 그 소식을 로이 앞으로 된 편지에 담았었다.

고백

나는 항상 비트겐슈타인의 고백에 대해 내가 기억하고 있는 대로 쓰고 싶었다. 왜냐하면 나는 그 고백이 그에 관해 어떤 배울 점을 드러낸다고 생각하기 때문이다. 또한 그렇게 함으로써 이 사건과 관련해서 그에게 친절하지 못했던 것에 대해 그때나 지금이나 내가 느끼고 있는 죄책감을 극복하는 데 도움이 될지도 모르기 때문이다. 그 고백이 그의 사후 오래도록 터부시된 주제로 남아 있었다는 사실은 당혹스러웠다. 엥겔만은 비트겐슈타인이 자신에게 보낸 편지들을 편집한 모음집(1967)에서 그 고백이 포함된 편지를 누락시켰다. 비록 명시적으로 그것을 언급한 또 다른 편지가 있음에도 말이다. 세월이 흘러가고 있었고, 고백을 들었다고 알고 있는 사람들이 하나둘씩 세상을 떠났다. 지금까지 이 사건과 관련해서는 오로지 두 명의 영국인만 생존해 있다. (이제는 어쩌면 오직 한 명밖에 남지 않았을까 두렵다.) 그리고 그 남은 영국인이 자신이 비밀리에 들었던 문제를 공개하기를 기대하기는 어렵기 때문에, 나는 서둘러 써야 한다고 느꼈다.

1937년 여름 비트겐슈타인이 노르웨이에서 돌아왔을 때 고백 사건이 있었다.* 그는 어느 날 아침 전화를 하더니 나에게 만날 수 있는지 물었다. 내가 급한 일이냐고 묻자(그때 아이들 중 한 명이 몸이 좋지 않던 걸로 기억한다), 급한 일이며 기다릴 수 없다고 단호하게 말해서 나의 성질을 돋우었다. 탁자 맞은편에 앉은 그를 보면서 나는 이렇게 생각했다. '만일 기다릴 수 있는 것이 있다면, 바로 이런 식으로 행해지는 종류의 고백일 텐데.' 사람의 정신적 태도라는 것이 신체적으로 나타나는 특징들을 간직하고 있는 기억 속에서 얼마나 자주 모습을 드러내는가? — 나는 그가 방수외투의 단추를 다 채운 채 끝까지 벗지 않았고 아주 꼿꼿이 무섭게 앉아 있었다고 지금도 단언할 수 있다. 당시 내가 그에 대해 가졌던 태도를 그 사건에 대해 내가 점차적으로 채택하게 된 상당히 변형된 관점에서 분리시킬 수 있을까? "나는 고백을 하러 왔소." 그는 같은 목적으로 무어 교수에게 막 다녀온 참이었다. "무어 교수님이 뭐라 하시던가요?" 그는 웃었다. "무어 교수는 '자네는 참 참을성 없는 사람이야, 비트겐슈타인…'이라고

---

* 나는 아마도 비트겐슈타인이 엥겔만에게 보낸, 고백을 언급한 편지의 날짜가 1937년 6월이라는 점에 영향을 받아 이 방문 날짜에서 실수를 한 것 같다. 하지만《러셀, 케인스 그리고 무어에게 보낸 편지》(앞의 책 211쪽 이하 참조)를 통해 나는 비트겐슈타인이 1937년 신년 무렵에 케임브리지에 방문하여 친구들에게 개인적 문제들에 관해 이야기하였다(그는 이 이야기를 '고백'이라 불렀다)는 것을 알게 되었다.(L 170) 그렇다면 이때가 바로 그가 나를 만나러 왔던 때임에 틀림없다.

말했소." "그런데 당신은 그걸 몰랐나요?" 비트겐슈타인은 무시하며 말했다. "난 몰랐소." 나는 그가 고백한 두 개의 '범죄'를 기억한다. 첫 번째는 유대인 혈통에 관한 것이었고, 두 번째는 그가 오스트리아의 한 마을 학교에서 교사로 있을 때 저지른 잘못이었다.

첫 번째 사안에 대해 그는 친구들을 포함하여 대부분의 지인들이 자기를 아리아인과 유대인의 피가 3대 1로 섞여 있는 걸로 간주한다는 것을 알고 있었다고 말했다. 하지만 실제로는 비율이 그 반대이며, 자신이 이런 오해를 바로 잡기 위해 아무런 행동도 하지 않았다는 것이었다.

확신할 수는 없지만, 그는 자신만의 정밀한 방식으로 유대인, 비유대인이 아니라 아리아인, 비아리아인이라고 내내 말했을지도 모른다. 이는 당시에 그의 경우에는 매우 중대한 차이였다. 당시에 나는 그의 말을 당연히 조부모님들 중 세 분이 유대인이라는 뜻으로 오해했다. 여기서 유대인은 유대교 공동체의 구성원이라는 의미다. 실제로 나는 1969년 엥겔만의 《루트비히 비트겐슈타인에게 받은 편지》에 쓰인 맥기니스 박사의 서문을 읽기 전까지 이렇게 믿고 있었다. 이 책에서 나는 그의 조부모님들 중 한 명은 비유대인이었고, 둘은 어릴 때 세례를 받은 유대인이며, 나머지 한 명은 결혼식 때 세례를 받았다는 것을 알게 되었다. 내 할머니였다면, "대단한 유대인이네"라고 했을 것이다.

비트겐슈타인 가문처럼 동화된 가족이 '빈의 전형적인 유대인 가족'으로 묘사될 수 있는지에 관한 모든 논쟁들을 옆으로 제쳐둔다 해도(그렇다면 오랜 신앙과 유대교 공동체와 절연하지 않은 슈니츨러나 프로이트 가문은 도대체 뭐라고 불러야 할까?), 그럼에도 불구하고 비트겐슈타인이 1차 세계대전 이전에 그리고 1920년대 후반에 다시 영국에 왔을 때 그는 스스로를 유대인이라고 칭해야 할 필요가 없었고, 아마 그 스스로도 유대인이라고 생각조차 하지 않았을 것이다.

　다른 한편으로 세 명의 유대인 조부모를 두었다는 생각이 내 마음 속에 굳게 박혀서 그가 실제로 사용한 용어가 내 기억 속에서 복구되지 못하는 것은 아마도 내가 그의 말의 의미를 오해했기 때문일지도 모른다. 내가 제정 러시아 시대의 반유대주의 아래 어둡고 낙인찍힌 어린 시절을 보내고 내전 당시 유대인 학살을 겪은 우크라이나 출신의 유대인 소녀였다는 것을 그가 알고 있었는지 모르겠다. 비트겐슈타인이 비유대인으로 간주되었던 반면, 나는 유대인이라면 겪었을 고통을 너무나 잘 이해했다. '유대인 문제' — 대부분의 사람들에게 이 문제는 '유대인이 된다는 건 어떤 기분일까'라는 문제 외에 무엇일까? 나는 어떤 목적으로든 그 주제에 관해서는 (드물게 그리고 삼가면서) 오직 나의 언니하고만 이야기할 수 있다. 그 문제를 제기하는 비트겐슈타인에 대한 나의 반응은 마음이 너무나 내키지 않아서 그저 빨리 해치우고 싶은 마음뿐이었다.

*

고백을 하는 것은 비트겐슈타인에게 마음을 짓누르는 죄책감을 덜어내는 가장 근원적인 방법으로서 매력적이었을 것이다. 그는 감정적인 반응을 요구하지 않았다. 그의 태도는 그런 반응을 어렵게 했다. 그는 기꺼이 질문에 답할 준비가 되어 있었고, 어떻게 반응할 것인지는 듣는 이가 각자의 성향에 따라 알아서 하도록 내버려두었다. 그는 가톨릭교도로 자랐다. 이런 고백 형식은 그에게 정상적으로 받아들여지는 것이었을까? 내게는 전혀 그렇지 않은데 말이다! 몇 년이 지난 후 어떻게든 적대적으로 느낀 것에 대한 자책감이 들 때마다, 나는 이런 생각으로 변명했다. '당신이 러시아에서 왔다면 미리 준비한 대로 태연자약하게 하는 고백에 대응할 수 없을 것이다. 만일 누군

가 "이를 악물면서" 당신에게 왔다면 당신은 대응할 수 있을 것이다.'
나는 내가 그에게 다음과 같이 말했다는 사실을 기억하고 있다. "나는
유대인이에요. 나는 다른 이들이 유대인 일반에 대한 깊은 혐오를 드
러내는 것을 막기 위해 이 사실을 적당한 시기에 밝힐 기회를 종종 놓
쳤어요. 어쨌든 영국인은 상황판단이 빨라요. 나는 그들이 아마 당신
에 대해 알고 있듯이 나에 대해서도 알고 있을 거라고 생각해요…." 나
는 바라건대 그가 낙관적으로 생각하도록 마음을 썼다.

이제 무엇이 나를 비트겐슈타인이 자신의 인종적 뿌리에 대해 절대
로 거짓 진술을 하지 않았다고 — 그리고 만일 사람들이 그를 실제와
는 다른 어떤 사람으로 간주하였다면 그것은 의식적이든 무의식적이
든 그가 밝히지 않았기 때문임을 — 전적으로 확신케 하는지를 자문
해보면, 나는 먼저 이렇게 답할 것이다. 나는 그보다 거짓말을 더 못하
는 사람은 만나본 적이 없다고. 둘째 (내게는 이것이 더욱 구체적인 증거
로 보인다) 도대체 비트겐슈타인과 관계를 맺은 사람 중에 그에게 빈
에 있는 그의 가족과 친구들 그리고 그의 과거에 관한 것을 직접적으
로 물어볼 수 있는 사람이 어디에 있겠는가. 영국 사람들이 그의 배경
에 대해 어떤 가정을 했든 간에, 그들은 그에게 그것에 대해 물은 적이
없고 비트겐슈타인도 거짓을 말하지는 않았다. 1933년 히틀러가 집
권하기 전까지 그는 이 문제에 하등의 영향을 받지 않았다.

나는 그가 꽤나 오래 이야기를 했고 분명 지금 내가 기억하지 못하
는 것들도 많이 말했을 거라고 생각한다. 그의 말을 듣다가 내가 소리
쳤다. "뭐가 문제라는 거죠? 완벽한 사람이라도 되고 싶다는 건가
요?" 그러자 그는 허리를 곧추 세우고는 오만하게 말했다. "물론이오.
나는 완벽한 사람이 되고 싶소." 이 기억 하나만으로도 그 장면을 꼭
설명하고 싶은 마음이 든다.

나는 비트겐슈타인에 대해 개인적인 진술을 하는 사람들이 그를 자기네들 수준으로 끌어내린다고 말하는 것을 들었다. 하지만 나는 자기 자신을 어떤 점에서 그리고 어떤 식으로든 그와 비교할 정도로 미친 사람은 많지 않을 거라고 생각한다. 그가 자기만의 계급과 자기만의 영역을 구축하고 있음은 언제나 분명한 사실이다. 위험한 것은 그가 미래 세대에게 너무 비인간적으로 보일지도 모른다는 점이다. 그를 알았던 사람들은 그를 이런 관점에서 볼 수 없었다. 잘못과 약점을 포함하여 그에 관해 더 많은 기록이 나올수록, 더 좋은 거라고 나는 생각한다. 틸리아드 E. M. W. Tillyard 와 같은 밀턴에 관한 저자들이 밀턴이 전적으로 상냥함을 결여하고 있는 건 아님을 증명하기 위해 여전히 분투하고 있지 않은가?

*

그의 고백에서 가장 고통스러운 부분은 마지막에 있었다. 그것은 낱낱이 털어놓음으로써 마음의 짐을 내려놓아야 할 트라우마 같은 경험이었다. 나는 그 즈음에서 그가 자신이 처신했던 비겁하고 수치스러운 태도에 대해 딱 부러지게 이야기함으로써 자기 마음을 굳게 다잡아야 했다는 것을 잘 기억하고 있다. 오스트리아의 한 마을 학교에서 교사로 있던 짧은 기간 중에 그는 자기 반의 여자아이를 때려서 다치게 했다(세부 사항을 기억할 순 없지만 신체적인 폭행이었던 것 같다). 아이는 교장에게 이르러 갔고 비트겐슈타인은 때린 사실을 부인했다. 이 사건은 젊은 시절의 그에게 남성다움의 위기로 떠올랐다. 아마 이것이 그로 하여금 교사직을 포기하고 혼자서 살아야 한다고 깨닫게 했는지도 모른다. 이 사건에 대해 그는 거짓말을 했고, 이후 큰 양심의 가책을 느꼈다. 이는 청년 시절의 루소가 어린 하녀에게 행했던 범죄와 얼마나 유사하며, 우리 대부분이 지니고 있는 무언가와도 얼마나 닮아 있는가. 결국 비트겐슈타인도 수많은 인간 가운데 하나였다. 하지만 그의 고백은 죄책감에 사로잡혔을 때 또는 그것이 연구에 장애가 되었을 때 상황을 다루는 그 자신의 극단적이고 철저한 방식을 보여준다. 이때의 장애는 성격상 그가 자신의 열과 성을 다해 헌신하고자 했던 연구 자체에 내재해 있는 어려움과는 매우 다른 것이었다.

사람들은 나치 독일의 존재와 함께 그에게 중압감을 주게 된 비아리아인 문제와 자신이 저지른 비행에 대한 다른 고통스러운 기억들이 자연스럽게 결합되어 그가 정상적으로 생활하는 것을 불가능하게 했고 극단적인 수술을 필요로 했다고 추측할지도 모른다. ― 일괄타결은 그의 극단적인 본성과도 아주 잘 어울린다. 그는 말을 할 때에도 계속해서 쌀쌀맞은 태도를 취했기 때문에 나로서는 공감의 반응을 하기란 불가능했다. 나의 감정이 친절함과는 거리가 멀었다는 것을 그도 느꼈을까? 내 감정은 앞서 언급한 두 영국인들의 감정과는 사뭇 달랐다. 그들은 (나는 듣지 않아도 안다) 참을성 있게 귀 기울이고 거의 말하지 않으면서 친절하게 개입하였을 것이다. 그가 굳이 이런 고백을 할 필요는 없지만 만일 그가 그래야만 한다고 생각한다면 그래도 좋다는 것을 태도와 표정으로 넌지시 비추면서. 너무 상상이 앞서는 거라고 할 수도 있겠지만 덧붙이고 싶다. 바흐친이 그 자리에 있었다면, 호랑이처럼 왔다 갔다 하면서 흥분해 쉴 새 없이 몸짓을 하며 중얼거렸으리라 상상할 수 있다. 프랜시스였다면? 그는 깊은 충격을 받고 비트겐슈타인에게 시선을 고정한 채 얼어붙은 것처럼 꼼짝 않고 앉아 있었을 것이다.

나는 무슨 말을 할지 모른 채 냉정하게 대했던 것을 항상 자책해왔다. 35년이 지나서야 그때 내가 그 오래된 기억이 왜 그토록 그의 마음을 짓눌렀는지, 마음의 짐을 덜기 위한 실질적 방법으로 그가 할 수 있었던 것들이 없었는지도 캐물었어야 했다고 생각한다. 이것들은 헛된 상상에 불과하지만, 다음 질문은 적절한 것처럼 보인다. 그는 많은 이들이 죄책감을 간직한 채 살아간다는 것을 깨달아서는 안 됐던 것일까? 그러나 그의 신경질적인 성격은 마치 금형으로 주조된 것처럼 바꾸기 힘든 것이었다. 자신의 철학 사상을 크게 수정했다고 해서 그가 사람들이 말하는 태도를 더 기꺼이 참을 수 있게 되지는 않은 것처럼, 그의 삶에서의 이 위기도 내가 알기로는 그를 더 참을성 있게 만들지는 못했다.

점심 식사와 다른 사건들

아무도 그에게 다른 사람들과 함께 식사하자고 요청할 생각은 하지 못했다. 낯선 이와 만났을 때 그의 반응이 어떨지 예상하는 것은 힘든 일이었다.

나는 언젠가 그가 우리와 함께 했던 점심 식사가 분명히 기억난다. 그 자리에는 나와 로이 그리고 우리 딸과 딸을 돌봐주는 젊은 보모가 있었다. 긴장과 침묵이 감돌았다. 비트겐슈타인은 무언가를 노려보고 있었고, 우리는 양고기를 먹고 있었다. 나는 침묵을 깰 기회를 잡고는, 영국 아이들은 책이나 동요에서 병아리나 어린 양 같은 애완동물을 사랑하라고 배우기 때문에 아이 앞에서 우리가 먹고 있는 것이 양고기라고 말하는 게 꺼림칙하다고 말했다. 비트겐슈타인은 마치 꿈에서 깨어난 사람처럼 나를 돌아보며 말했다. "말도 안 되는 소리. 여기에는 아무 문제도 없소. 전혀 문제가 안 된다고." 그는 자신이 문제를 볼 수 없는 곳에서 내가 '문제를 만들어낼 때면' 마치 내가 불필요하게 문제의 수를 늘림으로써 그의 짐을 더한다는 듯이 항상 진심으로 화를 냈다.

쇼핑을 갔다가 집으로 들어서자 파출부가 말했다. "큰 배낭을 맨 남자 한 분이 막 찾아왔었어요." 문밖으로 나가보니 비트겐슈타인이 식료품점 방향으로 떠나는 것을 보았다. 식료품점 위층에는 스키너가 하숙을 하고 있었고, 비트겐슈타인이 때로 숙소를 함께 썼다. 무거운 철제 틀을 가진 배낭은 그의 키의 절반이었다. 내가 아는 한 그는 외국에서 막 도착한 것이었다.

나는 이스트 로드와 힐스 로드가 만나는 모퉁이에서 그를 따라잡았다. 우리는 대여섯 명의 군인들이 잔디밭에 얕은 참호를 파는 것을 서서 지켜보았다. 참호는 3-4인치 깊이였다. 그때는 뮌헨 협정 이전이었다. 네빌 체임벌린Neville Chamberlain 총리는 국가가 전쟁에 대비하는 것처럼 행동하는 입장을 취하고 있었다. 우리는 침묵 속에서 군인들의 참호 파기를 지켜보았다. 나는 비트겐슈타인을 돌아보며 이 모든 게 가짜라고, 우리는 길을 잃었다고 소리치며 항의했다. 그러나 그는 무섭게 손을 들어 나를 조용하게 했다. 그는 말했다. "나도 지금 일어나고 있는 일에 대해 당신과 마찬가지로 부끄럽소. 하지만 우리는 그것에 대해 말해서는 안 되오." 사람들이 말하지 못하도록 막을 때마다 그는 마치 말하는 것이 상처를 입히기라도 한다는 듯 여기는 것처럼 보였다.

그런데 이것은 그가 한 말을 그대로 인용할 수 있는, 몇 안 되는 정치적 성격의 언급 가운데 하나이다.

*

2차 세계대전이 발발하고 얼마 지나지 않아 나는 맹장을 떼어냈다. 곧 우리 딸들은 학교와 함께 슈롭셔로 소개되었다가, 1940년 여름에 '영국 본토 항공전'과 코번트리와 버밍엄 폭격에 때맞춰 버밍엄으로 돌아왔다.

1940년 초봄 히틀러의 서부 공세가 있기 이전에, 나는 언니와 케임브리지에 머무르고 있었다. 당시 그녀는 매딩리 로드에 있는 프랜시스 콘퍼드의 집에 방문 중이었다. 비트겐슈타인은 나에게 전화를 해 만날 약속을 잡았다. 나는 그를 만나기 위해 매딩리 로드를 따라 기상대 방향으로 걸었다. 내가 얇은 드레스를 입었던 것을 기억하는 것으로 보아, 그때는 예년에 비해 예외적으로 더운 날이었음에 틀림없을 것이다. 우리는 실내로 들어가지 않고 정원을 이리저리 거닐었다. 나는 그에게 아이들이 소개되었다고 말했다. 아마도 그는 내게 위로를 했을 것이다. 나는 소리쳤다. "정부는 도대체 뭘 하는 거죠? 신발 한 짝 불타지 않았는데. 전쟁은 없다고요." 나는 차라리 이때 그가 엄격하기보다는 슬퍼보였다고 생각하고 싶다. 하지만 그는 역시나 나를 꾸짖었다. "어떤 이들은 새들이 벌레를 먹는 것에 역겨움을 느끼지요." 내 기억에 드물게 남아 있는 말들 중 심오하다고 생각하는 말 가운데 하나이다.

만일 그가 이 만남에서 그 자신에 대해 이야기를 했다면, 그것은 대부분 자신이 연구를 할 수 없다는, 그에게서 반복되는 주제였을 것이다.

그는 떠날 채비를 했다. 나는 "들어가서 차 한 잔 해요. 언니를 소개해드릴게요." 그는 겁먹은 눈치였다. "나는 그래서는 안 됩니다. 아니, 그럴 수 없소." 나는 화가 났지만 그가 진입로를 내려가는 곳까지 배웅했다. 얼마나 스스로를 얽어매는 사람인가! 새로운 사람을 만나는 게 두려워서 내키지 않았을까? 콘퍼드 교수의 집에 들어가는 게 꺼려졌을까? 아니면 전적으로 자기의 바람대로 행해야 하는 데 익숙했기에 그저 응하고 싶지 않았던 것일까?

그날 그는 물었다. (그리고 이런 질문은 그때가 유일했을 수 있다. 왜냐하면 언니에 대해서 말할 기회는 다시 없었기 때문이다.) "당신의 언니는 무슨 일을 합니까?" "언니는 어린 시절에 대한 기억을 쓰고 있어요." 그는 그녀의 나이를 물었고, 그녀가 마흔 살이라는 것을 듣고는 단호히 말했다. "너무 이르군." 언니는 그의 대답이 현명한 발언이라고 항상 생각했다.

전쟁이 더 이상 가짜가 아니라 너무나 현실적이 되고 매우 암울한 단계에 이르렀던 더 훗날의 기억은 버밍엄의 우리 거실에서 비트겐슈타인이 주위를 왔다 갔다 했던 것이다. 당시 그는 런던의 한 병원에서 의료 잡역부로 일하고 있었다. — 전시 동원에 대한 그만의 특색이 묻어나는 참여였다.

나는 그에게 숙소에 대해 물었다. 그는 소리를 낮춰 말했다. 그것은 그의 방이 여성 노동자들이 이사를 온 방의 아래층이라는 경험에 대한 공포를 나타내는 것이었다. "참을 수 없군. 참을 수 없어!"

*

마지막으로, 몇몇 현실적인 문제들에 대한 그의 순진함을 보여주는 사소한 사례이다. 이것은 1930년대 평화로웠던 시기의 이야기다.

그는 내게 자신의 친구인 드루어리가 다음에 케임브리지를 방문할 때 재워줄 수 있느냐고 물었다. 나는 그러겠다고 약속했다. 몇 주가 지난 어느 저녁에 초인종이 울렸다. — 우리는 누가 찾아오리라고는 예상치 못했다. 상당히 젊어 보이는 남자가 작은 가방을 들고 서 있었다. "저는 드루어리라고 합니다. 비트겐슈타인 박사님이 여기서 저를 재워줄 거라고 말씀하셔서요…." 비트겐슈타인은 우리가 약속한 다음에 그것을 재확인하는 것이 바람직하다는 생각은 하지 못했다.

영국과 러시아에 대한 태도

영국과 러시아에 대한 비트겐슈타인의 태도에 관련하여 단순한 기억과 인상을 넘어서는 복잡한 질문들에 대해서 나는 침묵을 지킬 정도로 현명했어야 했다. 하지만 나는 이 주제에 관해 지금까지 말해진 많은 것들에 공통된 의견이 없다는 것에 의해 고무되었다. 나는 왜 그것들을 내가 하나의 별도 주제로 취급하는지가 드러나기를 바란다.

엥겔만의 《루트비히 비트겐슈타인에게 받은 편지》는 1차 세계대전 기간과 1925년까지의 비트겐슈타인에 관한 정보의 축적물이다. 여기서 우리는 러시아로의 '탈출'이라는 생각이 떠올랐을 때 그의 심리 상태가 어땠는지에 대한 일부 단서를 발견한다. 한번은 1922년 9월 14일자 편지에서, 그 다음은 내가 이미 언급한 바 있는 1937년 6월의 마지막 편지에서이다. 15년이라는 시차가 있지만 각 상황에서 그의 마음은 모두 절망적이었던 것으로 보인다. — 앞선 편지에서는 주변 사람들을 몹시도 싫어했던 학교에서의 교사 생활을 전망하면서 절망하였고, 뒤의 편지에서는 다음과 같은 일반적인 의문 때문에 절망하였다. "나에게 무슨 일이 일어날지는 신만이 알겠지만, 아마도 나는 러시아로 가게 되겠지요." 1925년 2월의 편지에서, 엥겔만이 팔레스타인으로 떠날 계획이라는 소식을 듣자 비트겐슈타인은 절망적인 기분으로 이렇게 쓴다. "나는 당신과 함께 가고 싶어 할지도 모릅니다. 날 데리고 가겠습니까?"

이런 상황을 볼 때 엥겔만이 자신의 회상록에서(60쪽, 〈올뮈츠에서의 비트겐슈타인〉이라는 제목 하에서) 비트겐슈타인은 어디에 살지에 대해서는 특별히 신경 쓰지 않았고 가장 낙후된 물질적 조건과 가장 낮은 사회적 환경을 받아들였다고 말한 것은 어설프고 모순적이다.

정확하게 말하자면, 그가 이러한 조건들을 수용한 건 사실이다. 하지만 자신이 태어났고 스스로가 '자연스럽게' 느꼈던 조건들로부터 그는 끊임없이 탈출했다. ─ 이런 태도는 그가 동시대 중부유럽의 많은 지식인들과 공유하는 것이었다. 그의 경우에는 그것이 극단적인 형태를 띠었다는 것만 제외하고 말이다. 비트겐슈타인이 문명으로부터 도피하고 싶어 했을 때 그 어떤 곳도 충분히 오지나 외로운 곳이 되지 못했다.

하지만 연구라는 최우선적인 요구가 결국엔 이겼다. 그리고 마음속으로는 적절한 상식을 갖춘 이성적인 사람이라 그는 이런 목적에 부합하는 장소를 견딜 수 있었고 실제로 견뎌냈다. 이 장소가 영국이었다.

비트겐슈타인이 영국적인 생활방식에 신경 쓰지 않았다고 말하는 사람들은 아마도 그가 영국적인 삶의 몇몇 측면들에 대해 했던 심한 말들 때문에 그런 의견을 가지게 된 듯하다. 하지만 왜 이방인이 그들을 받아들인 나라를 칭찬하기를 기대하는가? 비트겐슈타인은 망명을 신청하러 영국에 와서 어떤 특별한 방식으로 그 국가에 부채감을 느끼는 난민이 아니었다는 사실을 기억해야 한다. 그는 자유롭게 선택해서 왔다. 또한 그는 영국을 칭찬하고 다닐 정도로 어리석지 않았고, 그것이 보기 흉하다고 생각했을지 모른다. 그리고 경제 위기와 정치 불안으로 점철된 스탠리 볼드윈과 네빌 체임벌린의 10년이 없었다 해도, 분명히 그가 영국을 칭찬하지 않았던 것은 당시 영국인들이 그러지 않았던 것과 마찬가지다. (영국인들은 모든 동포들이 그처럼 기이한 짓을 하리라고 기대하지 않는다.)

하지만 말하자면 이야기를 다른 끝으로 끌고 가서, 어느 누구보다 그리고 어떤 학자보다 더 많은 자유를 얻기 위해 온 생애를 준비하고 열심히 노력해온 그가 왜 영국을 선택했는지를 묻는다면, ─ 그에게 자유란 결국 연구를 계속할 수 있는 최소한의 조건을 의미했다 ─ 우리는 그가 영국을 이에 가장 적합한 장소로 선택했다는 답변을 얻는다. 그도 그럴 것이 시간이 갈수록 선택의 폭은 점점 제약되었는데, 그는 여러 선택지가 열려 있을 때 바로 그 선택을 했던 것이다.

*

어쩌면 우리는 그가 선택한 것이 영국이 아니라 지나치게 야단스럽지 않게 그에게 도움을 주면서 최소한의 요구만 했던 대학인 케임브리지라고 (그리고 특히 트리니티 칼리지라고) 말해야 할 것이다. 그리고 이들 기관은 영국식 기질과 말투로 (그가 이런 일반화를 허용하리라는 의미는 아니다) 그에게 호소력 있는 어떤 것을 표명했다. 영국 철학자들의 연구는 그에게 자신의 연구를 가늠하는 기초로 도움을 줄 수 있었다. 그 과정에 수반되는 적대감은 다른 어떤 곳보다 작았다. 우리는 또한 비트겐슈타인에게는 제자들이 중요했다는 사실을 명심해야 한다. 내가 앞에서 주장했듯이 그의 제자들은 어린아이 같은 순수함과 탁월한 두뇌를 갖춰야 했다. 다른 어떤 곳에서 그런 제자들을 찾을 수 있었겠는가? 그리고 (나의 캐나다 친구가 말했듯) 전반적인 사회 환경의 측면에서 볼 때 그는 다른 어느 곳에서도 그런 관용을 만나지는 못했을 것이다.

이 모든 것은 많은 영국적인 것들에 대한 그의 혐오 및 비난과 꽤 잘 어울린다. 그리고 옛날의 빈을 향한 계속되는 커다란 사랑과 향수와도 잘 어울린다.

우리는 비트겐슈타인이 인류 대부분이 살았던 삶과는 거리가 있는 삶을 사는 것처럼 보였기 때문에 그를 혼자 있기 좋아하는 사람으로 오해할 수 있다. 하지만 사실 중요한 것들은 모두 그의 귀에 들어가서 그는 언제나 자기 주변의 더 넓은 세상에서 어떤 일들이 벌어지고 있는지 기민하게 알고 있었다. 우리는 경제 위기와 실업, 상업주의와 세속화 그리고 무엇보다도 임박한 전쟁 같은 것들이 이 당시에 그의 정신에 일반적으로 현존했던 문제라고 생각한다. 하지만 그는 그것들이 가져다주는 충격에 다른 사람들처럼 반응하지 않았다. 그는 레닌이나 스탈린이 말한 것들을 인용하려 하지 않았다. 그러므로 그에게 어떤 정치적인 딱지를 붙이는 것은 어리석은 일이다.*

트러스콧 여사는 부모가 동생 프랜시스의 소련 정착 계획을 알고 있었으며, 그에 대한 논의는 비트겐슈타인이 돌아온 뒤로 중단되었다고 말한다. 그것은 당시까지 구체화되지 않은 공동의 계획이었던 것으로 보이며, 비트겐슈타인의 방문은 탐사적인 성격의 것이었다. 하지만 비트겐슈타인은 1935년보다 훨씬 앞서부터 러시아에 대해 애착을 가지고 있었다. 심지어 그가 여전히 보수주의자라고 부를 만한 사람이었음에도 말이다. 엥겔만에게 보낸 두 편지는 이미 러시아를 어려움으로 힘들거나 문명생활에서 벗어나고 싶은 욕망이 우세할 때 피난처를 제공하는 장소로 언급하였다. 러시아에 대한 이러한 이

---

* 비트겐슈타인이 러시아에 대해 가졌던 태도에 관한 나의 노트에 앞서 같은 주제를 다룬 존 모란의 논문 〈비트겐슈타인과 러시아〉, [*New Left Review* no 73 (May-June 1972), 85-96]가 출간되었다. 모란은 내가 몰랐던 두 사실을 전하고 있다.

비트겐슈타인이 케인스에게 보낸 1935년 편지를 모란이 출간하기 전에는, 내가 알기로, 그해 여름 소련 방문의 목적에 관해 비트겐슈타인 본인에게서 확보한 권위 있는 진술은 없었다. 심지어 그의 진술에서도 분명한 계획은 나타나지 않는다. 그는 나중에(아마도 의사가 되기 위해 영국에서 먼저 공부를 마친 뒤에) 거기에 정착할 목적으로 러시아에 가고 싶은 좋은 이유와 나쁜 이유를 말한다. 비트겐슈타인이 항상 그랬듯이, 그것은 매우 개인적인 진술이고 어떤 종류라고 분류하기가 힘들다. 그럼에도 불구하고 당시 소련 정부에 대한 그의 태도는 대부분의 사람들이 알거나 가정했던 것보다는 긍정적이었다. 비트겐슈타인이 마르크스를 읽었다는 것(모란은 러시 리스의 진술을 인용한다)을 알게 되어 나는 상당히 놀랐다. 하지만 그가 얼마나 많이 읽었는지 그리고 그것의 정치적 의미를 이해했는지는 불명확하다.

이 정보에 대해 우리는 모란에게 감사드린다. 그러나 그가 남긴 코멘트는 비트겐슈타인이라는 인간 유형에 대해 전적인 오해를 보여주며, 그가 무엇보다 영적인 구원을 추구하는 사람이었다는 것을 이해하지 못하고 있다. 모란이 인용하는 다양한 증거들은 만일 그가 그 인물의 성격에 대한 단서를 가졌다면 덜 잡다하고 덜 모순적으로 보였을 것이다.

상화는 당시 많은 중부유럽의 지식인들이 공유하는 것이었다. 그들 중 몇몇에게 러시아는 (릴케나 바를라흐^{Ernst Barlach}에게 그랬듯이) 여전히 '어머니 러시아', '신성한 러시아'였다. 아무리 특이하고 자율적인 사람이었다고 해도, 비트겐슈타인이 여전히 자기 시대와 장소에 속했다는 것은 우리 중 누군가에게는 위안이 되는 사실임에 틀림없다.

내 생각에 러시아에 대한 그의 감정은 항상 어떤 정치사회적 문제보다는 톨스토이의 도덕적 교훈이나 도스토옙스키의 영적 통찰과 더욱 관계가 있었다. 그는 확실히 무관심하지는 않았던 전자를 후자의 관점에서 바라보았다. 그가 아주 드물게 표현하는 정치적 의견들은 어설펐다. 앨리스터 왓슨은 1930년대 중반에 비트겐슈타인과 러시아 혁명을 주제로 나누었던 얘기를 내게 말해주었다. 앨리스터에 따르면 비트겐슈타인은 혁명 역시 점진적이라고 말했다. 또한 그는 레닌이 폭주하는 자동차의 바퀴를 움켜쥐었다고 말했다고 하는데, 이것은 단지 당시의 상투어에 지나지 않았다.

비트겐슈타인이 스탈린이 새로운 체제를 약속하며 만들어낸 자유로운 분위기에 혹해 러시아에 끌렸다는 주장이 있었다. 보다 희망적인 전망에 관한 소식들이 비트겐슈타인의 귀에 들어갔다는 것은 확실하다. 하지만 1933년(웹^{Sidney and Beatrice Webb}의 《소비에트 공산주의: 새로운 문명인가?》가 출간된 해) 이후의 시기에 러시아가 서방의 지식인 계층 사이에서 왜 최고 수위의 인기에 도달했는지를 생각해본다면, 우리는 아마도 소련 내에서의 정치적 발전보다 더 중요한 다른 이유들을 발견하게 된다. 히틀러가 정권을 잡고 전쟁이 다가오면서, 서구 정치인들의 수치스런 행동 — 국제연맹에서의 리트비노프^{Maxim M. Litvinov} — 은 유럽 지식인 계급의 희망을 러시아로 향하게 했다. 그렇다, 비트겐슈타인은 만일 그렇게 함으로써 어떤 효과가 있다고 보았다면 아마도 불가분의 평화에 관해 리트비노프를 인용했을지도 모른다.

　소련의 '정치 상황이 가혹해져서' 비트겐슈타인이 거기서 정착하려는 계획을 바꾸었다는 말도 있었다. 하지만 엥겔만에게 마지막으로 보낸 편지는 이와 모순되는 것으로 보인다. 그 편지는 스탈린의 숙청이 정점에 달했고 그가 방문한 지 2년이 지난 1937년 여름에 쓴 것이다. 아무튼 그는 처음 방문한 데다 기간이 짧았던 체류만으로는 알기 힘든 낯선 나라의 전반적인 상황에 대해 성급한 결론을 내리려는 종류의 사람이었을까? 어쨌든 정치적·물질적 조건들은 이 시기에 극단적으로 혹독하기만 했다. 그때는 소작농들의 집단화에 뒤이은 산업화라는 어마어마한 대격변의 시대였다. 1935년은 메트로 비커스 사의 엔지니어들에 대한 재판이 열린 해였다. 그때 소련 정부는 나치 독일에서 망명한 과학자들에 대한 규제를 강화하기 시작했고, 그들 중 일부는 이미 추방되어 영국으로 들어오고 있었다. 내가 말하고자 하는 것은 (지금까지는) 비트겐슈타인이 이러한 큰 문제들에 대해 무슨 생각을 했는지 혹은 그 사건들이 그의 계획에 어떤 영향을 끼쳤는지 보여주는 증거가 없다는 사실이 전부이다. 우리는 서구에서는 상상하기 힘든 물질적 곤란과 그 10년 동안 러시아가 계엄 경제 하에 생활했다는 사실이 오히려 비트겐슈타인의 금욕적인 성향에 매력적으로 보였을지도 모른다고 주장할 수 있다. 특히 그 곤란이 여전히 기회와 보상에서 어느 정도의 평등과 병행되었다면 말이다. 나는 정치적 탄압이 그에게 호소력이 있었다거나 그가 그 문제에 무관심했다고 말하는 게 아니다.

　그 자신에게 당면 관심사였던 그 중요한 문제에 대해, 비록 방문 기간은 짧았지만, 그는 분명한 의견을 정할 수 있었고 기꺼이 그렇게 정했다. 그것은 그가 거기에서 계속해서 연구를 하거나 살 수 있는지에 대한 것이었으며, 아마도 그곳이 프랜시스가 정착하기에 적당한 가도 포함되어 있었을 것이다.

나는 참 생각이 짧은 여자다. 이제 와서야 비트겐슈타인이 소련에 정착했다면 무슨 일이 일어났을지를 생각해보다니 말이다. 하나의 가설적인 질문은 많은 가정들을 함축하지만 대답은 직설적이다. 그 것은 큰 재앙이었을 것이다. 그는 선견지명과 섭리 덕분으로 파국을 피하였다. — 여기서 내가 말하는 섭리란 단지 인간의 의지와 기질 바깥에 있는 어떤 것들을 포함하는 요소들이 결합된 것을 뜻한다. 그 것이 그가 파멸을 초래하는 선택을 하지 못하게 막았고 그의 성향에 가장 덜 부조화스러운 경로를 이어가도록 허용했던 것이다.

비트겐슈타인의 자유

비록 틀림없이 어린 시절에 겪었을 엄청난 긴장과 스트레스의 징후를 보여주기는 했지만, 1930년대의 비트겐슈타인은 가장 덜 신경증적인 인물이었다. 목표에 대한 집중력과 단호함, 의지력은 그를 단지 철학자로서가 아니라 예언자로서, 전장에서의 일종의 장수로서 두드러지게 만들었다. 이와 함께 풍부한 예술적 감성과 공학적 기술이 결합되었다. 그는 물질적인 대상과는 불화하지 않았다. 스스로에게 가장 엄격한 요구를 하긴 했지만, 고백의 위기를 제외하고 자기 자신과 불화하는 것처럼 보이지도 않았다.

그는 자신의 동기에 대해 단 한 번도 의문을 제기하지 않았다. 비합리적인 두려움과 불안감으로 고통 받지도 않았으며 전적으로 남의 눈을 신경 쓰지 않았다. 그는 타인과의 관계에서 그들이 자신이 선택한 사람들이고 그들과의 관계가 그만의 방식으로 맺어졌다면 어색해하지도 않았다. 그를 신경증적인 의미에서의 완벽주의자로 부르는 것은 터무니없는 일이다.

그가 사색적이었지만, 그렇다고 해서 그를 내성적이라고 부르는 사람이 있을까? 사유는 그에게 행동이었다. 그는 인간의 본성에 대해 흥미를 느끼거나 재미있어 하지는 않았다. 항상 청교도적 금욕주의자로서 그는 인간의 본성이 악하다고 확신했다. 인간 본성에 대한 그의 태도는 절망적인 것이었다. 그는 종교, 신비주의, 예술에서 소수의 높은 성취를 예외로 보았지만 이들의 성취는 심오하며 참으로 형언할 수 없는 것이라고 선언했다.

일단 비트겐슈타인 스스로가 프로이트를 필요로 하지 않았다는 것을 우리가 깨닫는다면, 프로이트에 대한 그의 무관심한 태도(러시 리스와 다른 이들과의 토론에서 나타나듯이)를 이해할 수 있다. 프로이트식 용어를 쓰는 게 꺼림칙하지만, 비트겐슈타인에게는 자아와 초자아 사이의 지각할 수 있는 분열이 없었다고 하는 것보다 더 분명하고 간략하게 말할 수 있는 사실은 없다. 그 문제에 대해서는 어떤 종류의 분열도 있지 않았다.

그는 공격적이고 폭발적인 사람이었다. 하지만 이것은 또한 그 자신만의 매우 특이하고 순진한 방식으로 그러했다. 마흔 여덟의 나이에도 그는 자신에 대해 가장 단순한 사실, 즉 자기가 참을성이 없다는 것도 알지 못했다. 나는 그가 그 자신에게 겨냥했던 무시무시한 가혹함을 여러 차례 언급한 바 있다. 하지만 그는 절대로 타인의 눈을 통해 자기를 보지 않았다. 오직 자기만의 기준만 가졌다.

그를 아는 사람들이 지녔던 경외감은 그의 이러한 자유로움 때문이었다. 그가 자유롭기 위해, 자신의 자유를 확보하기 위해 사용한 수단 때문이었다. 그는 정신적 문제와 콤플렉스가 자라나는 토양이 되는 모든 것들, 부와 가족, 공동체와 국가와의 연결을 깨끗하게 포기했다.

그는 마지못해 하는 형식적인 것을 제외하고는 현존하는 생활양식과 관습, 유행에 맞추려고 하지 않았다. 그는 비본질적이고 사소한 모든 것, 안락과 위안에 도움이 되는 물질적인 모든 것, 모든 가식과 순응을 버렸다. (그래도 때로는 스스로에게 '영화' 관람이나 추리소설 독서 같은 것을 허용하였지만.)

그는 어디에서 누구와 함께 살지의 선택에서 확실하게 완전히 자유로워짐으로써 가장 자유로운 사람이 되었다. 하지만 그는 끊임없이 연구해야 했고, 이를 위해 그는 작은 무리의 선발된 학생과 제자들에게 의존했다. 이것은 그를 구속했던 유일한 연결이었고 그는 이를 받아들였다. 만일 그 연결이 어떤 형태나 방식으로든 동성애와 관련된 것이었을까를 묻는다면(요즘 매우 유행하는 질문이다), 나는 단지 이것만 말할 수 있다. 나와 내 남편에게, 그리고 내가 아는 한 그를 알았던 모든 사람들에게 비트겐슈타인은 항상 자발적으로 순결을 지키는 사람처럼 보였다는 것을. 사실 그에게는 접촉해서는 안 되는 어떤 것이 있어서, 우리는 누가 감히 그의 등을 두드린다거나 그가 통상적인 신체적 애정 표현을 필요로 했다고 상상하기가 힘들다. 그에게는 모든 것이 예외적일 정도로 고상하게 승화되어 있었다.

*

최근에 조지 톰슨 교수는 비트겐슈타인이 종종 자신의 연구뿐만 아니라 철학 자체에 절망했고 그것을 반복해서 말했다는 것을 내게 상기시켜주었다. 또한 톰슨 교수의 의견으로는 육체노동에 착수하고 싶다는 오래된 욕망이 그가 러시아로 가고 싶어 한 동기들 중 하나였다는 것이다. 이는 톨스토이의 도덕적 가르침을 존경하는 그의 마음과 전적으로 일치한다.˙ 그는 학계 생활의 여러 측면들과 그것들이 그런 삶을 사는 사람들에게 끼친 영향을 혐오했다. 그는 이와 관련해서 취약했고 예민했다. 그래서 정신병원에서 일하는 친구를 방문한 뒤 (1930년대에) 정신병을 앓는 사람들을 보살피는 일에 헌신하고 싶어 했다. 하지만 그의 인생 전체를 고려해볼 때, 우리는 그가 분명히 시종일관 자신이 행할 필요가 있다고 믿은 일을 했으며 자신이 되고 싶었던 사람으로 살았다고 말하는 게 맞다.

내가 남편에게 비트겐슈타인과의 대화에서 무엇을 배웠느냐고 물었을 때, 남편은 곰곰이 생각하더니 이렇게 요약했다. 그는 너무 자신만의 의견을 가졌고 때로는 너무 기이한 생각을 가진 사람이라 특별한 것을 별로 배울 수는 없었다고. 사실《논고》의 유명한 금언 "말할 수 있는 것은 명료하게 말할 수 있다. 말할 수 없는 것에 대해서는 침묵해야 한다"는 남편에게 혐오스러울 정도로 틀린 말이었다. 하지만 다른 의미에서 그는 결정적인 무언가를 배웠다. 그것은 오직 당신이 전적으로 맹세를 한 그러한 사유와 의견들만을 품어야 한다는 것이다. 바로 이것이 비트겐슈타인의 모든 견해와 심지어는 이따금씩 있었던 발언들을 기억할 만하게 만들었다. 따라서 그는 도덕적인 존재로 남는다. ― 굉장히 이상한 일이기는 하지만, 가까이하기 어렵거나 꾸짖는 존재가 아니라 상냥하고 용기를 주는 존재로 말이다. 그것은 아마도 우리가 그를 항상 고군분투 중이라고 생각하기 때문일 것이다.

지난날을 돌이켜보면, 나로서는 계속해서 쌓여만 가는 자갈들을 끊임없이 불도저로 밀어내고 치워버리는 그의 모습을 보게 된다. 나는 그의 삶이 하나의 성취였다는 것을 안다. 그럼에도 불구하고 그는 내게 여전히 비극적 인물로 보인다.

---

* 당시 킹스 칼리지 펠로였던 조지 톰슨은 비트겐슈타인이 1929년에 케임브리지에 왔을 때 그를 알게 되었고 이후 친한 친구가 되었다. 톰슨이 결혼한 후 비트겐슈타인은 톰슨 부인과 매주 목요일에 주간 연주회를 가지곤 했다. 이때 그는 슈베르트 가곡을 그녀의 피아노 연주에 맞춰 휘파람으로 협연했다.

비트겐슈타인에 대한 기억들

F. R. 리비스

먼저 나는 비트겐슈타인과 철학에 대해서는 토론을 하지 않았다는 점을 말해두는 게 좋겠다. 이 글의 제목에 끌린 어떤 철학자가 이 '회고록'이 전문적인 관심사들로 채워졌을 거라고 기대한다면 처음부터 그 기대를 접으라고 말하고 싶다. 물론 글의 내용 가운데 일부는 비트겐슈타인의 지적인 접근법과 습관에 대해 중요한 함의를 가진 것으로 인정되어야 한다고 생각한다. 하지만 그러한 철학적 생각이 유일하게 명시되어 있는 부분에서조차도 그에 대한 언급은 더할 나위 없이 일반적이다. 나는 그것을 여기에 당장 공개함으로써 그 희귀한 일화의 출처가 바로 나라는 것을 확실히 해두고자 한다. (비록 이것이 이렇게 글을 시작하는 유일한 이유는 아니지만.)

언젠가 비트겐슈타인과 함께 산책하고 있을 때였다. 그가 한 어떤 말을 듣고는 순전히 궁금해서 그렇다는 뉘앙스를 풍기며 이런 질문을 던지고 싶은 생각이 들었다. "비트겐슈타인, 당신은 대부분의 다른 철학자들을 높이 평가하지 않지요?"—"그렇습니다. 필요하다면 그들을 두 부류로 나눌 수 있습니다. 내가 첫 번째 부류의 누군가에게 이매뉴얼 칼리지로 가는 길을 알려준다고 합시다." 그곳은 당시 내가 근무하던 곳이었다. "나는 이렇게 말할 겁니다. '저기 첨탑이 보이지요? 이매뉴얼은 거기서 서남서로 350야드 떨어진 곳에 있습니다.' 그러면 첫 번째 부류는 거기에 도착할 겁니다. 흠! 매우 드물긴 하죠. 사실 한 번도 그런 사람을 만나본 적은 없어요. 두 번째 부류에게는 이렇게 말해야 하지요. '앞으로 100야드 직진한 다음, 반좌향좌해서 40야드를 가세요…' 등등. 그러면 그 사람은 거기에 갑니다. 이것도 매우 드뭅니다. 내가 그런 사람을 만났는지는 잘 모르겠군요." 그러자 내가 케임브리지의 유명한 (훗날 요절하게 되는) 젊은 천재를 언급하면서 물었다. "프랭크 램지는 어때요?" ―"램지? 그 친구는 가리켜 보이면 다음 단계를 알 겁니다." 비트겐슈타인이 램지에 대해 상대적으로 높이 평가했다고 여긴 이유는 나중에 제시하겠다. 이 기억과 내가 다른 사람한테서 들은 게 분명한 다음 이야기가 연상 작용을 일으켜서, 확실하진 않지만 비트겐슈타인이 이 말을 내게 직접 말한 것 같은 느낌이 든다. "무어? 그는 지성이라고는 전혀 없는 사람이 어디까지 도달할 수 있는지를 보여주지요."

이 특징은 매우 비트겐슈타인다운 것이어서 만나자마자 알아챌 수 있었다. 이것을 오만이라 부를 수 있을까? 비트겐슈타인을 아는 사람이라면 그것이 적합한 단어라고 여기지는 않을 것이다. 왜냐하면 그 특징은 조금만 그와 함께 지내도 알게 될 수밖에 없는 본질적인 성질이 겉으로 드러난 것이기 때문이다. 그것은 바로 천재의 속성, 즉 주위를 아랑곳하지 않는 듯한 인상을 풍기는 강력한 집중력이었다.

사람들이 보통 '외골수'라는 서술어가 필요하다고 생각할 때에는, 어떤 비난하려는 의도가 있는 경우가 많다. '그는 다른 사람에게 기회를 주지 않는다.' 실제로 겪어보고 난 후 나는 만일 내가 그와 진지한 토론을 벌였다면 이 말은 바로 나의 반응을 기술한 것일 수 있었다고 결론을 내렸다. 일단 논쟁이 시작되고 나면 비트겐슈타인은 사람들이 위압적으로 고집 세고 강력하게 대처하지 않는 한 (그러기는 쉽지 않았다) 그들에게 전혀 기회를 주지 않고 전권을 휘둘렀다. 철학 토론과 관련하여 나는 사람들이 이렇게 말하는 것을 들었다. "비트겐슈타인은 혼자서 모든 편을 다 대변할 수 있습니다. 그는 당신이 말도 꺼내기 전에 대답을 합니다. 당신이 끼어들 여지는 없지요.”

나 자신도 가끔은 그에게 이의를 제기하기는 했지만, 그를 어떤 종류의 진지한 논쟁에도 끌어들이려는 제안은 하지 않았다. 그리고 그때 나는 그저 이렇게 말했다. “아니요. 우리는 그렇게 해서는 안 됩니다.” 그리고 그가 어떤 이유로 강요나 재촉을 할 때면, 그가 가능한 한 반박할 수 없도록 사실에 기반한 설명을 통해 그 문제는 이미 정리된 것이라고 일축했다. 이것은 아마도 오만이라는 게 있었다면 그것은 나의 오만이었다는 걸 가리키는 것처럼 보일지 모르겠다. 사실 나는 오만이라는 단어를 우리에게 사용하는 것은 오해의 여지가 있다고 생각한다. 비록 나로서는 그런 게 있다 하더라도 나보다는 비트겐슈타인에게 더 어울리는 것으로 보이지만 말이다. 만일 당신이 천성적으로 ‘소심한’ 사람이 아니라면 때로는 어느 정도 그에게 단호하고 최종 통보하듯 말해야 했을 것이다.

의심할 여지없이 나는 철학적 자질이 없었다는 점 때문에 덕을 보았다. 이 사실은 비트겐슈타인이 보기에 명명백백했을 것임에 틀림없다. 비록 나는 그를 나의 오랜 친구인 W. E. 존슨[7]의 집에서 (그가 누구인지 모르고) 처음 만났지만 말이다. 존슨은 논리학자로서 오래전에 비트겐슈타인을 ‘지도’한 적이 있었다. 그는 러셀을 비롯해서 케임브리지의 모든 철학자들을 지도했었다. 나는 존슨의 아들인 스티븐과 함께 학교를 다닌 사실을 밝히기는 하겠지만, 내가 오랫동안 계속해서 보아온 사람은 케임브리지 종신교수였던 존슨이었다. 1914년 전쟁의 발발 이후 비트겐슈타인이 케임브리지에 처음 돌아온 것은 1929년이었음에 틀림없다. 어느 일요일 오후 바턴 거리의 램지하우스에서 가진 티타임에서 있었던 일이다. 존슨과 그의 여동생 패니는 도덕과학클럽의 발표자들과 오래된 탁월한 학생들, 그리고 방문교수들에게 '집모임'을 주관하고 있었다.

　내가 암시했듯 나는 이 모임의 멤버는 아니었지만, 몇 년을 지내면서 나를 거슬리는 존재로 보는 경향은 없었던 게 분명해졌다. 사실 나는 그 작은 응접실에서는 친숙한 터줏대감이었다. 그 방의 1/4은 브로드우드 그랜드피아노가 차지하였는데, 노^老논리학자는 그 피아노로 바흐를 연습하곤 했다. 그 일요일에는 사람들로 붐볐고 그들 중 절반가량은 이름을 모르는 사람들이었다. 예를 들어 나는 진보적인 젊은 자작에 대해 얘기는 들었지만 그가 누구인지는 알아볼 수 없었다. 그 젊은이는 (내 생각엔 그의 요청에 따라) 드물지 않은 성으로 알려져 있었고, 양심상의 이유로 매주 극도로 작은 지출만으로 살기로 맹세했다고 알려졌다. 나는 그가 호명되어 슈베르트의 어떤 곡을 불러달라는 요청을 받았을 때에야, 그가 그 자리에 있었다는 것과 그가 존슨의 제자였다는 사실을 깨달았다. 그리고 그 뒤에 일어난 사건 때문에 나는 처음으로 비트겐슈타인을 알게 되었다.

　냉소적이면서도 부드러운 눈을 반짝이며 떠벌이는 존슨 교수의 설명 ―"비트겐슈타인과 리비스가 만났을 때 그들은 서로 껴안았다^{fell on one another's necks}" ― 은 사실과는 너무 거리가 멀었다. 분노한 내가 비트겐슈타인에게 덤벼들었다^{fall on}고 말하는 게 더 사실에 가까울 것이다. 나를 분노하게 만든 것은 냉혹하고 무자비한 그의 행동 때문이었다. 그 청년은 노래 요청을 분명히 일종의 명령처럼 받아들였다. 청년은 일어서서 (그는 매우 예민하고 친절해보였다) 내가 들어올 때 인지한 것보다는 별로 나이 들어 보이지 않는 아름답고 진지한 얼굴로 방안을 둘러보며 초조한 듯 말했다. "비트겐슈타인 박사가 제 독일어를 교정해주실 겁니다." 그러자 비트겐슈타인은 내가 모방하기도 형언하기도 힘든 태도로 대답했다. "내가 어떻게? 도대체 내가 어떻게?"

비트겐슈타인의 말은 근본적으로 상대를 파멸시킬 의도가 있었고, 그것은 결국 효력을 발휘했다. 그 불쌍한 가수가 노래를 끝내자, 비트겐슈타인은 의기양양하게 (나는 그렇게 생각했다) 일어서서 방을 나갔다. 현관문이 닫히기가 무섭게 나는 사람들로 가득 찬 응접실을 헤치고 빠져나와 문을 열고는 그를 따라 나갔다. 나는 밀링턴 로드 귀퉁이에 있는 존슨의 집 한쪽 측면에 접한 바턴 거리에서 그를 따라잡았다. 나는 외투를 막 벗으려는 듯이 두 손으로 옷깃을 쥔 채 말했다. "당신은 그 청년에게 명예롭지 못하게 처신했습니다." 그는 놀라서 나를 보며 말했다. "나는 그가 멍청한 청년이라고 생각했소." 나는 화를 참으며 단호하게 말했다. "그랬을지도 모르겠지만, 그렇다 하더라도 당신은 그 청년에게 그렇게 대할 권리가 없어요. 어느 누구에게도 그런 식으로 대할 권리가 없단 말입니다." 이제는 내가 놀랄 차례였다. 내 어깨에 손을 얹고 그가 말했다. "서로 알고 지내야겠군요." 우리는 거리의 끝에 다다랐고, 그는 왼쪽으로 돌아 케임브리지와 백스 쪽으로 향했다. 나는 "그럴 필요는 없을 것 같군요" 하고 중얼거리며 오른쪽으로 난 그랜트체스터 오솔길로 향했다.

그런데 얼마 있지 않아 비트겐슈타인이 정말로 나의 집에 나타났다. 그 뒤로 계속해서 몇 년 동안 나를 종종 방문했다. 가끔 그는 외출하자고 제안했고, 나는 그와 함께 산책하면서 그의 개인 신상과 과거에 대해 꽤 많이 알게 되었다. 예를 들어 (그것은 아마 1929년 아니면 1930년 초였음이 틀림없다) 우리 집에서 있었던 금요 티타임에 그가 참석했을 때 나는 그가 비록 학부생 신분이었지만 적어도 마흔 살이었다는 것을 알게 되었다. 이 사실을 확인하기 위해서 "나는 마흔 살인데 바보이다"라는 비트겐슈타인 특유의 탄식에 의존할 필요는 없었다. 이 말은 다음과 같이 시작하는 그의 언급에서 나왔다. "전쟁 전에 내가 맨체스터에 있었을 때…." 내가 "케임브리지에 오기 전에 맨체스터에 있었나 보죠?"라고 끼어들면, 그는 그렇다고, 맨체스터에 "공학을 공부하면서" 있었다고 대답했다. 그러고는 "러셀과 함께 연구하기 위해" 맨체스터에서 케임브리지로 왔다고 덧붙였다. 그는 러셀에 대해서는 《수학 원리 *Principia Mathematica*》[8]에서 공동으로 작업했던 탁월한 지성이라는 점 외에는 그에 대해 가졌던 어떠한 의견도 나누지 않았다.

　내가 이것을 밝히는 이유는 내가 러셀을 별로 좋아하지 않았다는 것과 자신의 책과 저작물에서 신격화된 러셀을 극심하게 싫어하게 되었다는 것을 이미 점점 더 완전하게 인식하게 되었기 때문이다. 내가 지금까지도 그것을 생생하게 기억하는 것은 러셀이 그의 회고록에서 비트겐슈타인과의 관계를 언급하는 방식 때문이다. 러셀은 비트겐슈타인이 한 인간으로서 그리고 삶과 직관, 인간적 책임의 중추로서 자신에 비해 압도적인 우위에 있다는 사실에 대해 어렴풋한 기색도 보이지 않았다. 물론 러셀의 성격을 아는 사람들은 그렇게 될 수밖에 없다는 것을 알았다. 하지만 학문적인 조언을 듣기 위해 찾아와서[9] 불안해하는 게 빤히 보였던 청년 비트겐슈타인에게 그가 연구에 대해 걱정하는 것인지 아니면 죄악에 대해 걱정하는 것인지를 어떻게 물었는지 회상할 때의 어조는 충격적이었다. 그것은 자신의 우월성을 담백하게 의식하고 있는 흥겨운 어조였다. 러셀은 비트겐슈타인이 "둘 다입니다"라고 짧게 대답했다고 의도적으로 대수롭지 않다는 듯이 전달할 때 우리가 학생과 지도교수 사이의 차이를 느낀다는 것을 분명히 의심하지 않았다. 그 차이는 러셀이 비트겐슈타인의 말을 들으면서 그가 내뱉는 위태로운 언급이 연구 때문인지 아니면 죄악 때문인지를 심문하는 모습에서 볼 수 있기 때문이다.

비트겐슈타인은 고뇌하는 영혼이었다. 그는 이런 사실을 다른 이에게 티내지도 숨기지도 않았다. 그것은 여러 면에서 내게 분명해졌다. 그리고 그것은 완전한 사람에게는 자신감만큼이나 중요한 것이었고, 고뇌와 자신감은 서로 긴밀히 연관된 것이었다. 나는 자신감이라 부른 그 특징을 교양 및 은근한 차별과 함께 귀족적인 어떤 것을 가진 것으로 생각했던 유일한 사람은 아니라고 생각한다. 나는 언젠가 사람들로 붐볐던 금요 티타임에서 대화하던 중 급작스런 침묵이 비트겐슈타인의 목소리를 또렷이 들리게 만들었던 것을 기억한다. "내 아버지의 집에는 일곱 대의 그랜드 피아노가 있었지." 나는 생각했다. '와! 궁전이었나보군.' 나는 음악사 연표에 등장하는 비트겐슈타인 공주에 대해 알고 있었다. 그래서 혹시 비트겐슈타인이 그 가문 출신인지 궁금해졌다.

물론 실제로 비트겐슈타인은 그 가문 출신이 아니었다. 나는 그가 죽은 뒤에야 그가 오스트리아의 부유한 제조업 가문의 아들이었고, 가까운 친척들 중에는 개신교도와 가톨릭교도, 유대교도가 부분적으로 혼재했다는 것을 알게 되었다. 어쨌든 그는 천성적으로 내향적인 성향이 강했고, 자기성찰의 습관은 논리학의 기풍이 지배하는 분야에만 한정된 것이 아니었다. 내가 말했듯이 정말로 그는 고뇌하는 영혼이었다. 그와 조금만 같이 있어보면 누구나 알 수 있었다. 그것은 그가 은밀한 고백에 열중한다든가 자신의 내면 상태를 노골적으로 떠벌리고 다녀서가 아니었다. 그의 어조와 스쳐 지나가듯 의도하지 않았던 암시가 그 증거였다. 그래서 이 글의 목적상 이를 쉽게 전달하기는 힘들다.

내게 깊은 인상을 심어준 전형적인 사례에 대해 구체적으로 이야기하겠다. 유명한 빅토리아식 이름을 가진 R이라는 학생이 있었다. 그 학생은 '우리' 단과대학 소속이 아니었음에도 나한테 오겠다고 고집했다. 그는 곧 내가 자신의 재능을 충분히 인정하지 않는다고 느꼈다. 나로서는 그가 자신의 탁월함과 그것을 부여한 중대한 권위를 스스로 평가하면서 가문과의 연관성을 지나치게 중시했다고 생각했다. 어쨌든 우리는 서로 성향이 맞지 않는다는 것을 깨달았고 우리가 나누었던 대화를 통해 얻은 결론은 이 관계를 정리해야 한다는 것이었다. 나는 그 청년의 신분이 무엇이었는지 기억할 수 없지만 분명히 학부 1학년생은 아니었다. 그리고 나는 그가 비트겐슈타인의 강의를 듣는 것에 허락을 받았다고 들었을 때 아주 놀라지는 않았다. 하지만 나는 비트겐슈타인이 우리 사이에 오고가던 이야기와는 어울리지 않게 "R이 당신을 높이 평가합니다"라고 말했을 땐 놀랐다. 나는 "R이 나를 어떻게 생각하든 신경 쓰지 않습니다"라고 대답했다. 비트겐슈타인은 "신경 써야 합니다"라고 말했다. 나는 이것을 비트겐슈타인의 품성이 지나치게 오만하거나 그와 유사하다고 비난받을 만한 명백한 사례로 생각하고는 유난히 조용하게 쏘아붙였다. "R이 나에게 마지막으로 뭐라고 했는지 압니까?" 그러고는 (비트겐슈타인은 그저 바라보기만 했으므로) 나는 가능한 한 R의 어조와 의도를 되살려 말했다. "그는 내게 등을 돌리고 떠나면서 말했지요. '교수님은 예수 그리스도 같으시군요.'" 이에 대한 비트겐슈타인의 반응은 '오만'에 대한 사람들의 판단에 영향을 주는 아주 전형적인 사례였다. "그런 말을 하다니 대단하군요!"

물론 나는 이 외침이 가진 특별한 힘을 글로는 표현할 수가 없다. (말로도 표현할 수 없다는 것을 덧붙여야 한다. 나는 비트겐슈타인이 아니므로.) 그것은 그 존재 전체를 나타내주는 판단을 입 밖으로 낸 자연스러운 반응이었다. 비트겐슈타인을 안다는 것은 그 어조, 그 힘을 반복해서 인식하는 것이었다. 그가 내게 인사를 하며 "기초 영어가 뭔가요?"라고 질문을 던진 적이 있다. 그 질문에 대한 나의 답변을 듣고 그가 외친 발언에서도 나는 그것들을 인식했다. 내가 그에게 답하자, 그는 단지 "그가 그랬을 리가!"라고 말했다. 이 말은 그의 태도에 관해 의심할 여지를 남기지 않았다. 나는 의문부호 대신 감탄사를 사용하는 것 말고는 어조에 대해서는 아무것도 할 수 없기 때문에 단지 단어들을 제시할 뿐이다.

나는 그의 어조가 적대적인 판단보다는 경이적인 인식을 더욱 많이 담고 있었던 어떤 경우를 기억한다. 우리는 링게이 펜 반대편에 위치한 그랜타 강의 오른쪽 둑에서 바이런의 연못 너머를 산책하고 있었다. 그 시절에는 강변 바로 앞에서부터 덤불이 시작하고(또는 시작했고), 강에서 뒤쪽으로 20야드 떨어진 곳에는 마치 거대한 쟁기가 지나간 것처럼 고랑과 이랑이 생긴 땅이 있었다. 9피트나 10피트쯤 되는 각 고랑의 바닥에는 진흙에 고인 물이 있었다. 그 때문에 고랑은 마치 지난주에 쟁기질을 한 듯 날카롭게 절단된 것처럼 보였다. "이게 뭐죠?" 비트겐슈타인이 물었다. 나는 그 장소가 아주 오래 전에 매머드가 살던 곳이었고, 그 결과 전쟁이 발발한 뒤에는 그곳이 동물의 배설물로 만들어진 화석이 매장되어 있어 자원을 개발할 수 있는 것으로 알려졌다고 설명했다. 비트겐슈타인은 그 화석들이 화약 제조에 사용된다는 것을 말할 필요가 없었다. 그는 "그것들이 그렇게 됐군요!"라고 말했을 뿐이다. 여기서 다시 나는 문장을 감탄부호로 끝냄으로써 겨우 그의 어조를 흉내 낼 뿐이다.

경이는 항상 놀라움의 요소를 가지고 있다고 나는 생각한다. 그 놀라움이 새롭고 날카로운 깨달음인 경우에만 말이다. 이 사례에서 그는 자신이 통찰력 있게 명백히 관찰하고 상당히 숙고했던 현실을 인식하고 있었다. 그는 인간의 본성과 인류의 가능성 그리고 인간 세상에 대해 단세포적으로 보지도 않았고, 자기예찬과 냉소에 빠지지도 않았다. D. H. 로런스는 민주적 통제 동맹^{Union of Democratic Control} 시절에 러셀에게 했던 말을 비트겐슈타인에게는 사용할 수 없었을 것이다: 저 유명한 버트런드 러셀도(나중에 충격에서 벗어나서는 마땅히 분해 하면서 그 모욕을 가슴 속에 간직할 것이었다) '젊음의 미성숙함' 때문에 고통을 겪었다.

당시 비트겐슈타인은 러셀과는 매우 달랐다. 그는 예민하고 자기 비판적이었으며, 자기예찬과는 거리가 먼 완전한 인간이었다. 그를 특징지을 때 우리가 부정적이고 한정적인 판단을 야기하는 것처럼 보이는 특징들을 언급하게 된다면, 그것은 그 결함을 그의 잠재적인 인간성 전반의 탓으로 돌리려는 게 아니다.

이 불편한 마지막 문장은 내가 떠맡은 작업에 대해 내가 느끼는 미묘한 감정을 전달한다. 나는 칭찬하면서도 잘못된 것을 지적하는 여러 가지 것들을 한꺼번에 말할 수 없다. 소설처럼 광범위하고 복잡하게 쓸 수 있었다면 비트겐슈타인을 좀 더 공정하게 다룰 수 있었겠지만 내게는 그럴 기회가 없었다. 나는 '회상'이 가지는 누적 효과에 의존해야 했다. 그 효과는 나의 기록뿐만 아니라 순서에도 의존하는 것이다.

다시 '회상'을 재개하도록 하자. 비트겐슈타인이 나를 찾아와서는 강변에 가자고 제안했던 어느 여름 저녁이 기억난다. 우리는 지금은 가든 하우스 호텔이 들어선 정원에 있는 보트 창고까지 1마일 반 정도 걸어가서 카누를 탔다. 배에 올라서 비트겐슈타인이 말했다. "내가 노를 저을게요. 운동을 해야 하니까." 나는 우리 둘 다 노를 저어서는 안 되는 이유는 없다고 생각했다. 나도 운동을 좋아했다. 하지만 그렇다고 말하려던 것을 참았다. 15분쯤 노를 저어 그랜타 강까지 가서 그는 카누를 대학교 수영장의 반대편 강둑에 대고는 말했다. "내려서 걸읍시다." 나는 "이쪽에는 길이 없어요"라고 대답했다. "그리고 크로스컨트리 선수로서 하는 말인데, 당신이 가기에는 길이 험하고 아주 힘들 거라고 봅니다." 그는 이미 마음을 단단히 먹은 것처럼 보였기 때문에 나는 그를 따라 배에서 내렸다. 나는 그를 문과 울타리 구멍 쪽으로 인도하고는 그가 가시철조망을 통과하고 배수로를 건너도록 도왔다.

우리는 마침내 트럼핑턴 공원과 한 면이 맞닿아 있는 인공림에 다다랐다. 그는 울타리 쪽을 돌아보며 "들어가 봅시다"라고 말했다. 그때는 이미 밤이었고 나는 "안 돼요. 그건 신중치 못한 행동이에요"라고 대답했다. 그는 "왜 안 된다는 거요?"라고 도전적으로 물었다. 나는 "홀이 바로 뒤에 있기 때문이죠. 마치 스크린처럼"이라고 대답했다. 그에게서 "오" 하는 양보하지 않겠다는 목소리가 나왔다. 우리는 숲과 경계를 이루는 비포장도로를 따라 걷다가, 돌다리를 지나 그랜트체스터에서 트럼핑턴으로 가는 길로 나왔다. 왼쪽으로는 증기기관이 내는 큰 소리가 중거리에서 들렸다. 하늘은 붉게 타올랐다. "저게 뭘까요?"라고 비트겐슈타인이 물었다. 나는 "트럼핑턴 축제일 거예요"라고 답했다. 그는 "가 봅시다"라고 말했다. 최대한 화를 돋우지 않는 단호함으로 나의 말이 조용하고 완강하게 전달되도록 말했다. "하지만 비트겐슈타인! 벌써 밤 열한 시예요." 그는 "나는 종종 그보다 늦게까지 밖에 있습니다"라고 대답했다. "맞아요. 하지만 우린 강변에 카누를 놔두고 왔잖아요. 돌아가려면 시간이 꽤 걸릴 겁니다. 그뿐만 아니라 보트 창고 직원이 우리를 기다리고 있어요." 그러자 그가 "오!"라고 방금 전과 똑같은 어조로 말했다. 하지만 우리는 발자국을 되짚어서 대학교 수영 클럽의 다이빙 발판이 우리의 카누를 가리키는 곳까지 되돌아왔다. 배에 올라타자 비트겐슈타인이 노를 잡았다. 우리는 벨뷰의 보트 창고에 자정 무렵이 되어서야 도착했다.

직원이 나와서 우리가 내리는 동안 카누를 붙잡아주었다. 비트겐 슈타인은 도도하게 자기가 돈을 내겠다고 고집했다. 그 직원이 항의 하는 걸로 볼 때 비트겐슈타인은 그에게 팁을 주지 않은 것 같았다. 먼저 지불하려던 나는 주머니에 넣은 손에 약간의 돈이 있어서 그 직 원에게 동전 몇 개를 건넸다. 거기서 나오자 비트겐슈타인이 물었다. "그 사람에게 얼마나 주셨지요?" 내가 얼마를 주었다고 말하자 비트 겐슈타인은 "이번이 선례가 되지 않기를 바랍니다"라고 말했다. 나 는 이번에는 도저히 참을 수가 없어서 대꾸했다. "그 사람은 당신에 게 우리 때문에 몇 시간이나 기다렸다고 말했어요. 오직 우리 때문에. 그리고 그의 말이 사실이라고 믿을 만한 이유는 충분합니다." 비트겐 슈타인은 대답했다. "나는 항상 그 직원을 보트 창고와 연결시켜 생 각합니다." 나는 "그럴 수도 있겠지요. 하지만 그 사람을 분리해서 생 각할 수도 있다는 것을 당신도 알고 있어요. 그 사람도 자기만의 삶을 따로 가지고 있단 말입니다"라고 쏘아붙였다. 비트겐슈타인은 아무 말도 하지 않았다.

내가 여기서 보여주고자 한 것이 무엇이든 간에 그것이 비열함은 아니다. 나는 그가 사람들이 부르주아적이라고 부르는 악덕이나 미 덕을 가졌다고 생각하지는 않는다. 내가 방금 이야기한 에피소드 전 반에서 아주 특징적으로 드러나는 오만함 또는 강경한 외골수적인 면모는 적어도 사람들의 암묵적인 비판을 초래하거나 참을 수 없는 충동을 일으킬 수 있는 일정한 한계를 내포하고 있는 것으로 보인다. 이와 관련된 기억으로, 어느 날 점심시간 뒤에 그가 찾아왔던 것이 생각난다. (내가 보기에) 근방에 사는 X를 찾는 데 실패했다고 묻지도 않았는데 설명하고는, 다시 찾으러 나가기 전에 우리 집에서 함께 기다릴 작정이라고 했다. 창문으로 바깥을 한번 둘러보고 돌아와서(우리는 비트겐슈타인이 그렇게 하면 X가 귀가하는 것을 볼 수 있을 걸로 생각한다고 추측했다) 그가 말했다. "축음기가 있군요. 들을 만한 음반을 갖고 있지는 않을 것 같은데." 그러더니 어조를 확 바꿔서 "아!"하고 소리쳤다. 바로 가까이에 있는 음반 서가에서 슈베르트의 9번 교향곡 앨범을 꺼내 첫 번째 레코드를 축음기에 올렸다. 음악 소리가 나오기 시작하자 톤 암을 들어 속도를 바꾸고 바늘을 다시 레코드판에 올렸다. 그는 만족스러울 때까지 이것을 여러 차례 반복했다. 비트겐슈타인의 이러한 행동에서 특징적인 것은 단지 우리(나와 아내)가 옆에서 불안해하는 것을 무시하는 태연자약함만이 아니라, 기계를 정확하게 조작하는 정교함도 해당한다. 사실 그는 진정으로 섬세한 예술적 교양을 지니고 있었고, 그 결과 꽤나 음악적 감수성이 발달하여 절대음감을 갖추고 있어서 첫 소절만 듣고도 즉시 알아차리고 따라 연주했다.

　나는 아직 이 두 개의 기억에서 보여준 특징, 즉 "들을 만한 음반을 갖고 있지는 않을 것 같다"와 "나는 항상 그 직원을 보트 창고와 연결시켜 생각한다"는 말에서 애매하지 않고 분명하게 드러나는 외골수의 냉정함에 대해 제대로 설명하지 않았다. 그것은 확실히 존재하는 것이었고, 비트겐슈타인의 주요한 특징이었다. 비록 사람들이 그것을 어떻게 지각했는지는 상황에 따라 다르고 그 지각과 함께 특정한 시점에서 비트겐슈타인의 모습 전체를 구성하는 데 수반된 것이 무어냐에 따라 차이가 있었지만 말이다. 한번은 그가 내게 와서는 아무런 서두도 없이 "문학 비평을 포기하시오!"라고 말했다. 나는 "철학을 포기하세요, 비트겐슈타인!"이라고 응수하는 것을 자제했다. 그것은 그에게 당신은 지배적인 동인 그룹의 말에 귀 기울여왔으며, 케인스와 그의 친구들 및 그들의 후배들을 그들 스스로가 그랬듯이 문화 엘리트라고 생각하는 것을 부끄러워해야 마땅하다고 말하는 것과 마찬가지였을 것이기 때문이다. 그것을 감당하기에는 부담스러웠고 별 실익도 없었을 것이다. 그밖에도 나는 비트겐슈타인을 지나치게 존경하고 있었다. (그 스스로 훌륭한 언어학자이기도 했던) 비트겐슈타인이 나의 구어체 영어를 교정하기 시작했을 때, 나는 "당신은 지금 현재 킹스 칼리지에서 유행하는 말투를 표준어라고 간주하고 있지만, 그것은 잠깐의 유행일 뿐이고 우리 일부에게는 런던 사투리라는 인상을 줍니다"라고 말하지 않았다. 하지만 나는 비트겐슈타인의 타고난 성격은 때로는 정말 확실히 게르만적이라고 생각했다.

그의 천재성이 드러났던 사심 없는 무관심은 관습적으로 볼 때는 사람들을 당혹스럽게 만드는 배려심 부족으로 나타나는 경향이 있었고, 그의 '외골수 성향'은 순진한 자기중심주의로 보이기 십상이었다. 나는 비트겐슈타인이 잔인하다는 생각에 동의해달라는 요구를 받은 적이 있다. 하지만 그 말은 오해의 여지가 있다. 나는 '순진하다'는 데 방점을 찍겠다. 비트겐슈타인을 '아이 같다'고 부르는 게 오해의 소지가 덜한 것은 아니다. 하지만 천재의 성격은 분명히 매우 일찍부터 발현되어, 다른 이들에게서 암묵적인 인정을 받게 해주었다. 그리하여 그것은 평생 동안 그의 내면에 아이 같이 **충동적**이고 사려 깊지 못한 요소를 자리 잡게 만들었다. 어떤 일에 고무되었을 때 그는 그렇게 하는 것이 무례한 행동으로 간주될 수도 있다는 생각을 함으로써 그 행동을 자제하지 못했다.

내 생각에는 아무도 그에게 위안을 주지 못했을 것이다. 내가 그를 '고뇌하는 영혼'이라고 부름으로써 표현한 것은 너무나 명백한 사실이다. 비록 세상에 거의 드러나지는 않았지만, 그는 근본적으로 불안정했다. 내가 그를 습관적으로 불행하다고 생각한다고 말할 때 그것은 그렇게 역설적이라고 간주되지 않을 것이다. 그에게 광장공포증이 있다는 것을 발견했을 때 나는 그것이 내 생각을 확증해주는 사례라고 간주했다. 그것이 타당한지 아닌지는 별개로 말이다. 그가 내게 광장공포증에 대해 어느 정도 고백을 한 적이 있다. 어느 날 함께 그랜트체스터의 오솔길을 산책할 때 그가 말했다. "잠깐 앉읍시다." 길가의 풀이 확실히 말라 있었고 길에서 강물로 이어지는 초지의 경사가 급해서 편안하게 앉을 수 있었기 때문에 나는 즉시 자리를 잡고 앉았다. 비트겐슈타인이 "아니, 여기 말고요"라고 말했다. 내가 일어나면서 그를 바라보자, 그는 "이상하게 생각하겠지만, 나는 개방된 곳에서는 앉지 않아요"라고 해명했다. 나는 손으로 가리키며, "보세요. 저기 아래 강으로 이어지는 도랑 옆에 산사나무가 있군요. 거기가 괜찮을 겁니다." 실제로 그곳은 괜찮았고, 우리는 나무 아래로 가서 앉았다. 나는 이 에피소드를 크로스컨트리 산책 사건에서 트럼핑턴 공원의 담장 경계를 넘어 인공림으로 가려던 그의 욕구와 연결시킨다.

광장공포증이 무엇을 의미하든 그렇지 않든 간에, 확실한 것은 비트겐슈타인에게는 심한 불안감이 있었다는 것이다. 그가 꽤 늦은 시간에 찾아와서는 아침에 일찍 일어나는 습관이 있는 내 기준으로는 과도하게 오래도록 앉아서 이야기를 했던 그날 저녁이 생각난다. 나는 그가 집중해서 사유에 몰입하고 나면 정신적으로 녹초가 되고 황폐해진다는 것을 알고 있었고, 그가 이런저런 이유로 자신의 인내력을 혹사시킨 상황이라고 추측했기 때문에 조바심을 드러내지 않으려고 신경 썼다. 하지만 자정 무렵이 되어 나는 갑자기 생각난 것처럼 말했다. "내일 노팅엄에서 열리는 아리스토텔레스 학회에서 논문을 발표한다고 하지 않았나요?" 나는 더 자극을 주기 위해 덧붙였다. "벌써 열두 시가 다 되었습니다." 그러자 그가 소리쳤다. "나는 정말 끔찍한 바보요! 내 집까지 함께 걸읍시다."

우리가 밖에 나가 현관문 앞에 섰을 때, 그는 통상적인 경우와 달리 왼쪽이 아닌 오른쪽을 향하고는 "이쪽으로 갑시다"라고 말했다. "이쪽"은 무어가 살았던 체스터턴 거리가 아니라 밀턴 거리로 향하는 길이었다. 그는 때때로 무어의 집에서 있다가 나를 방문하러 오곤 했다. 그곳은 비트겐슈타인의 하숙집으로 가는 가장 빠른 길이었고 그가 그것을 잊었을 리가 없었다. 나는 밀턴 거리로 간다는 것은 쓸데없이 100야드 정도를 더 가는 것이긴 하지만 큰 차이는 없었기 때문에 반대하지 않았다. 하지만 우리가 곧 거기에 다다랐을 때, 비트겐슈타인은 케임브리지로부터 멀리 떨어진 곳을 가리키며 물었다. "저쪽으로 가면 어디가 나옵니까?" "엘리가 나옵니다." 그 길이 밀턴으로 향하는 것을 그도 알고 있었기 때문에, 나는 그가 묻는다고 생각한 정보를 제공했다. 하지만 놀랍게도 그는 "그리로 갑시다"라고 말했다. 나는 인내심을 가지고 "엘리는 여기서 14마일이에요. 당신은 내일 노팅엄에 가야 합니다"라고 말하며 그의 팔을 잡았다. 그는 아무 말도 하지 않았고, 우리는 케임브리지로 향했다.

몇 발짝 걷다가 나는 그가 부축이 필요하다는 것을 깨달았다. 그는 부축을 받지 않고는 걷지도 못할 지경이었다. 나는 그가 러시아 전선에서 계속되는 후퇴 기간 중에 탈진을 했었고 절실히 잠을 필요로 했다고 말한 것이 생각이 났다. 지금의 그의 탈진과 — 확실히 절실했으며 어쩌면 쉽게 휴식하기 힘들 정도로 컸던 — 잠의 필요성은 분명히 지나치게 난해한 추상적인 사유에 너무나도 팽팽하게 지적인 노력을 집중했기 때문이었다. 피로에 항복한 그의 몸을 무겁게 지탱하며, 나는 밀턴 거리를 따라 내려왔다. 체스터턴 대로와 체스터턴 레인을 따라 노샘프턴 거리를 지나고, 뒷골목을 따라 실버 스트리트까지 왔다. 실버 스트리트 입구를 지나서는 거리를 가로질러 몰팅하우스 레인까지 왔다. 그 길 끝에는 그의 하숙집인 프로스트레이크 오두막이 있었다.

현관문에 도착해서 나는 노크를 하고는 비트겐슈타인에게 말했다. "바로 잠들 수 있겠군요. 안 그래요?" 비트겐슈타인은 진이 빠진 목소리로 말했다. "당신은 이해하지 못할 거요. 연구에 몰두할 때면 나는 항상 두렵습니다. 연구가 끝나기도 전에 죽을까봐서요. 그래서 항상 그날 작업에 대해 복사본을 만들어서 프랭크 램지에게 안전하게 보관하라고 줍니다. 오늘은 아직 복사본을 만들지 못했어요." 문 쪽으로 다가오는 발소리가 들려서 나는 그를 남겨두고 떠났다. 더 이상 강요하는 것은 거의 불가능했다.

그가 잔인했다는 의견에 대해서 나는 그 말을 그에게 쓰는 것은 오해의 소지가 크다고 말했다. 좀 더 덧붙이자면, 이쯤에서 비트겐슈타인의 속 깊은 성격의 사례를 제시하는 것이 굉장히 적절할 듯하다. 나는 그가 W. E. 존슨을 높이 평가하지 않는다는 것을 알고 있었다. 존슨은 비트겐슈타인이 전쟁 전에 케임브리지에 왔을 때 지도교수였다. 사실 나는 존슨 교수에 대한 비트겐슈타인의 설명과 비트겐슈타인에 대한 존슨의 설명 모두를 잘 알고 있다. 비트겐슈타인은 내게 말했다. "나는 첫 시간에 존슨에게서는 배울 게 없다는 것을 알았지요." 존슨은 내게 말했다. ― 그는 조용히 냉소하며 자청해서 말했다. ―"첫 만남에서부터 그는 나를 가르치고 있었지." 하지만 언제나 육체적으로 유약했던 존슨이 몸이 쇠약해지기 시작했을 때 비트겐슈타인만큼 그를 염려해준 사람은 아무도 없었다. 그는 매일은 아니더라도 어쨌든 매우 자주 램지하우스로 가서 그 노인네와 체스를 두었고 그가 브로드우드 피아노로 바흐를 연주하는 것을 들어주었다. 그것은 비트겐슈타인 입장에서는 놀라울 정도로 자세를 낮춘 것이었다. 비트겐슈타인이 깨달았듯이, 비록 존슨은 쇠약해져서 손가락에 대한 통제력이 약해졌지만 연주를 하려면 청중이 있어야 했기 때문이다.

하지만 기본적으로 지적인 공감이라고 할 만한 것이 없었다는 것은 서로 잘 알았고 공공연했다. 그것을 알아차리는 데는 대단한 통찰력이 필요하지 않았다. 나는 이 점에 대해 방금 말한 일이 있기 2, 3년 전에 존슨 자신에게서 명시적으로 확인을 받았다. 어느 일요일에 우리는 램지하우스의 정원에 있었다. 더운 여름날이었음에 틀림없다. 준비한 간이의자가 모자랄 만큼 많은 사람들이 있었다. 나를 비롯한 여러 사람이 좁은 잔디 위에 다닥다닥 붙어 앉았다. 땅바닥에 앉는 것은, 팔다리를 쭉 펴고 있을 수 없어서 피곤하지만, 그보다는 뒤에 있는 사람들을 잘 볼 수 없다는 게 더 큰 약점이었다. 그래서 나는 내가 아는 한 청년과 이야기를 나누는 동안 내 어깨 뒤로 누가 의자에 앉아 있는지 알 수 없었다. 당시 유명한 이름이 우리의 대화 중에 등장했다. 나는 "비트겐슈타인은 나쁜 영향을 끼치고 있다고 생각해요"라고 말했다. 내가 그 말의 의미와, 철학자도 아닌 내가 굳이 그렇게까지 말한 이유를 설명하기도 전에 친숙한 목소리가 멀지 않은 곳에서 들렸다. "자네가 그렇게 생각한다면, 도대체 나는 어떻게 생각해야 하나!"

그 격렬함이 심상치 않아 재빨리 뒤를 돌아보니 그것은 존슨 교수의 목소리인 게 분명했다. "여기 젊은이들이 있소." 그는 말을 이어나갔다. "그들은 첫 주부터 비트겐슈타인의 강의에 들어갑니다. 그 후로 3, 4년이 지나면 학교를 떠납니다. 그런데도 그 분야에 다른 연구자들이 있다는 걸 모릅니다. 벤도 있고, 케인스도 있고, 심지어 나도 있는데 말이오."

존슨은 직업적인 관점에서 그 자신만의 방식으로 내가 말하고자 했던 요점을 짚어냈다. 너무나도 분명하고 강력한 비트겐슈타인의 천재성이 촉발시킨 어마어마한 유행으로 파악할 수 있는 그의 '영향'은 대체로 영향력을 행사하는 사람과 그의 논지에 대한 이해 증진이나 지적 능력의 향상으로 증명되는 종류의 것이 아니었다. 그리고 이것이 내가 비트겐슈타인이 좋은 선생이 아니었다고 믿는다는 것을 공언하는 핵심적인 이유였다. 그것은 내가 비트겐슈타인의 강의에 열광적으로 참석했거나 그랬다고 주장하는 일부 젊은이들을 매우 잘 알았다는 것뿐만이 아니다. 나는 심지어 거기 참석한 교수직에 있는 경륜을 갖춘 전문가들 대부분까지도 그들이 비트겐슈타인이 진행한 토론수업을 은밀한 협력자라고 할 수 있는 의미에서 (즉 진지하게 질문을 하거나 비평을 하는 방식으로) 진정으로 따라갈 수 있었다고 상상했다고는 믿을 수가 없다.

이미 넌지시 말한 대로, 비트겐슈타인의 토론 수업은 비트겐슈타인에 의해 진행된 토론이었다. 비록 나는 그가 다른 철학자들이나 철학과 학생들과 같이 직업적 동료들 사이에서 강의를 할 때 참석한 적은 없었지만, 이것만은 확신을 갖고 말할 수 있다. 이러한 확신은 그에 대한 나의 경험과 그의 천재적 본성에 대해 내가 가지고 있었던 아주 결정적인 감각에서 비롯된다. 나는 특별한 재능이 있고 잘 준비된 단호한 몇몇 사람들이 때때로 전투에 끼어들어 언쟁 비슷한 무언가를 잠시 이어가는 데 성공했다는 것을 의심하지 않는다. 하지만 우리가 여러 차례 글로 쓰였거나 이야기로 들었던 것을 확인한 것만으로도 내게는 근거가 충분한 것으로 보인다. 즉 스스로에게 부과한 문제들과 씨름하는 지적 천재의 자발적이고 부단한 노력을 목격할 수 있었던 기회 속에서 수강생들은 경이감과 이득을 얻었던 것이다. 나는 그런 경우에는 단 한 번도 참석한 적이 없다. 그리고 물론 내가 출석했더라도 나에게는 아무런 득이 되지 않았을 것이라는 것을 알고 있다. 나는 훈련과 경험, 또는 사유의 양식에 대한 흥미의 측면에서 자격이 없었다.

하지만 이미 말했듯이 나는 직접 비트겐슈타인을 경험한 바 있으며 내게는 적절하다고 생각되었던 관찰을 행할 수 있는 기회가 있었다. 방금 내린 결론으로 나를 이끌었던 근거는 다음과 같은 '기억'에서 잘 드러난다. 어느 날 점심시간 직후에 그가 찾아왔다. 지난번 만났을 때 그가 제시한 역설에 대해 내가 의례적으로 답한다는 게 그만 부주의하게 언급한 일이 있었다. 그에 대해 그는 진지하고 열정적으로 담론을 펼치기 시작했다. 그 역설이 그에게는 의미심장하고 중요한 것으로 드러났기 때문에 그는 그것을 정당화하고자 했고 이를 위해서는 그것을 발전시킬 필요가 있었다. 이러한 사실은 그가 말을 계속 이어나가면서 분명해졌다. 그날은 금요일이었고 나와 아내가 손님들을 초대해 집모임을 열기로 한 날이었다. 이런 식의 정례적인 모임을 가지게 된 지 오래지 않아 우리는 계간지 《스크루티니Scrutiny》를 성공적으로 출간하게 되었다.

4시경에 첫 번째 손님이 도착했을 때 비트겐슈타인은 여전히 이야기를 하는 중이었다. 당연히 나는 그 다음 한 시간 반 동안은 꾸준하게 주의를 기울일 수 없었다. 하지만 비트겐슈타인 쪽을 바라보면서 내가 그의 존재를 인지하고 있음을 예의 있게 전달하려 할 때마다, 그는 진지하게 논증을 개발하고 있는 것처럼 보였다. 나는 어느 시점에서 그가 사람들의 주의를 끌기 위해 자신이 앉아 있는 의자에서 손이 닿는 거리에 있던 책 더미 위에서 한 권을 빼서 들고는 조용하지만 강렬하게 말했던 것을 기억한다. "이게 바로 세상이오!" 킥킥거리며 웃음을 참는 기색이 방안에서 들렸다. 찢어진 《신 프랑스 평론*NRF*》표지에 '소돔과 고모라'라는 제목이 인쇄되어 있는 것이 보였다.

내가 주목할 기회가 있을 때마다, 그는 여전히 특유의 집중력과 논리 구사력으로 이야기를 하는 중이었다. 하지만 아무도 그의 말에 귀를 기울이고 있는 것 같지는 않았다. 마지막으로 남아 있던 티타임 손님들이 떠났는데도, 비트겐슈타인은 계속 남아 있었다. 나는 그가 여전히 말을 하고 있었던 것으로 기억한다. 그것이 그가 두 시부터 시작했던 논증의 계속이었는지는 모르겠지만 말이다. 그 당혹스러웠던 상황의 세부적인 사항들은 완전히 잊어버렸다. 나는 피곤해서 멍한 상태였고 그가 가주길 바랐다. 시간이 8시쯤 되었을 때, 그는 갑자기 시간이 꽤 되었음을 알아차리고는 긴급한 사실을 깨달았다. 그가 소리쳤다. "그런데 오늘 저녁 도덕과학클럽에서 발표하기로 한 게 있습니다. 나하고 함께 갑시다." 나는 그를 따라 나섰고, 모임 장소의 문 앞에서 그와 헤어졌다. 나중에 들었는데, 비트겐슈타인은 늦게 온 것에 사과하면서 오후 내내 리비스 박사와 토론을 하느라 늦었다고 해명했다고 한다.

나는 여기서 그가 의식적으로 허위 진술을 한 것은 아니라고 확신한다. 내가 실제로는 하지 않았던 어떤 적극적인 역할을 했다고 떠넘기면서, 그가 나에 대해 내가 보여줄 수 있는 것과는 거리가 먼 어떤 능력을 갖춘 것처럼 생각했던 것은 아니다. 사실 오래 전 우리가 나누었던 어떤 대화에서 그는 지성과 인성을 구별하는 말을 하면서, 나를 인성 쪽에 해당하는 사람으로 여긴다고 (내 생각에는) 솔직히 말한 적이 있다. 비록 그때 그가 "지성이란 건 길거리에 널려 있지요"[10]라고 말했다는 사실도 덧붙여야 하지만 말이다. 즉 그는 자신과 진정한 대담을 나눌 수 있다고 증명된 똑똑하고도 적극적인 사람을 거의 만나지 못했다. 그럼에도 불구하고 그는 모든 사람이 그러하듯 — 천재도 예외는 아니다 — 함께 작업해줄 인간 존재를 필요로 했다. 자신이 검증하고 정교화하려는 목적과 방법 — 그는 그것들이 받아들여질 수 있을 정도로 명료화하기 위해 자신과 분투하였다 — 에 대해 1인칭의 자기 자신 외의 사람들이 관심을 가지고 있다는 것을 증명해준다고 의식할 수 있는 그런 인간 존재를 필요로 했던 것이다. 물론 이때 '함께 작업한다'는 것은 '명료화한다'와 '받아들여질 수 있을 정도로'와 마찬가지로 '자기 자신'이라는 말 속에도 포함되어 있는 것이다. 그에게 '강의'는 그 자신과의 토론이었다.

비트겐슈타인의 글이 끔찍하게 읽기 힘들다고 말하는 것은 진부하다. 나는 나의 삶과 능력의 한계 때문에 어쩔 수 없이 시간을 효율적으로 아껴 써야 했으므로 그의 후기 철학을 이해하려고 진지하게 시도해봤다고 주장할 수 없다는 것을 고백해야 한다. (그를 숭배하는 사람들 중 가장 설득력 있는 이들이 그의 성취와 영향을 청송할 때 염두에 두는 것이 바로 그의 후기 철학이다.) 그럼에도 불구하고 나는 '영문과' 학생들이 그들에게 제공되는 비트겐슈타인에 대한 강의와 세미나를 수강할 수 있는 등의 모든 것을 감안할 때 어쨌든 혜택을 받고 있다는 주장으로부터 방어되어야 한다고 확신한다. 하지만 비트겐슈타인의 철학에 대한 비평가로서 나를 내세우는 일은 나의 몫이 아니다. 나는 그의 철학에 대해 발언할 자격이 없다. 그리고 만일 내가 지금 공언하는 것이, 또는 그밖에 지금까지 내가 말한 것들이 나의 철학적 자격에 대해 보다 우호적인 실제적 의미를 암시하는 것으로 보인다 할지라도, 나의 의도는 나와 그의 관계를 설명하는 데 필요한 요소를 강조하는 것이었다.

나에게는 강한 확신이 있었고, 그럴 근거가 충분하다고 생각한다. 이미 말했듯이, 나는 그와 철학에 대해서는 토론하지 않았다. 그리고 나는 그가 나를 찾아와서는 대뜸 "문학 비평을 그만 두시오!"라고 말한 것을 기록했다. 내가 "철학을 포기하세요, 비트겐슈타인!"이라고 대답하지 않았다면, 그것은 — 이번에는 이렇게 설명하겠다 — 비트겐슈타인이 내 말을 단순한 되받아치기로 여겼을 것이고 그리하여 나의 논지가 전달되지 못했을 것이기 때문이다. (내 생각에) 공격적인 명령을 쉽게 하는 것은 케인스와 그 패거리들에게 '루트비히'로 통했던 블룸스버리 환경을 자주 접한 결과인 반면, 비트겐슈타인은 그 어떤 경우에도 문학 비평이 지적으로 중요할 수 있다고는 결코 상상할 수 없었다는 것은 너무나도 분명하다. 지금도 그렇지만 그때에도 나는 반대의 확신을 가지고 있었다. 그 확신은 완전한 언어 사용은 창조적인 문학에서 발견될 수 있으며 위대한 창작물은 독창적인 탐구적 사유의 작업이라는 것이다. 이러한 확신은 최근에 내가 블레이크에 대해 쓰면서 표명했던 의견들과도 일맥상통한다. "철학자들은 항상 언어에 약하다." 그렇기 때문에 내가 비트겐슈타인을 굉장히 존경하고 내 생각에는 그도 나를 — 아마도 나의 인격에 대해 — 약간은 존경했지만, 상대방의 지성에 대한 인식에서는 확실히 약간의 유보가 있었다. 비트겐슈타인에게 나 같은 종류의 탐닉은 기껏해야 사이비 지식인 이상이 될 수 없었다. 그리고 나로서는 때때로 그의 틀림없는 천재성이 나의 지적 관심사와는 체스 천재만큼이나 거의 관계가 없다고 생각하였다. 비록 그가 천재성뿐만 아니라 인격도 갖추고 있다는 것은 분명했지만 말이다.

교양 교육을 받긴 했지만 문학에 대한 비트겐슈타인의 관심은 기초적인 수준에 머물렀다. 그는 때때로 내게 《비상업적 여행자*The Uncom-*

mercial Traveller》의 일부를 가리키면서 읽어달라고 했다. 하지만 나는 그가 무엇 때문에 그 구절들을 선택했는지는 알 수 없었다. 왜냐하면 그는 그 구절들을 이미 알고 있는 것처럼 보였기 때문이다. 그는 《크리스마스 캐럴》을 암기하고 있을 정도였다. 디킨스에 대한 그의 관심은 내가 아는 한 이 작품들에 한정되어 있었고, 다른 작품들을 진지하게 간주하는 모습은 보지 못했다. 물론 독일 작품에 대해서는 그의 문학적 교양의 범위와 수준이 훨씬 인상적일지도 모르지만, 나는 그럴 가능성이 높다고는 보지 않는다.[1]

따라서 아마도 우리 사이에는 지적인 양립불가능이나 어쩌면 기질적인 반감과 같은 것들이 차이점으로서 암묵적으로 받아들여지고 있었다. 그러므로 나는 이 사실을 마지막으로 적절하게 강조해주는 하나의 기억으로 이 글을 마무리할 것이다. 한번은 그가 내게 말했다(그가 케임브리지로 돌아온 직후였을 것이다). "엠프슨이라는 사람을 아시오?" 나는 대답했다. "아니요, 《케임브리지 리뷰》를 위해 《케임브리지 시선 1929》를 읽다가 이제 막 우연히 그를 발견했습니다." 그가 "읽을 만하던가요?"라고 물어서 나는 이렇게 말했다. "놀랍습니다. 그 책에는 그의 시 6편이 실려 있었는데 전부 매우 독특합니다." 그러자 비트겐슈타인이 다시 물었다. "시들이 어떤데요?" 나는 비트겐슈타인이 영국 시에 대해서는 잘 모르기 때문에 그 시들에 대해 얘기해봤자 별 소용이 없다고 말했다. 그는 "당신이 그 시들이 마음에 들었다면 설명할 수 있습니다"라고 말했다. 그래서 나는 시작했다. "혹시 존 던을 아십니까?" 그럴 리가, 그는 존 던이 누구인지 알지 못했다. 내가 듣기로 엠프슨은 윈체스터에서 수학 상을 받았고, 두 번째로 전공한 분야는 영문학이어서 우등졸업시험을 위해 지정도서인 존 던의 《노래와 소네트*Songs and Sonnets*》를 세심히 연구했다고 말하려 했다. 나는 멈칫거리며 비유의 본성에 대한 변변찮은 논평을 하다가는 포기했다. 비트겐슈타인은 "그의 시를 읽어봐야겠군요"라고 말했고, 나는 "그러시지요. 책을 가져다 드릴 테니"라고 답했다. 그는 "당신 집으로 찾아가지요"라고 말했다. 정말로 그는 얼마 안 있어 나를 찾아와서는 바로 본론으로 들어갔다. "그 시집은 어디 있죠? 그의 가장 훌륭한 시를 읽어주시오." 책은 가까운 곳에 있었다. 나는 〈법적 허구Legal Fictions〉를 펼치고는 말했다. "이게 가장 훌륭한 건지는 모르겠지만 어쨌든 읽겠습니다." 내가 시를 읽자 비트겐슈타인이 말했다. "그 부분을 설명해주시오!" 그래서 나는 첫 행부터 먼저 설명하기 시작했다. 그는 "아, 그 부분은 이해했습니다"라며 끼어들고는 내 팔 너머로 텍스트를 바라보며 "그런데 이건 무슨 뜻이지요?"라고 물었다. 그는 두세 번째 행을 가리켰다. 서너 차례 비슷하게 방해를 받고서 나는 책을 덮었다. "난 지금 장난하는 게 아닙니다." 그러자 그는 "당신이 그 시를 조금도 이해하지 못하고 있다는 것이 분명하군요"라고 하면서 말했다. "책을 내게 줘보시오." 내가 책을 건네자 그는 당연하게도 아무 어려움 없이 시를 훑고는 유추의 구조를 설명했다. 그것은 그가 방해하지만 않았다면 내가 설명했을 내용이었다.

비트겐슈타인에 대한 회상

존 킹

내가 비트겐슈타인을 처음 본 것은 1930년 10월의 어느 월요일 정오에 그가 예술대학 강의에 들어왔을 때였다. 그는 철학박사 가운과 검정색 민무늬 스포츠 재킷과 평범한 회색 바지, 지나치게 야단스럽지 않은 린넨 셔츠를 입고 있었다. 셔츠의 목 단추는 풀었는데, 나는 그가 넥타이를 맨 것을 본 적이 없다. 이 형태의 옷차림에서 결코 어떤 변화도 없었다. 셔츠 색만 녹색과 회색을 오갔을 뿐이다. 그는 항상 먼지 한 점 없이 깔끔했다. 키는 작고, 몸집은 마른 편이었으며, 부스스한 곱슬머리에 꿰뚫어보는 푸른 눈을 가졌다. 외출할 때 춥거나 습하면 벨트가 없는 방수외투를 입었다. 비가 올 때는 노동계급이 주로 쓰는 납작모자를 머리 위에 얹고는 눈썹까지 푹 눌러서 뒤통수는 거의 덮지 않았다. 그는 어떠한 각도로도 모자를 쓰지 않았다. 모자의 사용은 전적으로 기능적인 것이었다. 옷차림이나 태도에 꾸밈이 없었고, 젠체하는 일도 없었다. 그는 결코 교언영색을 하지 않을 사람이었다. 함께 영화를 보거나 식사하러 가려고 찾아가보면, 그는 항상 아주 큰 장부처럼 보이는 책에 메모를 하거나 생각을 기록하며 작업 중에 있었다. 그는 그만둘 준비가 될 때까지 작업을 계속 하곤 했다. 그러고는 항상 손을 씻은 뒤 출발했다.

우리가 언제, 아니 사실 왜 사교적으로 처음 만나게 되었는지 기억나지 않지만, 만남을 주도한 것은 그였다. 내가 그의 수업에 참석해서 레이먼드 타운센드와 콘 드루어리와 함께 앉은 이래 그가 그들에게 나에 대해 물은 것이 분명했다고 믿는다. 그에게는 자기 학생들에 대해 관심을 가지는 것이 당연했다. 나와 함께 수업을 들었던 S. K. 보스가 내게 몇 년 전에 편지를 쓴 대로, "철학자로서의 비트겐슈타인에게 배운 것은 거의 없지만, 그는 매우 좋은 친구였다. '친구'를 뜻하는 산스크리트어로 'suhrid'라는 아름다운 말이 있다. 의역을 하자면 '아무런 이유 없이 나에게 항상 선을 행하는 사람'이라는 뜻이다."

아주 초창기의 사건들은 점심 미팅이었고, 우리는 내가 회원권을 가지고 있던 유니언에 가곤했다. 거기는 싸고 좋은 음식을 먹을 수 있었다. 우리는 여러 차례 토론 강당을 지나갔다. 거기서는 전축을 틀어 놓았는데 지나가면서 듣는 음악에 대해 그는 항상 이야깃거리를 가지고 있었다. 한두 마디만 듣고 음악이 좋은지 나쁜지를 구별하는 일이 얼마나 쉬운지, 피아니스트인 그의 형 파울이 두세 마디만 듣고도 즉시 작곡가와 작품과 악장을 알아내고, 지금 악장의 어느 부분인지를 알아내는 놀랄 만한 재능을 가졌는지 등등. 한번은 슈트라우스의 비엔나 왈츠를 듣고 오스트리아인만이 그런 왈츠를 제대로 연주할 수 있다고 말했다. 또 한번은 자기는 파울 형이 대중 공연을 하는 것을 싫어한다고 말했다. 파울은 오른 손을 잃었고 라벨이 그를 위해 왼손을 위한 피아노 협주곡을 작곡했는데, 사람들이 마치 서커스를 보러온 구경꾼처럼 느껴졌다는 이유였다.

*

사실 철학이 아니라 음악이 가장 흔한 대화 주제였다. 음악은 내가 태어나 자란 노포크 교구목사관에서 가장 열광하는 대상이었다. 나는 케임브리지의 여러 합창단에서 계속해서 노래를 불렀다. 또한 포르투갈 플레이스에 있는 하숙방에 휴대용 축음기가 있었다. 비트겐슈타인은 내가 가지고 있는 몇 장 안 되는 레코드판의 일부를 들으려고 몇 차례 방문했다. 두 장의 레코드에 대해 특히 주목할 만한 논평을 했다. 한 번은 내가 베토벤의 현악사중주 C sharp minor, *op.* 131의 2, 3, 4악장을 올려놓았다. 내 생각에는 레너Lener 현악사중주단의 연주였던 것 같다. 그는 주의를 집중해서 몰입했고 연주의 마지막 부분에서 극도로 흥분했다. 그는 무언가가 갑자기 그를 후려친 것처럼 펄쩍 뛰면서 말했다. "베토벤이 무슨 말을 하는지를 이해한다고 생각하기가 얼마나 쉬운가."(그리고 여기서 그는 연필과 종이 한 장을 쥐었다.) "자네는 이렇게 그의 기획의도를 이해했다고 생각하지."(그리고 그는 다음과 같이 3분의 2 원을 그렸다.)

"그러다가 갑자기"(그리고 여기서 그는 위에 불룩하게 덧붙였다.)

"자네는 손톱만큼도 이해하지 못했다는 걸 깨닫는 거야."

두 번째 논평은 당시 내가 가장 최근에 구입했던 브람스의 현악사중주 B flat minor, *op.* 67을 틀었을 때 나왔다. 나는 그에게 3악장을 특히 좋아한다고, 비올라에 주어지는 주제가 너무 훌륭해서 마음이 떠나지 않는다고 말했다. 3악장이 끝나자 그가 특유의 흥분한 표정으로 — 마치 아주 섬세한 뭔가를 음미하는 듯이 숨을 들이쉬고, 눈을 감고, 눈썹을 찌푸리고, 입을 다문 채 턱을 아래로 당기며 — 말했다. "그 당시 음악가들이 너무나 '갈라진 발굽cloven hoof'에 관심이 많았다는 것은 얼마나 이상한가." 나는 이 논평에 깜짝 놀라 말문이 막혔다.

그 이후로 그에게 그게 무슨 뜻인지 묻지 않은 것을 엄청 후회했다.

그에 관한 회상록을 읽은 사람은 비트겐슈타인이 때로 리^{Lee}의 말마따나 '학생들에 대해 억제적인 영향력'을 행사했다는 사실(모든 회상록은 이에 대한 증언을 담고 있다)에 놀라지 않을 것이다. 나는 그의 판단을 두려워했고 침묵 속에서 존중했다. 그가 한 대부분의 말은 당시 나의 이해력을 넘어서 있다는 것을 받아들였지만 언젠가 이해할 날이 올 거라는 희망을 가졌다. 나는 나 자신을 잘 알았다고 생각한다. 진도가 느렸고, 소심했으며, 내가 속한 탈세속적인 분위기 속에서 혼자 바보 같은 짓을 할까봐 염려했다. 안 그래도 그런 짓을 해 혼쭐이 난 적이 있었다. 그때 나는, 비트겐슈타인이 러셀과 많은 대화를 나눴다는 것과 비트겐슈타인이 우리 시대의 탁월한 위인이라는 것을 깨닫고, 믿을 수 없을 정도로 순진하게 말했었다. 그와 토론할 수 있었다니 러셀은 참 운이 좋았다고 말이다. 그 뒤로 너무도 즐겁지 않은 경험을 했기 때문에 이 기억을 깊숙이 묻어버렸지만, 사실은 그 반대였다는 것을 확실히 알게 되었다. 만일 내가 우리 모두가 느꼈던 게 틀림없던 것, 즉 그의 강의와 토론의 혜택을 받고 그와의 우정을 즐긴 우리가 얼마나 운이 좋았던가를 말했다면 그는 똑같은 방식으로 답했을 것이라고 확신한다. 그에게는 겸허함이 있었다. 자신의 비상한 능력을 자각하고 있었지만 ─ 그는 한때 레이먼드 타운센드에게 자신이 '괴짜'라는 걸 안다고 말했다 ─ 그는 어떠한 것이라도 맹목적인 추앙에는 화를 냈을 것이다. 이 경험은 내가 무지하게 보일 수 있다고 여기는 것을 감추도록 만들었다. 하지만 그의 논평은 그가 가진 이해의 깊이가 나의 한계를 훨씬 벗어나 있다는 것을 보여주었다. '기꺼이 나는 오르겠지만, 떨어질까 두렵구나'라고 쓴 엘리자베스 1세 시대의 시인처럼 나 자신을 느낄 때가 많았다. 나는 묻고 싶었지만 그렇게 하기가 두려웠다.

그럼에도 불구하고 나는 결코 한 번도 열등감을 느끼는 일은 없었다. 가장 무서운 비난도 우리의 우정에 아무런 변화를 주지 못했다. 그는 대학음악협회가 바흐의 미사 B단조를 부르는 것을 들으려고 왔다. 나도 거기서 합창을 했다. 그런데 합창단이 노래를 잘했음에도 그는 지휘자를 낮게 평가했다. 그는 내게 가족사진들과 자신이 누나를 위해 설계한 집 — 내게는 매우 '현대적'으로 보였다 — 의 사진과 말러의 사진들을 보여주었다. 그는 특히 놀라운 말러의 초상화를 갖고 있었다. 내가 말러나 그의 작품들에 대해서는 몰랐기 때문에, 그는 말러를 이해하기 위해서는 음악과 그 역사에 대해 상당히 알아야 한다고 말하는 것 외에는 별 논평을 하지 않았다.

우리의 식사 장소였던 유니언은 시간이 지남에 따라 페티 커리에 있는 레드 카우에 자리를 내주었다. 그는 항상 같은 자리에 앉으려고 했는데, 그 자리에서 서빙하는 종업원의 친절함을 좋아했기 때문이다. 그 후에 우리는 보통 '영화flick' — 그가 항상 다소 웃으며 사용했던 용어 — 를 보러 갔다. 영화는 가장 큰 휴식을 제공했기 때문이다. 학부생 출입금지인 밀로드 극장은 그가 가장 좋아했던 곳이었다. 여기서 그는 가능한 한 앞자리에 앉아 좌석에서 몸을 앞으로 기울인 채 글자 그대로 영화 속으로 빠져들었다. 그는 절대 영국 영화를 보러 가지 않았다. 영국 영화를 광고하는 극장을 지나갈 때면 그는 배우들이 너무 꾸며 입었고, 부자연스럽고, 설득력이 없으며, 명백히 억지 연기를 하고 있다고 지적했다. 반면 미국 영화에 대해서는 배우들이 배역에서 꾸밈이 없다고 주장했다. 마지막으로 내가 아는 한 그는 식사를 위한 충성 대상을 레드 카우와 아주 가까운 맞은편에 있는 라이언스로 바꾸었다.

*

우리가 알게 된 지 얼마 안 되었을 때, 그는 내게 왜 철학책을 읽는지 물었다. 대답의 일부는 단순했다. 나는 성공회 성직자가 되기 위해 케임브리지로 왔었다. 하지만 시간이 지나면서 이것이 현명한 결정인지 의구심이 들기 시작했다. 나는 내가 받아들여야 하는 신학과 고통, 고뇌, 악의 문제, 그리고 알렉산더의 제목대로 '공간, 시간, 신'의 문제 때문에 번민했다. 나는 철학 공부가 일부 해답을 줄 거라고, 곤경을 해결하는 데 도움을 줄 거라고 기대했다. 이런 것들이 내가 그에게 밝힌 이유였다. 다른 이유들은 그에게 설명하기가 쉽지 않았다. 적어도 당시에는 그것이 너무 순진하다고 생각했다. 내겐 철학책을 읽는 두세 명의 친구와 지인이 있었다. 이 가운데 둘은 성직자가 되려 하고 있었고 나는 그들의 성품을 높이 평가하였다. 나는 철학을 통해 내가 높이 평가했던 그들의 성품의 일부를 얻을 수 있기를, 그리하여 성직자가 되는 데 도움이 되기를 바랐다. 비트겐슈타인이 내게 교회에 들어가지 말라고 적극적으로 설득을 했는지는 기억나지 않는다. 하지만 그는 강의나 토론에서처럼 설명하면서 철학에서는 내가 찾는 답을 찾지 못할 거라고 했다. 나는 그의 가르침을 희미하게 이해했지만 그것만으로도 나의 모든 의문은 해소되었다. 1931년 미카엘 학기 중반에 나는 계획을 포기했다. 철학으로 진로를 정하지 말라는 설득은 필요 없었다. 이미 그쪽으로 재능이 없다는 것을 알고 있었기 때문이다.

*

대화의 다른 주요 주제는 문학이었다. 일찍부터 나는 《카라마조프가의 형제들》을 읽었다고 그에게 말한 게 분명하다. 비록 살인 부분을 제외하고, 재판 장면이나 가족 간의 갈등은 거의 기억하지 못했지만. 그는 이 부분을 캐듯이 질문했다. 의심의 여지없이 내가 조시마 신부와 대심판관의 전설 등에 감명을 받았는지를 확인하기 위해서였다. 하지만 5년이 지나서 나는 이 부분을 거의 또는 아무것도 기억하지 못했다. 나는 내가 많은 것을 놓쳤다고 생각했다. 우등졸업시험이 끝나자마자 책을 샀고 나중에 도스토옙스키의 다른 책들도 샀다. 나는 그 이후 그 책들을 여러 번 읽었고 많은 것을 얻었다. 그는 계속해서 톨스토이를 추천했고 《스물 세 개의 이야기》를 읽으라고 격려했다. 내가 책을 사자 그는 자신이 가장 중요하다고 생각하는 이야기들을 표시해주었다. 그것들은 〈사람은 무엇으로 사는가〉, 〈두 노인〉, 〈세 은자〉, 〈사람에게는 얼마만큼의 땅이 필요할까〉, 〈여기 기독교의 본질이 있다!〉 등이었다. 40년 뒤에 그가 〈세 은자〉를 가장 좋아했다는 것을 알았을 때 나는 놀라지 않았다. 그가 제안했던 다른 책들은 다음과 같다. 그는 디킨스의 《비상업적 여행자》를 좋아했다. 나는 이 책을 샀지만 진도를 나가지 못했다. 그것은 프레스콧^{William H. Prescott}의 두 권짜리 역사책과는 다른 문제였다. 그는 이 책을 높이 평가했지만 나는 이해하지 못했다.* 베토벤에 대해 토론하면서 좋은 전기에 관해 물었더니, 그는 그릴파르처^{Franz Grillparzer}가 쓴 것이 최고라고 말했다. 동화에 대해서는 그림형제의 책 속에 그들의 동화모음과 그 중요성이 훌륭하게 설명되어 있다고 말했다. 그와 슈펭글러에 대해 이야기한 적은 없지만 다른 이들의 이야기로 미루어보면, 비트겐슈타인은 슈펭글러의 사상을 담은 철학은 쓸모없지만 다른 문화와 문화적 시대에 대한 대가적인 요약은 높이 평가한 것 같다.

나는 극장에 대해 토론했던 한 사건을 기억할 수 있다. 우리는 각자 말로이 소사이어티가 제작한 〈리어왕〉을 보러 간 적이 있었다. 나는

---

* 윌리엄 H. 프레스콧, 《멕시코 정복사》 (3 vols, London, 1843), 《페루 정복사》 (2 vols, London, 1847)

특별히 피터 해닌의 리어에 깊은 인상을 받았던 터라, 그에게 그 연극을 봤는지 물어보았다. 비트겐슈타인은 그렇게 젊은 사람이 노인 역을 그렇게 완벽하게 할 수 있다는 것에 놀랐다고 말했다. 그는 피터 해닌이 단 하나의 실수만 했다고 생각했다. 코넬리아의 '무'에 대답하면서, 리어는 "무로부터는 아무것도 나오지 않는다"라고 답하는데, 비트겐슈타인은 자신이 생각하기에 이 낱말들이 말해져야 하는 방식으로 그 낱말들을 말했다. 텅 빈 음조로 횡격막을 움켜쥐고 마치 그의 존재의 핵심에서 나오는 것처럼.

*

비트겐슈타인은 케임브리지에서의 생활에 대해서는 자주 말하지 않았다. 그는 극지 탐험가인 R. E. 프리스틀리^{Priestley}, 수학자 G. H. 하디^{Hardy} 교수를 방문하곤 했고 경제학자 피에로 스라파^{Piero Sraffa}와 토론했다. 트리니티 대학의 고위층과의 관계는 순조롭지 못했고 때로는 적대적이었다. 하지만 자기가 조금이라도 잘 아는 사람들에게는 배려하지 않거나, 야비하거나 이기적으로 대하지 못했다. 나의 시험이 다가오자 그는 아주 세심히 배려했고, 내가 잠을 설친다는 것을 알고는 수면제를 주었다. 학업을 마친 뒤 어느 날 그와 함께 있을 때였다. 그날은 그의 제자인 프랜시스 스키너가 부모의 걱정에도 불구하고 학업을 포기하고 공장에서 첫 근무를 마친 날이었다. 비트겐슈타인은 그를 만나기 위해 기다릴 채비를 했다. 그의 친절과 염려, 제자에 대한 책임감에 놀라지 않을 수 없었다. 이러한 친절의 일부가 무어에 대한 태도에서도 나타났다. 그는 무어에게 공손히 대했고 토론에서는 거의 아이처럼 순진하게 호소했다. 내게는 매우 눈길을 끌었다.

  1932년에 학업을 그만두었을 때 나는 직업이 없었다. 교회에 들어간다는 계획을 포기했고 철학자가 되지 않는 것도 분명했기 때문이었다. 매우 힘든 시기였다. 더욱이 나는 어느 정도 그가 제자들에게 했던 기업체, 즉 상업이나 공업 쪽으로 취직하라는 조언에 영향을 받게 되었다. 데즈먼드 리가 그런 일을 하였고, 콘 드루어리도 성직 준비를 포기하고 그럴 계획이거나 아니면 이미 사회복지 관련 일에 뛰어들었다는 소식을 들었다. 이 힘든 시기에 나는 마침내 이스트엔드에서 사회복지 쪽에 일자리를 찾았다. 1934년에 그곳을 떠나 가르치는 일을 하게 되었다. 비트겐슈타인과 마지막으로 연락한 것은 1936년경이었음에 틀림없다. 내가 일하는 학교가 미들랜드에 있었기 때문에 나는 때때로 그를 찾아갔다. 마지막으로 그를 만난 것은 결혼할 무렵이라고 생각된다. 내가 결혼한다는 얘기를 하자 그는 말했다. "그것 말고도 걱정할 일과 문젯거리가 충분하다고 생각하지 않나?" 말할 필요도 없이 여기에 함축된 조언을 나는 받아들이지 않았다! 아내와 가족이 생겼고, 동부에서 3년 반을 살면서 연락이 끊겼다. 나는 그를 만날 시도조차 하지 않은 것을 항상 후회했다. 나는 정기적으로 드루어리와 타운센드와 연락을 했는데, 비트겐슈타인은 그들을 찾았지만 나를 찾아오지는 않았다.

나는 왜 그가 제자들 가운데 가장 똑똑하지 못한 나에게, 심지어 내가 학업을 그만두고 난 뒤에도 기꺼이 시간을 할애할 정도로 그렇게 친절했는지 이유를 알지 못한다. 내가 그가 말한 "보통 사람들은 내게 위안인 동시에 고통이기도 하다"라는 범주에 들어맞는다는 것을 제외하면 말이다. 나의 평범함이 그와 같은 지성에게 위안이었을지 모른다. 하지만 나는 또한 그것이 골칫거리였음에 틀림없다고 염려한다.

그가 나에게 개인적으로 끼쳤던 영향이 내가 말한 것에 나타났을지 모른다. 나는 그를 높은 도덕적, 지적, 예술적 성실성과 태도를 가진 사람으로, 자기보다 능력이 덜 한 사람들에게 관대한 사람으로, 자신이 협잡, 위선, 가식으로 간주했던 것들을 제외하고는 까다롭지 않았던 사람으로 보았다. 그는 이류에 대해서는 참지 못했다. 그리고 나는 그가 삶을 매우 진지하게 보고 높은 목적을 지녔다고 느꼈다. 최근에야 알게 된 그 자신의 말에 따르면, "하지만 나는 확신한다. 우리가 즐기기 위해 태어난 것은 아니라는 것을." 내가 그에게서 배운 것은 철학은 나의 질문에 답하지 않을 거라는 어떤 희미한 이해이다. 또한 내가 기독교의 본질이라고 아는 것, 그것이 상징하는 의미와 깊이를 이해하는 것을 배웠다. 그뿐 아니라 말로 표현하기 힘든 윤리적이고 신비적인 어떤 것을 배웠다. 그리고 그의 철학에 따르면 "우리가 말할 수 없는 것들"에 대해서도.

비트겐슈타인과의 대화에 관한 비망록

M. O'C. 드루어리

G. H. 폰 브릭트 교수는 루트비히 비트겐슈타인에 관한 〈전기적 소묘〉에서, 비트겐슈타인의 글에 관해 다양한 해석들이 있지만 그런 해석들은 별로 중요하지 않다고 말한다. 그는 다음과 같은 의미심장한 문장으로 〈소묘〉를 마무리한다. "이따금 나는 생각했다. 어떤 사람의 작품을 고전으로 만드는 요인은, 대개 명확한 이해를 향한 우리의 갈망을 불러일으키는 동시에 그것에 저항하게 만드는 바로 이 다양성이라고." 지금부터 내가 이야기하는 내용은 이처럼 명확한 이해에 저항하는 다양성에 중점을 두겠다. 또한 그의 가르침 가운데 어떤 측면들은 여전히 간과되거나 (비트겐슈타인 특유의 말투를 사용하자면) '물타기'되고 있음을 밝히겠다.

나는 비트겐슈타인과 알고 지낸 사람이라면 누구나 즉시 인정할 그의 두 가지 측면에 주목하는 것으로 글을 시작하려 한다.

첫째 측면은 이렇다. 비트겐슈타인은 자신이 철학적 토론에 비범한 재능이 있음을 알았다. 언젠가 그는 나에게 이런 말을 했다. "내가 어떤 과목에 정말로 특별한 능력이 있다는 걸 발견했을 때 그 사실은 내 인생에 엄청난 영향을 주었다." 그러나 이 사실을 알면서도, 그는 생애 대부분의 기간 동안 연구를 그만 두고 학계 철학자의 생활방식과는 전혀 다른 방식으로 살기 위해 여러 차례 계획을 세웠다.

1차 세계대전이 끝난 후, 비트겐슈타인은 오스트리아의 외딴 마을에서 잠시 학교 선생으로 근무했다. 건축가로서 누이의 집을 짓기도

했다. (한번은 나에게 이렇게 말했다. "자네는 철학이 꽤나 힘들다고 생각하지만, 건축에 따르는 어려움에 비하면 정말이지 아무것도 아니야.") 나중에 그는 러시아에 가서 살기로 그리고 (거기서) 철학은 가르치지 않기로 진지하게 생각했고, 러시아어를 능숙하게 말하기 위해 노력했다. 이후에는 의학 공부에 관심을 갖고, 이곳 더블린에서 의대에 입학할 수 있는지 알아봐 달라고 나에게 부탁했다. 2차 세계대전 중에는 처음엔 런던의 어느 병원에서 잡역부로 일하다가, 나중엔 쇼크의 생리학 연구팀으로부터 제법 독립적인 일을 맡아 달라는 부탁을 받았다. 연구팀 팀장인 그랜트 박사는 비트겐슈타인에게 연구에 합류해 달라고 부탁하면서 이렇게 말했다. "당신이 생리학자가 아니라 철학자라니 정말 유감입니다."

오늘날 우리는 그가 이러한 여러 가지 계획들 가운데 최종적으로 이룬 것이 아무것도 없으며, 사망하기 며칠 전까지 철학에 관한 집필을 중단하지 않았음을 참으로 다행스럽게 여긴다. 그러나 생활방식을 완전히 바꾸려는 그의 고집스런 태도를 우리가 조금이나마 공감하고 이해하지 않는다면, 비트겐슈타인을 이해할 수 없으리라 확신한다. 그의 이런 계획들은 단순히 일시적인 갈망이 아니라, 그러한 변화가 더 이상 불가능하다는 걸 깨닫기까지 수년 간 지속되어온 확신이었다. 나는 그에게 다음과 같은 말을 들었을 때, 삶의 방식을 바꾸려는 이처럼 강한 열망 뒤에 무엇이 있는지 어렴풋이 짐작할 수 있었다. "교수직을 그만두었을 때 나는 마침내 허영심을 벗어버렸다고 생각했네. 그런데 지금 이 책을 쓸 때 사용하는 문체에서 내 허영심을 발견하네." (《철학적 탐구》 제2부의 문체에 관한 언급으로, 폰 브리트 교수는 언젠가 이 책이 독일 산문의 대표적 예가 되리라고 생각한다.)

자신에게서 드러난 것이든 다른 사람에게서 드러난 것이든, 비트겐슈타인은 지적 허영심을 혐오했다. 내 생각에 그는 철학에서 대단한 명성을 얻는 것보다, 모든 허영의 흔적에서 벗어나는 것을 더 중요하게 여긴 것 같다. 한번은 그가 이런 말을 했다. "상처받은 허영심은 세상에서 가장 끔찍한 힘이야. 가장 큰 악의 근원이지." 언젠가는 이런 말도 했다. "철학자가 배관공보다 더 특권을 누려서는 안 된다!" 이와 대조되는 말도 기록해야겠다. "내가 형이상학을 혐오한다고 생각하지 말게. 나는 과거 위대한 철학 체계의 일부는 인간 정신의 가장 고결한 산물에 속한다고 생각하네."

언젠가 우리가 함께 산책할 때, 그는 당시 쓰고 있던 책의 제목을 뭐라고 하면 좋을지 나와 의논했다(나중에 《철학적 탐구》라는 제목으로 출간되었다). 나는 어리석게도 "철학"이라는 제목이 좋겠다고 제안했다.

비트겐슈타인 [화를 내며] 멍청한 소리 좀 하지 말게. 인류 사상사에서 그토록 중요한 의미를 지닌 단어를 어떻게 제목으로 사용할 수 있겠나? 마치 내 작업이 철학의 작은 한 조각보다 중요한 뭐라도 되는 것 같잖아.

*

두 번째 측면 또한 방금 이야기한 내용과 밀접한 관계가 있다. 비트겐슈타인은 평생 동안 아무도 자신을 이해할 수 없을 거라고 확신했다. 그래서 《논리철학논고》의 원고에 관해 러셀에게 쓴 편지에 이렇게 말했다. "제 글은 아주 짧은 단문들로 쓰였기 때문에 미리 설명을 듣지 않으면 사실상 제 글을 이해하지 못하실 겁니다. (물론 이 말은 **아무도** 제 글을 이해하지 못할 거라는 의미입니다. 저는 모든 내용이 아주 명백하다고 믿습니다만 …)."(L 68) 《철학적 단평》 서문에서 그는 다음과 같이 썼다.

"이 책은 신의 영광을 위해 쓰였다"고 말하고 싶지만, 오늘날 이런 말은 사기꾼의 속임수가 될 것이다. 다시 말해, 정확하게 이해되지 않을 것이다. 그러나 이 말은 이 책이 선한 의도로 쓰였음을 의미하며, 그렇지 않고 오직 허영심에 의해 쓰였다면 저자는 이 책이 비난받는 걸 보길 바랄 것이다. 저자는 그 자신이 이런 불순함에서 자유로운 것 이상으로 이 책을 불순한 것들로부터 자유롭게 할 수 없다. [R 7, 러시 리스 번역]

이 인용문을 잠시 숙고해보자. 이 글은 단어들이 어느 한 시기에는 정확하게 사용되더라도 후일에는 '사기꾼의 단어'가 될 수 있음을 암시한다. 이 단어들이 계속 피상적인 방식으로 사용된다면 험한 진창길이 되어 더 이상 지나갈 수 없을 테니 말이다. (험한 진창길이 되어 더 이상 지나갈 수 없다는 길에 대한 비유는 비트겐슈타인이 직접 만든 표현 가운데 하나였다.)

비트겐슈타인은 타자기로 친《청색 책》원고 사본을 러셀에게 보내면서 동봉한 편지에 이렇게 썼다. "2년 전 케임브리지에서 강의했을 때, 저는 학생들에게 노트에 받아 적도록 지시했습니다. 집으로 돌아갈 때 머릿속이 아니라면 손에라도 뭔가 가지고 갈 수 있게 말입니다. …(제 글의 내용은 많은 부분이 암시로 이루어져 있어 이해하기가 무척 힘들 거라고 생각합니다 …)."(B v) 이번에도 역시 자신을 이해시키기 어렵다는 걸 강조하고 있다.《철학적 탐구》서문에서는 이런 문장을 볼 수 있다. "이 시대의 빈곤과 어둠 속에서, 한두 사람의 머리에 빛을 비추는 것이 이 책의 책임이라는 게 불가능하지는 않겠지만, 그렇게 될 것 같지는 않다."[P p. x] "그렇게 될 것 같지는 않다"라는 말을 일시적으로 발끈해서 내뱉은 비관적인 표현으로 취급해서는 안 된다. 이 말은 자신의 모든 저작에 관해 그가 평생 확신한 바를 표현한 것이다. 《철학적 탐구》의 후반부를 작업할 때 그는 나에게 이렇게 말했다. "내 인생에서 음악이 갖는 모든 의미를 내 책에서 한 마디라도 하는 것은 불가능하네. 그러니 내가 어떻게 이해받길 바랄 수 있겠나?" 그리고 거의 같은 날 이렇게 말했다.[12] "내 사고 유형은 지금 시대에 받아들여지지 않기 때문에, 나는 시대의 조류를 거슬러 아주 힘차게 헤엄쳐야 하네. 아마 백 년은 지나야 사람들은 지금 내가 쓰는 글을 진정으로 원하겠지." 같은 대화에서 이런 말도 했다. "나는 종교적 인간은 아니지만, 모든 문제를 종교적 관점에서 보지 않을 수 없다."

이제 이 언급들은 동시에 비트겐슈타인의 사상에서 여전히 거의 간과되고 있는 측면들은 없는지 의문을 불러일으킨다. 나는 《철학적 단평》이 '신의 영광'에 바쳐질 수 있었다고 생각한 걸까? 혹은 《철학적 탐구》에서 논의된 문제들이 종교적 관점에서 바라본 것이라고 생각한 걸까?

나는 〈윤리학에 대한 강의A Lecture on Ethics〉 서두에서 비트겐슈타인이 언급한 내용을 읽고 내가 왜 그의 난해한 글 속에서 길을 잃는지 이해하게 됐다. 그는 이렇게 말한다.

저의 세 번째이자 마지막 어려움은 사실상 대부분의 장황한 철학 강의들에 수반하는 것으로서, 강의를 듣는 사람이 그가 인도된 길과 그 길이 이르는 목적지를 둘 다 보지 못한다는 것입니다. 다시 말해 그는 "저 사람이 하는 말을 전부 이해는 하겠다, 그런데 도대체 그는 어디로 가고 있는 거지?"라고 생각하거나, "저 사람이 어디로 가고 있는지는 알겠다, 그런데 도대체 그는 거기에 어떻게 도달하고 있는 거지?"라고 생각합니다. 제가 할 수 있는 일은 여러분이 참을성을 갖기를, 그리고 마침내 여러분이 길과 그 길이 이끄는 곳을 둘 다 볼 수 있도록 희망하기를 다시금 요청하는 것뿐입니다. (LE 4)

여기에서 우리는 비트겐슈타인의 사상이 무척 다양한 해석을 갖게 된 이유와, 폰 브릭트 교수의 말처럼 이 이유들이 그다지 중요하지 않은 이유에 대해 분명한 암시를 볼 수 있다. 어떤 해석자는 이동 중에 길을 잃어 우리가 목표 지점을 볼 수 없게 한다. 또 어떤 해석자는 이동의 수고를 피해 대강의 결론으로 뛰어들려 한다.

비트겐슈타인은 '심오한'과 '피상적인'이라는 두 단어를 자주 사용했다. 그가 했던 말이 기억난다. "나에게 칸트와 버클리는 지나치게 심오한 사상가인 것 같다." 그리고 쇼펜하우어에 대해서는 "밑바닥까지 너무 빨리 보게 된 것 같다"고 말했다. 한번은 BBC 라디오3 프로그램에서 열린 에이어 교수와 코플스턴 신부 간의 토론을 들었는데, 토론이 끝나자 그가 이렇게 말했다. "에이어 교수는 뭔가 할 말은 있지만 굉장히 피상적이군. 코플스턴 신부는 토론에 아무런 기여를 하지 못했고."

나는 비트겐슈타인에게 '기적에 관한 흄의 논문'을 주제로 한 A. E. 테일러 교수의 강의를 들은 적이 있다고 말했다. 테일러는 이런 말로 강의를 마쳤다. "나는 흄이 훌륭한 철학자인지 단지 아주 똑똑한 사람일 뿐인지 도무지 결정할 수가 없습니다."

비트겐슈타인 나도 흄에 대해 뭐라고 말할 수 없네. 그의 글을 읽은 적이 없거든. 하지만 철학자와 아주 똑똑한 사람의 차이는 실질적이고도 매우 중요하지.

여기에서도 '심오한'과 '피상적인'이라는 범주가 암시되고 있음을 밝혀야겠다. 아주 똑똑한 사람이 피상적일 수는 있지만, 진정한 철학자라면 심오한 사상가여야 한다. 그러므로 비트겐슈타인이라는 길의 목표를 이해하려 한다면, 그리고 그 과정에서 몇 걸음 더 내딛으려 한다면 이 두 범주의 의미를 명확히 해야 할 것이다. 내 나름대로 이 차이를 간략하게 정의해본다면, 피상적인 사상가는 무언가를 분명하게 말할 수 있을지 모르지만, 심오한 사상가는 (가령 '내 인생에서 음악이 갖는 모든 의미'처럼) 말할 수 없는 무언가가 있음을 우리에게 알려준다고 말하겠다.

비트겐슈타인과 나눈 가장 초기의 대화에서 그는 나에게 이렇게 말했다. "철학은 번호자물쇠로 금고를 열려고 애쓰는 것과 같네. 각각의 다이얼을 약간 조절해서는 결코 성공할 수 없을 거야. 다이얼의 모든 숫자가 제대로 들어맞아야 비로소 금고 문이 열리지."《청색 책》에서는 철학을 도서관에 뒤죽박죽 배열된 책들을 정리하는 일에 비유한다.(B 44-45) 여러 차례 조금씩 교체가 이루어진 뒤에야 비로소 최종적으로 제자리에 배치되는 것이다.《철학적 탐구》에서는 낯선 도시에서 길을 안내하는 방법에 철학을 비유한다. 같은 장소를 상이한 경로를 통해 끊임없이 접근하는 수많은 여행이 이루어져야 한다. 학습자는 수많은 여행을 해봐야 비로소 "이제 이 지역 길을 훤히 알 수 있다"고 말하게 될 것이다.(P 18, 123, 203; p. vii와 비교할 것.) 모든 비유에 담긴 일관된 생각은 이렇다. 길고 지루하기까지 하며 이따금 사소하게 여겨지고, 최종 목적은 눈에 보이지도 않지만 진정한 목표가 있다는 것. 그러나 경로를 따라 여행하는 노고가 없다면 이 목표에 도달할 수 없다. 그러므로 방법에 대한 세부 정보 없이 목표를 가리키려 하는 것은 위험할 뿐 아니라 궁극적으로 잘못됐다. 궁극적인 목표에 대해 내가 이해한 바를 잠시 언급하겠다.

우리는 비트겐슈타인이 피커^{Ludwig von Ficker}에게 쓴 편지에서 《논리철학논고》에 대해 언급한 내용을 익히 알고 있다.

> 내 책은 이를테면 윤리적인 것의 영역에 내부로부터 경계를 긋는 것이며, 나는 이 방법이 경계를 긋는 유일하게 엄격한 방법이라고 확신합니다. 요컨대 오늘날 많은 다른 사람들이 그저 지껄여대는 모든 것에 대해 침묵함으로써 내 책에서 그것을 확고히 이해시키려 했습니다. [LF 94-95, B. F. 맥기니스 번역][13]

나는 이후의 모든 글은 이 기본적인 생각을 잇는 것이라고 감히 주장할 것이다. 비트겐슈타인의 모든 글에는 윤리적 관점이 드러난다. 그리고 그러기 위해 윤리적인 것이 확고하게 자리 잡도록 언어의 경계를 엄격하게 정한다. 윤리적인 것은 무엇으로도 설명되지 않는 반면 엄격한 사고에 의해 드러나는데, 그러려면 이 경계가 내부로부터 확립되어야 한다. 모든 과학적 지식, 그리고 이른바 상식이라고 불리는 것은 우리가 실제로 아는 내용 이상을 말하려 한다. (《청색 책》에는 '철학에서 어려운 점은 우리가 아는 것 이상을 말하지 않는 것이다'(B 45)라는 핵심 문장이 나온다.) 이처럼 언어의 경계를 엄격하게 정하려면 일종의 절제, 윤리적 요구, 매우 강한 본성적 성향의 거부가 필요하다. 언젠가 내가 비트겐슈타인에게 맥타가트^{John Ellis McTaggart}의 책 《존재의 본성》에 관해 이야기했을 때, 그는 이렇게 말했다. "이런 종류의 사고를 그만두려면 어떤 사람의 경우 영웅적인 용기가 필요할 것이다." 나는 비트겐슈타인의 글을 이해하려 할 때 부딪치는 어려움은 단순히 지적인 어려움만이 아니라 윤리적 요구라고 생각한다. 언제 어디에서든 진정으로 아는 것 외에는 말하지 않아야 한다는 단순한 요구 말이다.

나는 〈윤리학에 대한 강의〉를 다시 읽은 후에 방금 언급한 말을 더욱 명확하게 이해했다. 이 글은 비트겐슈타인이 철학에 특별히 관심이 없거나 철학 교육을 받지 않은 일반 청중을 대상으로 강연한 유일한 글이다. 내가 주장하려는 내용과 특별히 관련된 부분을 인용하겠다.

> 아마 이 강의에 참석한 많은 사람들이 조금 잘못된 기대를 갖고 오셨을 겁니다. 그러므로 이 점에서 여러분의 생각을 바로잡아 드리기 위해, 제가 이 주제를 선택한 이유가 뭔지 잠시 이야기하겠습니다. 여러분의 전 총무께서 나에게 여러분에게 논문 한 편을 읽어달라고 부탁했을 때, 처음 든 생각은 물론 그렇게 하겠다는 것이었고, 두 번째로 든 생각은 여러분 앞에서 말할 기회를 가질 거라면, 제가 여러분에게 꼭 전달하고 싶은 어떤 것에 관해 말해야겠고, 이 기회를, 이를테면 논리학에 관해 강의하기 위해 오용해서는 안 되겠다는 것이었습니다. (LE 3-4)

여기에서 우리는 그가 생각하기에 모든 사람이 이해해야 할 내용을 말할 거라고 확실하게 단언할 수 있다. 이제 이 강연의 골자와 최종 결론이 무엇인지 생각해보자.

> 우리는 본래적으로 숭고하고 다른 모든 주제들 위에 있을 수 있을 그런 주제를 가진 과학책을 쓸 수 없습니다. 저는 저의 느낌을 다음과 같은 은유로 기술할 수 있을 뿐입니다. 즉 만일 어떤 사람이 실제로 윤리학에 관한 책인 윤리학 책을 쓸 수 있다면, 이 책은 세상에 있는 다른 모든 책들을 폭음을 내면서 파괴할 것이라고 말입니다. 우리가 과학에서 사용하는 바와 같이 사용되는 우리의 말들은 의미와 뜻, 즉 자연적 의미와

뜻을 포함하고 전달할 수 있을 뿐인 그릇들입니다. 윤리학은, 만약 그것이 어떤 것이라면, 초자연적입니다. 그리고 우리의 말들은 오직 사실들만을 표현할 것입니다. 제가 하나의 찻잔에 1갤런의 물을 쏟아 부어도, 그 찻잔은 한 잔의 찻잔 가득할 만큼의 물만을 담을 것처럼 말입니다. (LE 7)

그리고 강의를 마칠 무렵 이렇게 말한다.

저는 마치 전광석화처럼 즉시 명료하게 봅니다. 제가 생각할 수 있는 어떤 기술도 제가 절대적 가치로 의미하는 것을 기술하기에 좋지 않다는 것뿐만 아니라, 어떤 사람이 혹시 제안할 수 있을지 모르는 모든 유의미한 기술을 그것의 유의미성을 이유로 **처음부터** 제가 물리치리라는 것을 말입니다. … 저의 모든 경향은, 그리고 제가 믿기로는 윤리학이나 종교에 대해 쓰거나 말하려고 시도해본 적이 있는 모든 사람의 경향은, 언어의 한계들로 달려가 부딪치는 것이었습니다. 우리의 새장 벽으로 이렇게 달려가 부딪치는 것은 완전히, 절대적으로 희망 없는 일입니다. (LE 11-12)

이 글에서 나는 그가 '나의 의도'를 말한 사실에 주목하려 한다. 그가 말한 '나의 의도'란 마음 깊이 느끼지만 억제하고 다스려야 하는 그의 내면의 무엇이다. 중요하다고 말할 수 있는 것의 영역 주변에 이처럼 부서지지 않는 단단한 경계를 긋는다는 것은 이 경계를 뛰어넘으려 애쓴 이들을 비난하거나 조롱하려는 것이 아니라, 오히려 감옥 밖을 벗어나려는 바로 그 힘과 열망을 강화하려는 것이다.

예를 들어보자. 깊은 신앙심과 놀라운 인격을 지닌 시몬 베유^{Simone Weil}

의 에세이 〈인간에 대한 의무 선언의 서곡〉은 다음과 같은 문장으로 시작한다.

> 세계의 외부에 실재가 있다. 다시 말해, 공간과 시간 바깥에, 인간의 정신적 세계 바깥에, 인간 능력에 접근할 수 있는 모든 영역 바깥에 실재가 있다. 인간의 마음 한가운데에는 이 실재에 상응하는 절대 선善을 향한 갈망, 언제나 그 자리에 있으며 이 세계 안의 어떤 대상에 의해서도 결코 달래지지 않는 갈망이 있다.[14]

처음 이 구절을 읽었을 땐 그야말로 'Os meum aperui, et attraxi spiritum(입을 크게 벌리고 헐떡입니다)'[15]를 외치고 싶은 심정이었다. 하지만 누군가는 이렇게 말했을지 모른다. "대체 무슨 소리요, 공간과 시간의 바깥이라니?" '바깥'이라는 단어는 공간과 시간의 범주 안에서만 의미를 갖는다. 이 말은 완벽하게 논리적 결함을 드러낸다. '공간과 시간의 바깥'이라는 말은 '하늘의 반대편'이라는 플라톤의 아름다운 표현과 같은 의미다. 그런데 누군가가 "이 세계의 어떤 대상으로도 결코 채우지 못할 절대 선을 나는 더 이상 갈망하지 않는다"며 또다시 이의를 제기한다면, 그런 갈망을 어떻게 일으킬 수 있을까? 모든 인간의 마음 한가운데에 그러한 갈망이 있다는 심리학적 주장을 무슨 권리로 내세울 수 있을까? 그러나 누구든, 그가 어떤 사람이라 할지라도, 이 갈망을 일으킬 힘을 잃었다고 가정해서는 안 된다고 시몬 베유가 계속해서 주장한다면 나는 그녀가 옳다고 믿는다. 그렇다면 어떻게 해야 절대 선을 향한 갈망이 일어날 수 있을까? 내 생각에 간접적인 의사소통에 의해서만 가능할 것 같다. 이렇게 '말할 수 있는 것'의 영역을 제한함으로써 우리는 정신적 폐쇄공포증의 느낌을 자아낸다.* 이를테면 내부에서부터 변증법이 이루어져야 하는 것이다. 모든 자연과학과 심지어 일상 언어의 표현 아래에서조차 형이상학이 숨어 있는데, 이것은 드러내어 없애야 한다. 그러면 "진부한 유물론과 진부한 신학이 유령처럼 사라진다." 그러나 이 사라짐은 고통스러우며 윤리를 요구한다.

혹시 내가 비트겐슈타인 글에서 실제로 발견할 수 없는 해석을 하고 있는 것은 아닐까 하고 많은 사람들이 생각할지 모르겠다. 비트겐슈타인에 관한 많은 저작들과 나 자신과의 견해 차이를 고려할 때 어쩌면 그럴지도 모른다. 폰 브릭트 교수가 설명한 해석의 '다양성'으로 다시 돌아가 보자. 물론 비트겐슈타인이 수학의 토대, 기호논리학, 심리학 용어 등 철학의 많은 측면에 관심을 가진 건 분명하다. 나는 우리가 그의 글에 함축된 의미들을 최대한 이해하려 한다면, 이러한 특정 관심사와 더불어 윤리적 요구를 발견해야 한다고 주장하고 싶을 뿐이다. 그의 글을 심오하게 만드는, 절대적인 것the absolute을 위한 이런 주의 깊은 태도는 그를 추종한 이들이나 그의 복잡한 사상을 단순화하려 애써온 이들에게서 내가 발견하지 못한 것이다.

언젠가 그와 나눈 대화의 일부를 생생하게 떠올리노라면 이런 내 확신이 더욱 강해진다. 나는 '떠올린다'는 단어를 강조하겠다. 또한 그의 말을 인용할 때 내 기억이 잘못되지 않았으리라 믿으며, "그가 … 라고 말한다"와 같은 표현을 반복하지 않기 위해 직접 화법을 사용한다. 그러나 내가 이런 식으로 그의 말을 인용할 때마다 독자들은 다음과 같은 지시문을 마음속으로 추가해야 할 것이다. '내 기억이

---

* "그러나 세계 내에서 일어나는 이러한 불안은 우리가 그것과 다른 존재라는 유일한 증거이다(Diese Angst in der Welt ist aber der einzige Beweis unserer Heterogenität)" – J. G. 한만.

정확하다면, 그는 이런 취지로 이런 말을 했을 것이다.'(내가 비트겐슈타인에게 보즈웰James Boswell의 《존슨의 생애Life of Johnson》를 건넸을 때, 그는 보즈웰 역시 유사한 방식을 이용해 인용문을 다루기 위해 세심하게 주의를 기울였다고 특별히 칭찬했다.)

기억들을 산발적인 기록으로 남용하지 않기 위해, 폰 브릭트 교수의 〈전기적 소묘〉 가운데 일부를 인용하여 약간의 체계를 마련하겠다. 그의 글은 이렇다.

비트겐슈타인은 좁은 의미의 철학자들보다는 철학, 종교, 시의 경계에 있는 일부 작가들에게 더 깊은 인상을 받았다. 성 아우구스티누스, 키르케고르, 도스토옙스키, 톨스토이가 여기에 해당한다. 성 아우구스티누스의 《고백록》에서 철학에 관한 부분은 비트겐슈타인의 철학 방식과 놀랄 만큼 유사한 점을 보인다. 비트겐슈타인과 파스칼 사이의 유사점은 상당히 예리해 더 자세히 연구할 가치가 있다. 또한 비트겐슈타인은 그가 매우 존경하는 오토 바이닝거의 글을 소장하고 있다는 사실도 언급해야겠다.

나는 위에 언급된 인물들을 다룰 터인데, 많은 주제들이 내가 회상한 대화들을 한데 연결하며 내가 제시하려 한 해석이 크게 틀리지 않다는 내 믿음을 강화하기 때문이다. 순서는 위 인용문에 제시된 순서가 아니라, 내 기억에 비트겐슈타인이 나에게 처음 그들을 언급했던 연대순이다.

도스토옙스키와 톨스토이
비트겐슈타인과 처음 진지한 대화를 나누었을 때, 나는 성공회 사제로 서품을 받기 위해 케임브리지에 왔다고 말했다.

비트겐슈타인 그걸 비웃는 게 아니야. 이런 문제를 비웃는 사람이라면 허풍선이거나 더 시시한 사람이겠지. 그렇지만 찬성은 할 수 없겠군. 그래, 찬성할 수 없네. 자네는 지성을 갖추었어. 지성이 가장 중요한 요소는 아니지만, 그것을 등한시해서는 안 돼. 일요일마다 설교하는 자네 모습을 상상해봐. 자네는 설교를 할 수 없을 거야, 도저히 할 수 없겠지. 나는 자네가 기독교에 대한 철학적 해석 내지 옹호론을 자세하게 설명하려 할까봐 두려워. 기독교의 상징주의는 더할 나위 없이 훌륭하지만, 사람들이 그것으로 철학 체계를 만들려 한다면 역겨울 것 같아. 마을마다 이런 것들을 상징하는 사람이 있어야 한다는 건 언뜻 훌륭한 생각 같겠지만, 그런 식으로 도움이 된 적이 없어. 러셀과 교구 목사들이 엄청난 해를 입혔지, 엄청난 해를 입혔어.

이어서 그는 최근 종교에 관해 매우 중요한 사실을 피력한 단 두 명의 유럽 작가가 있다고 말하면서 톨스토이와 도스토옙스키를 소개했다. (흥미롭게도 이때 그는 키르케고르를 언급하지 않았다.) 그는 나에게 다음 휴가 때 《카라마조프가의 형제들》과 《죄와 벌》 그리고 《스물 세 개의 이야기》라는 제목의 톨스토이 단편집을 읽어보라고 권했다.
휴가가 끝나고 우리가 다시 만났을 때 그는 이 책들에서 어떤 감동을 받았는지 물었다.

비트겐슈타인 전쟁 후 오스트리아 어느 마을의 학교 선생으로 있었을 때 《카라마조프가의 형제들》을 몇 번이나 반복해서 읽었지. 그 마을 목사에게 크게 소리 내어 읽어주기도 했네. 자네도 알다시피 사람들 마음을 들여다보고 그들에게 삶의 길을 알려주는 조시마 장로 같은 사람들이 실제로 있지 않나.

드루어리 전 톨스토이보다 도스토옙스키가 더 마음에 들어요.

비트겐슈타인 난 자네 생각과 달라. 톨스토이의 단편들은 영원히 남을 거야. 그의 단편은 모든 사람을 대상으로 쓰였지. 어떤 작품이 가장 마음에 들던가?

드루어리 《사람은 무엇으로 사는가》요.

비트겐슈타인 나는 '당신도 셋, 우리도 셋, 자비를 베푸소서'라는 기도밖에 할 줄 모르는 세 명의 은둔자 이야기를 가장 좋아하지.

이야기를 마친 후 이어서 그는 톨스토이의 형이 사망했을 때, 당시 러시아 정교회와 무척이나 거리가 멀었던 톨스토이가 교구 사제를 불러 러시아 정교회 의식에 따라 장례를 치렀다고 말했다. "비슷한 상황이라면 나도 그렇게 했어야 했겠지."(몇 년 뒤 비트겐슈타인이 사망한 날 저녁, 그가 부른 친구들, 앤스컴 양, 스마이시스 씨, 리처즈 박사, 그리고 나는 비트겐슈타인의 장례 절차를 결정해야 했다. 그런데 아무도 선뜻 이야기를 꺼내려 하지 않자 나는 그와 나눈 대화 내용을 말했고, 망자를 묻을 때 로마 가톨릭 신부가 무덤 옆에서 드리는 일반 기도문을 바쳐야 한다는 데 만장일치로 동의했다. 나중에 이 일이 잘못 소문이 난 바람에 이후로 나는 당시 우리가 결정한 장례 절차가 과연 옳았는지 고민했다.)

키르케고르

케임브리지의 도덕과학클럽 모임을 마치고 토론을 할 때 비트겐슈타인은 쇠렌 키르케고르의 이름을 언급했다. 나는 폰 휘겔Friedrich von Hügel 남작의 글을 통해 이미 이 저자의 인용문들을 접한 바 있었다. 이 인용문에 매우 깊은 인상을 받아, 혹시 영어로 번역된 키르케고르의 글이 있는지 알고 싶어 대학교 도서관 목록을 열심히 뒤졌지만 아무런 성과가 없었다. 그래서 다음 날 비트겐슈타인과 단둘이 있을 때 그에게 키르케고르에 대해 자세히 이야기해달라고 부탁했다.

비트겐슈타인 키르케고르는 지난 세기에 단연코 가장 심오한 사상가였지. 키르케고르는 성자였어.

계속해서 그는 키르케고르의 글에 상당히 큰 부분을 차지하는 세 가지 범주의 생활방식에 대해 말했다. 첫째는 현세에서 최고의 즐거움을 얻는 것이 목적이라는 심미적 범주이고, 둘째는 의무의 개념은 포기를 요구한다는 윤리적 범주이며, 셋째는 바로 이 포기 자체가 기쁨의 원천이 된다는 종교적 범주이다.

비트겐슈타인 이 마지막 범주에 관해 나는 그것이 어떻게 가능한지 이해하는 척하지 않겠네. 나는 어떠한 것도, 심지어 커피 한 잔 마시고 싶은 욕구조차 자제한 적이 없으니까. 그러니까 나는 키르케고르가 믿은 내용을 믿지는 않지만, 이 문제에 대해 말하자면 우리가 즐기기 위해 사는 건 아니라고 확신해.

몇 년 뒤 월터 라우리Walter Lowrie가 키르케고르의 글 대부분을 영어로 번역해 출간했을 때, 비트겐슈타인은 이 번역가의 형편없는 문체를 못마땅하게 여겼다. 덴마크어 원본의 우아함을 전혀 재현하지 못했다는 것이다.

얼마 후에는 그의 학생이 편지로 로마 가톨릭교회의 신자가 되었다고 말하자, 비트겐슈타인은 학생과 나눈 대화에 부분적으로 책임을 느낀다고 말했다. 이 학생에게 키르케고르를 읽으라고 조언한 사람이 바로 자신이었기 때문이다. 비트겐슈타인은 학생에게 이렇게 답을 보냈다고 했다. "어떤 사람이 줄타기 곡예사 복장을 샀다고 말한다 해도, 그가 그 옷을 입고 무슨 재주를 보여주기 전까지 나는 아무런 인상을 받지 않겠네."

생애 말년에 그가 이곳 더블린에서 마지막으로 머무르던 시기에, 우리는 함께 산책을 하면서 키르케고르 글의 주제에 대해 다시 언급했다.

드루어리 저에게 키르케고르는 언제나 새로운 범주에 눈을 뜨게 하는 사람인 것 같습니다.

비트겐슈타인 물론이야. 새로운 범주를 소개하는 것, 바로 그것이 키르케고르의 업적이지. 하지만 그의 글을 다시 읽을 수는 없겠더군. 그의 글은 너무 장황한데다 같은 이야기를 끝도 없이 하고 또 하니 말이야. 키르케고르를 읽을 때마다 나는 늘 이렇게 말하고 싶었어. '그래 알았어. 동의해, 동의한다고. 그러니까 제발 다음 이야기로 좀 넘어가.'[16]

최근에 나는 키르케고르의 《비학문적 후서Concluding Unscientific Postscript》을 다시 읽었는데, 일부 문장들은 내가 비트겐슈타인 저서에서 주목하려 했던 윤리적 관점의 예가 될 것 같다. 따라서 내 논점을 명확히 하기 위해 이 문장을 인용하겠다. 인용문은 데이비드 스웬슨David Swenson의 번역을 참고했다.

각자 오로지 스스로 해야 하는 일에 관하여 한 사람이 다른 사람을 위해 할 수 있는 가장 최고의 일은 그에게 걱정과 불안을 일으키는 것이다.

종교적 영역에서 뛰어나다는 것은 각기 다른 영역을 서로 분리하는 질적 변증법$^{qualitative\ dialectic}$으로 인해 일종의 퇴보에 해당한다.

윤리적으로 말하면, 눈부신 예술 경력을 말 한 마디 없이 포기하는 것은 어쩌면 최고의 파토스일 것이다.

무언가에 대해 말함으로써 그것에 대해 말하지 않음을 증명할 수 있다는 사실은 정말 놀랍다. 그것에 대해 말하지 않아야만 말하지 않음을 증명할 수 있을 것 같았는데 말이다.

변증법 자체로는 절대적인 것$^{the\ absolute}$을 알 수 없지만, 이것은 이를테면 개인을 그곳으로 이끈다.

이 부분에 대해 비트겐슈타인과 이야기를 나눈 적은 없지만 한 가지 덧붙이고 싶은 말이 있다. 나는 키르케고르가 '패러독스'니 '부조리' 같은 단어를 자주 사용하는 것에 비트겐슈타인이 동의했으리라 생각하지 않는다. 여기에는 분명히 언어의 장벽을 넘어서려는 의도가 있다.

성 아우구스티누스

나는 무어 교수의 강의를 수강한 적이 있다. 당시엔 무어 교수에게 가르침을 받는다는 것이 얼마나 소중한 기회인지 알지 못했다. 첫날 강의를 시작하면서 무어 교수는 대학 요람을 펼치더니 이번 학기 강의 주제들을 소리 내어 읽기 시작했다. 마지막 강의 주제는 '종교 철학'이었다. 계속해서 무어는 딱히 할 말이 없는 이 마지막 주제를 제외하고 앞에 열거한 모든 주제들을 가르치겠다고 말했다. 나는 그런 중요한 주제에 관해 입을 다물 권리가 철학 교수에게 없지 않느냐고 비트겐슈타인에게 말했다. 그러자 비트겐슈타인은 대뜸 성 아우구스티누스의《고백록》을 구할 수 있는지 물었다. 나는 로엡 고전총서 판을 건넸다. 순식간에 원하는 구절을 찾는 걸로 보아 그는 이 책을 훤히 알고 있었던 것 같았다.

비트겐슈타인 성 아우구스티누스도 이런 상황에서 자네처럼 말했을 거야. "Et vae tacentibus de te quoniam loquaces muti sunt." 하지만 자네가 가진 판본의 번역은 요점을 완전히 놓치고 있어. 이 내용을 번역하면 이렇다네. "그리고 당신에 대해 가장 많이 떠드는 사람들이 어리석다는 것을 알고 당신에 대해 말하지 않은 자들에게 화가 있을 것입니다." 하지만 이렇게 번역되어야 하지. "그리고 수다쟁이들이 헛소리를 무수히 지껄인다는 이유만으로 당신에 대해 침묵을 지키는 자들에게 화가 있을 것입니다." 'Loquaces(수다쟁이들)'은 경멸을 드러내는 단어지. 나는 신이나 종교에 대해 자네에게 이야기하길 거부하지 않을 거야.

이어서 그는 성 아우구스티누스의《고백록》은 아마도 '지금까지 쓰인 가장 진지한 책'이라고 생각한다고 말했다. 그는《신국론》을 읽어보려 했지만 잘 읽히지 않았다고 했다.

　잠시 후 나는 비트겐슈타인에게 방금 출간된 테넌트[Frederik Robert Tennant] 박사의 책《철학적 신학》을 읽고 있다고 말했다.

비트겐슈타인 그런 제목은 어딘가 상스럽게 느껴져.
드루어리 테넌트 박사는 '목적론적 증명'을 복잡한 방식으로 되살리려 해요.
비트겐슈타인 자네도 알다시피 내가 현 시대를 좋게 말하는 사람이 아니지만, 그 제목은 나쁜 의미로 '구식' 같네.

드루어리 테넌트는 "확률은 인생의 안내자다" 같은 버틀러 주교의 경구를 반복하길 좋아하더군요.

비트겐슈타인 성 아우구스티누스가 신이 존재할 '확률이 매우 높다'고 말하는 걸 상상할 수 있겠나!

이 대화 직후 그는 나에게 라틴어 원문으로 된 성경을 읽도록 권하면서 불가타 역본 신약성경을 보냈다. 그리고 라틴어 성경을 읽다 보면 전혀 새로운 인상을 받게 될 거라고 말했다. 또한 일찍이 그와 무어가 로마서를 읽기로 계획한 적이 있었는데 얼마 가지 않아 계획을 접어야 했다는 말도 했다. (몇 년 뒤 그가 더블린에서 생활할 때, 그는 한때 복음서의 종교가 성 바오로 서한에서 말하는 종교와 전혀 다르다고 생각했지만, 지금은 자신의 생각이 틀렸으며 서로 같은 종교라는 걸 알게 됐다고 말했다.)

성 아우구스티누스에 관한 짧은 언급을 마치기 전에 《고백록》의 마지막 몇 개의 문장을 인용하겠다. 〈윤리학에 대한 강의〉가 이 글에 대한 일종의 주석서로 간주된다고 생각하기 때문이다.

Tu autem bonum nullo indigens bono semper quietus es … Et hoc itellegere quis hominum dabit homini? Quis angelus angelo? Quis agelus homini? A te petatur, in te quaeratur, ad te pulsetur: sic, sic accipietur, sic invenietur, sic aperietur.[17]

오토 바이닝거

폰 브릭트 교수는 비트겐슈타인이 오토 바이닝거의 글을 높이 평가했다고 언급한다. 내 생각에 여기에는 어떤 부연이 필요할 것 같다. 실제로 비트겐슈타인은 나에게 바이닝거의 《성과 성격*Sex and Character*》[18]을 읽도록 권하면서 뛰어난 천재의 작품이라고 말했다. 그는 프로이트가 브로이어와 함께 발표한 첫 번째 저서 《히스테리 연구》에서 제시한 향후 사상의 중요성을 바이닝거가 23살의 나이에 벌써 인식했으며, 그 이전까지 누구도 이를 크게 주목하지 않았다고 지적했다. 나는 《성과 성격》을 읽은 뒤 비트겐슈타인에게 이렇게 말했다.

드루어리 바이닝거는 편견으로 가득 찬 사람 같아요. 바그너에 대해 지나치게 칭찬을 늘어놓은 걸 보면 말입니다.

비트겐슈타인 맞아, 편견으로 가득 찬 사람이지. 젊은 사람만이 그처럼 편견을 가질 수 있으니까.

그런 다음 여성과 남성의 여성성은 모든 악의 근원이라는 바이닝거의 주제와 관련하여 이렇게 외쳤다. "어떻게 그처럼 잘못된 생각을 할 수 있지, 맙소사, 그는 완전히 틀렸어." 한번은 그가 나에게 바이닝거의 책에서 르네상스 시대의 학자인 피코 델라 미란돌라Pico della Mirandola의 글이 인용된 구절을 소리 내어 읽어달라고 했다. 라틴어로 쓰인 이 아름다운 산문은 그 가치에 비해 잘 알려지지 않았으며, 기술된 인간 본성에 대한 관점은 비트겐슈타인이 감탄스럽게 여기는 부분이기에 아래에 전문을 인용하겠다.

'Nec certam sedem, nec propriam faciem, nec munus ullum peculiare tibi dedimus, o Adam, ut quam sedem, quam faciem, quae munera tute optaveris, ea, pro voto, pro tua sententia, habeas et possideas. Definita ceteris natura intra praescriptas a nobis leges coercetur. Tu, nullis angustiis coercitus, pro tuo arbitrio, in cuius manu te posui, tibi illam praefinies. Medium te mundi posui, ut circumspiceres inde commodius quicquid est in mundo. Nec te caelestem neque terrenum, neque mortalem neque immortalem fecimus, ut tui ipsius quasi arbitrarius honorariusque plastes et fictor, in quam malueris tute formam effingas. Poteris in inferiora quae sunt bruta degenerare ; poteris in superiora quae sunt divina ex tui animi sententia regenerari.'

  O summam Dei patris liberalitatem, summam et admirandam hominis felicitatem! cui datum id habere quod optat, id esse quod velit. Bruta simul atque nascuntur id secum afferunt ⋯ e bulga matris quod possessura sunt. Supremi spiritus aut ab initio aut paulo mox id fuerunt, quod sunt futuri in perpetuas aeternitates. Nascenti homini omnifaria semina et omnigenae vitae germina indidit Pater ; quae quisque excoluerit illa adolescent, et fructus suos ferent in illo. Si vegetalia, planta fiet. Si sensualia, obrutescet. Si rationalia, caeleste evadet animal. Si intellectualia, angelus erit et Dei filius, et si nulla creaturarum sorte contentus in unitatis centrum suae se receperit, unus cum Deo spiritus factus, in solitaria Patris caligine qui est super omnia constitutus omnibus antestabit.[19]

비트겐슈타인은 이 구절을 다 읽자 이렇게 소리쳤다. "피코에 대해 더 읽고 싶을 만큼 정말 좋군."

파스칼

폰 브리크 교수는 파스칼의 글과 비트겐슈타인 글의 '뚜렷한 유사성'에 대해 이야기한다. 나는 파스칼에 대해 비트겐슈타인과 이야기를 나눈 기억이 전혀 없다. 그러나 여기에 덧붙일 만한 중요한 내용이 있으리라 생각한다. 파스칼의 강렬함, 진지함, 엄숙주의는 확실히 비트겐슈타인과 닮았다. 파스칼이 '결코 무심하게 만날 수 없는 귀한 특권Laberthonnière'을 지녔다는 말은 전적으로 옳다. 비트겐슈타인도 같은 찬사를 보냈을 것이다. 파스칼은 걱정과 불안을 일으키는 작가다. 비트겐슈타인과의 대화 역시 불안을 자아냈으며, 그의 글을 읽고 마찬가지로 불안을 느끼지 못한다면 오독한 것이다.

그러나 더 지적하고 싶은 말은, 내가 생각하기에 파스칼과 비트겐슈타인 사이에는 중요한 차이점들이 있다는 것이다. 《철학적 탐구》는 비트겐슈타인의 생각과 경구들을 아무렇게나 배열해 놓은 것처럼 보이는데, 확실히 파스칼의 《팡세》도 그렇다. 파스칼이 그가 구상한 대로 책을 썼다면 《팡세》는 우리가 지금 알고 있는 책과 전혀 다른 순서로 배열되었으리라는 것은 일반적으로 알려진 바다. 그러나 우리가 알다시피 비트겐슈타인은 자신의 책 내용을 끊임없이 재배치했고, 지금 우리가 가지고 있는 책의 순서대로 엄밀하게 순서를 정하기 위해 많은 시간을 들여 고민했다. 그러므로 《철학적 탐구》의 의의를 완전히 이해하려면 사상이 전개된 순서를 반드시 이해해야 한다.

두 번째 차이점은 이렇다. 파스칼에게 유일하게 진정한 종교는 기독교였고, 유일하게 진정한 기독교 형태는 가톨릭이었으며, 유일하게 진정한 가톨릭 정신의 표현은 포르루아얄(Port-Royal, 파스칼은 파리에서 남서쪽으로 15마일 떨어진 포르루아얄 수도원에서 엄격한 금욕주의자의 삶을 살았다 – 옮긴이)이었다. 비트겐슈타인은 바로 이 강렬함 때문에 파스칼의 좁고 깊음을 존경했을 테지만, 이런 배타성은 비트겐슈타인의 사유 방식과 맞지 않았다. 그는 일찍이 윌리엄 제임스^{William James}의《종교적 경험의 다양성》에 영향을 받았다. 그는 이 책이 큰 도움이 되었다고 나에게 말했다. 그리고 내가 잘못 아는 게 아니라면《종교적 경험의 다양성》과 같은 부류의 책들은 그의 사상에 줄곧 중요한 영향을 미쳤다.

비트겐슈타인 사람들이 자신의 신앙을 표현하는 방식은 굉장히 다르지. 아무리 미개한 사람이라 할지라도 진심에서 우러나는 신앙의 표현은 대단히 훌륭해.

〈프레이저의 황금가지에 대한 논평〉에서 그는 다음과 같이 말한다.

《고백록》의 매 페이지에서 아우구스티누스가 신을 부를 때, 그는 그러니까 오류에 빠져 있었는가? 글쎄, 사람들은 이렇게 말할지 모른다. 그는 오류에 빠져 있지 않았더라도, 전혀 다른 직관들을 표현하는 종교를 가진 불교의 성자는 — 또는 그 누구이건 간에 — 오류에 빠져 있었다고. 그러나 그들 중 **누구도**, 그가 이론을 수립한 경우를 제외한다면, 오류에 빠져 있지 않았다. [F 1]

세 번째이자 가장 중요한 차이는 이렇다. 파스칼은 일부 '신앙주의자들(fideism, 신앙주의는 종교적 진리는 이성이 아니라 신앙을 통해서만 파악된다는 입장이다. 파스칼은 종교적 진리의 추구에서 이성이 역할을 할 수 있다고 주장했다 - 옮긴이)'에게 비난을 받았다. 그리고《팡세》에는 이 비난이 타당하다고 여겨질 수도 있는 다음과 같은 구절들이 있다. "우

리는 스스로 어리석어야 한다Il faut s'abêtir." "퓌론의 회의주의는 진실하다
Le pyrrhonisme est le vrai." 비트겐슈타인은 결코 이렇게 쓸 수 없었을 것이다.

비트겐슈타인 드루어리, 신성한 것들에 너무 익숙해져서는 안 되네.

'신앙주의'라고 불리는 개념의 본질적 오류는 신성한 것들에 대해 모든 사람이 익히 잘 아는 지식을 취함으로써 모든 난제를 피해간다는 것이다.

키르케고르는 신앙을 '묵상 후의 직접성'이라고 말했으며, 내 생각에 비트겐슈타인은 이 표현에서 아무런 흠을 찾지 않았을 것이다.

새뮤얼 존슨 박사

폰 브릭트 교수의 〈전기적 소묘〉에서 인용한 목록에 새뮤얼 존슨 박사의 이름을 추가하겠다.

어느 날 우리가 기도에 대해 이야기를 나눌 때, 나는 고대 라틴어 전례 기도문들과 영국 성공회 기도서에 수록된 이 기도문들의 번역이 매우 인상 깊었다고 비트겐슈타인에게 말했다.

비트겐슈타인 맞아, 이 기도문들을 읽고 있노라면 수 세기 동안 이어온 신을 향한 예배에 푹 잠겨있는 듯한 느낌이 들지. 나는 이탈리아에서 전쟁 포로로 있을 때, 일요일마다 강제로 미사에 참여해야 했어. 그런 강제 조치가 아주 마음에 들었지.

계속해서 그는 한때는 매일 주기도문을 암송하는 것으로 하루를 시작한 적도 있었지만, 언젠가부터 그러지 않았다고 말했다. 그런 습관

을 더 이상 지속하지 않은 이유는 말하지 않았다.

비트겐슈타인 주기도문은 지금까지 글로 쓰인 가장 훌륭한 기도문이야. 아무도 그런 기도문을 만들지 못했지. 하지만 기독교는 기도를 많이 해서 이루어진 종교가 아니며, 사실상 우리는 정반대로 움직이도록 강요받고 있다는 걸 기억해야 해. 자네와 내가 종교적인 삶을 살려 한다면, 종교에 대해 많이 떠들 게 아니라 어떻게든 삶이 달라져야 하지.

이야기를 나눈 지 며칠 후, 그는 존슨 박사가 쓴 작은 책《기도와 명상》을 나에게 주었다. 지금 내 앞에 이 책이 놓여 있다. 비트겐슈타인은 책의 면지에 다음과 같이 썼다. "친애하는 드루어리, 괜찮은 판본은 아니지만 내가 구할 수 있는 유일한 판본이야. 자네 마음에 들었으면 하네."

맬컴 교수는 그의 회고록에서 비트겐슈타인이 그에게도 이 책을 한 권 주었다고 언급한다. 아마 그는 다른 사람들에게도 이 책을 선물했으리라 생각한다. 이 책이 그의 마음에 그토록 강렬하게 와 닿은 이유는 짧은 기도문, 깊은 진지함, 자신의 삶을 개선할 수 있는 은총을 달라는 존슨의 반복된 간청 때문이었을 것이다.

*

나는 비트겐슈타인과 윤리와 종교에 관해 나눈 대화를 얼마간 밝히려 했다. 이 시도를 가장 잘 마무리하는 방법은 그가 나에게 쓴 한 통의 편지를 인용하는 것이 아닐까 생각한다. 그가 이 편지를 쓴 때는 내가 병원에서 처음 근무를 시작해 나 자신의 무지와 미숙함으로 괴로워하던 시기였다. 그에게 이런 내 사정을 이야기하자, 그는 처음엔 순전히 나의 경험 부족 탓이라고 일축했지만 다음 날 아래와 같은 편지를 보냈다.

친애하는 드루어리에게

일요일에 우리가 나눈 대화에 대해 많이 생각한 끝에, 이 대화에 관해 몇 가지 말하고 싶어졌네. 정확히는 말보다 글로 전하고 싶어. 내 생각은 대체로 이렇다네. 자네를 생각하지 말고, 다른 사람들, 예를 들어 자네 환자들을 생각하게. 어제 공원에서 자네는 의사로 계속 일하겠다는 것이 잘못된 생각은 아닌지 모르겠다고 말했지. 그러고는 이런 생각을 하는 건 어쨌든 옳지 못하다고 바로 덧붙였네. 나 역시 그렇게 확신해. 하지만 의사가 되길 잘했다거나 그 길이 괜찮아서가 아니라, 의사가 되는 것이 잘못된 직업 선택과 아무런 관련이 없기 때문이지. 이것이 잘못된 길이라면, 무엇이 옳은 길인지 인간이 어떻게 알 수 있겠나? 그 당시 자네는 자네가 알기로 혹은 알아야 하는 것 가운데 간과한 게 아무 것도 없었으니 잘못한 게 없어. 잘못이 있다면 오직 이것만이 잘못이라고 할 수 있겠지. 그리고 설사 이런 면에서 잘못을 했다 하더라도, 이제 이것은 자네가 바꿀 수 없는 (통제할 수 없는) 안팎의 모든 환경처럼 일종의 소여所與로 간주되어야 할 거야. 중요한 건 자네가 원하는 세계를 생각하거나 꿈꾸는 것이 아니라, 자네가 존재하는 세계 안에 사는 것이지. 자네가 가까이 접하는 인간의 육체적 정신적 고통을 살핀다면, 틀림없이 자네 고민의 좋은 해결책이 될 거라고 믿네. 또 다른 방법은 필요할 때마다 휴식을 취하면서 마음을 가라앉히는 것이지. (그러려면 나와 함께 있어서는 안 되겠군. 나는 자네를 쉬게 하지 않으니.) 종교적 사고에 관해 말한다면, 나는 평온을 향한 갈망을 종교적이라고 생각하지 않아. 내 생각에 종교인이라면 평온이나 평화를 인간이 좇아야 할 무엇이 아니라 하늘이 내려준 선물로 여길 거야. 자네의 환자들을 고통에 빠진 인간으로 세심하게 살피고, 많은 이들에게 '안녕히 주무세요'라는 인사를 할 기회를 더 많이 누리게. 이것만으로도 많은 이들이 부러워할, 하늘이 내린 선물을 갖게 되는 거야. 그리고 이 방법이 자네의 소모된 영혼을 치유하리라 믿네. 이런다고 지친 영혼이 쉼을 얻진 않겠지만, 자네가 기분 좋게 피로할 때 잠시 휴식을 취할 수는 있겠지. 어떤 의미에서 자네는 사람들의 얼굴을 충분히 가까이에서 보지 않는 것 같아.

나와 대화를 할 땐 좋은 경험이겠다 싶은 이야기를 하려고 너무 애쓰지 말고(어쨌거나 그런 경험은 결코 얻지 못하겠지만), 가장 유쾌한 여운을 느낄 수 있는 대화를 하려고 애쓰게. 가장 중요한 건 우리가 함께 보내도록 허락받은 시간을 낭비했노라고 훗날 스스로에게 말하지 않는 것이지.

좋은 생각을, 그러나 무엇보다 좋은 기분을 갖길 바라네.

비트겐슈타인과의 대화

M. O'C. 드루어리

비트겐슈타인을 알고 지내며 그와 함께 토의한 몇 년 동안, 이따금 나는 마음속에 담아두고 싶은 말들을 내 일기에 — 나만 보기 위해 — 기록했다. 따라서 대화가 돌연 끊기고, 이야기에 일관성이 없으며, 정확한 날짜가 기입되지 않을 수 있다. 그러나 내용을 기록한 날짜의 순서는 정확하다고 말할 수 있다.

이 기억들을 죽을 때까지 간직하는 것이 옳았을까? 모르겠다. 비트겐슈타인이 말한 모든 내용이 기록되어야 한다고 생각하는 건 물론 아니다. 일어난 사건들 가운데 일부는 보편적인 것이라기보다 사소하고 개인적인 관심사로 보일 것이다. 그러나 당시 그 일들은 나에게 깊은 인상을 주었고 기억에 깊이 새겨졌기에 나는 그런 일들도 포함시켰다. 다음 세대가 단지 철학사의 중요한 인물로 비트겐슈타인을 아는 것이 아니라, 친절하고 너그러우며 성급하고 별난 구석이 있는 한 개인으로 그를 이해하는 것이 중요하다고 생각하기 때문이다.

구체적인 철학적 문제에 대해 자세한 논의가 없어 독자들이 실망할지 모르겠다. 그런데 사실 그런 논의는 해본 적이 없다. 그는 나에게 자신의 강의를 수강하게 하고, 도덕과학클럽에서 그와의 토론에 참여하게 했지만, 우리끼리 있을 땐 철학에 대해 토론하고 싶어 하지 않았다. 내가 의대에 입학했을 때 실제로 그는 나와 토론하지 않겠다고 분명히 말했다. 그의 사고가 나보다 크게 앞서 있어, 내가 감당하지 못한 채 그의 생각을 맥없이 따라갈 위험이 있다고 생각했던 것 같다. 그는 나에게 스스로 생각하도록 끊임없이 권했다.

여기에 실린 많은 대화들은 종교와 관련된 것이다. 그러므로 그가 자신의 수준에서, 따라서 낮은 수준으로 말할 수밖에 없다고 자주 나에게 일러두었음을 밝혀야겠다.[20] 이와 관련하여, 그는 때때로 통속적인 프랑스 속담을 사용했는데 어쩌면 이곳에 언급하기에는 너무 속된 표현일지 모른다. 몇 해 뒤에 일부 종교적 사안에 관한 그의 견해가 바뀌고 심화된 것처럼, 훗날 그는 이 에세이의 앞부분에 언급된 일부 견해 역시 부인했으리라 짐작된다. 우리가 처음 대화를 나누었을 때 그는 '신학' 같은 과목은 없다고 말했는데, 그의 생애 말년에 그 사실을 상기시키자 이렇게 대꾸했다. "당시엔 그처럼 어리석은 말도 했을 거다."

그와의 토론에서 자주 말문이 막히고 어리석게 구는 내 모습에 스스로 답답함을 느꼈던 것처럼 독자들 역시 짜증이 날지 모르겠다. 내가 그에게 맞서면서 더 자세히 설명해달라고 요구할 수 있었더라면 우리의 대화가 얼마나 흥미진진했을까! 하지만 비트겐슈타인과 논쟁을 벌이려면 정신과 언어 능력 면에서 민첩함은 물론이고 약간의 고집스런 용기도 필요했는데, 나에게는 이런 장점들이 없었다. 비트겐슈타인 사망 후 나는 시몬 베유의 글을 접하게 됐다. 나의 젊은 시절에 비트겐슈타인이 그랬듯 그녀의 글들은 이후 내 사고에 깊은 영향을 끼쳤다. 그러므로 오늘날 이 회상록을 쓰고 있는 필자가 회상록에서 대화하던 당시의 내 모습처럼 아주 피상적인 사람이 아니길 바란다.

나는 이 대화들에서 '나'라는 단어가 계속해서 반복되는 것을 유감스럽게 생각한다. 그러나 비트겐슈타인이 언급한 내용에 앞뒤 맥락이 제공되지 않는다면 그 내용의 의미를 잃게 될 것이다. 거의 모든 경우 그의 말은 특정한 장소, 시간, 기분과 관련이 있다고 생각한다. 따라서 이러한 내용들을 모두 포함했다. 존슨은 보즈웰에게 이런 세부사항을 생략하지 말도록 권했는데, 나 역시 그의 조언을 따랐다. 그런데 아무리 최근의 일이라 할지라도 기억에는 기만적인 속성이 있기 마련이다. 우리는 다만 수용할 수 있는 내용만 기록할 뿐이다. 그러므로 어쩌면 나는 그가 실제로 한 말을 왜곡했거나 잘못 해석했을지 모른다. 독자들은 회상록을 읽는 동안 이 점을 유념하기 바란다.

요약해서 말하면, 이 에세이는 아마추어 사진가가 평범한 카메라로 찍은 스냅사진 앨범이라고 할 수 있다. 비트겐슈타인을 잘 아는 이들에게는 일부 사진이 초점이 맞지 않는 것처럼 보일지 모르지만, 그 점에 대해 그들과 언쟁을 벌이고 싶지 않다. 이것은 비트겐슈타인의 초상화가 아니며 나는 그것을 그릴 능력이 없었다.

1929년

브로드Charlie Dunbar Broad 박사의 회의실에서 열린 도덕과학클럽 모임. 옥스퍼드 대학교 출신의 프리처드가 '윤리학'에 관한 논문을 읽었다. 이제 막 토론이 궤도에 올랐을 무렵, 누군가가 이 논문에 매우 적절한 비판을 시작했다. 나에게는 그 사람이 보이지 않았다. 토론은 평소보다 훨씬 활발하게 이루어졌다. 나는 내 옆에 앉은 사람에게 지금 논문에 이의를 제기하는 사람이 누구냐고 물었다. 그는 《논리철학논고》의 저자인 비트겐슈타인이라고 말했다. 내가 이해하는 바에 따르면 비트겐슈타인의 주장은 이랬다. 두 사람이 합의된 목적을 위한 최선의 수단에 대해 언제든 토론할 수 있다 할지라도, 그 자체로 절대적인 목적이 무엇이냐 하는 논쟁은 있을 수 없다. 그러므로 윤리학은 존재할 수 없다.

나는 비트겐슈타인을 점심식사에 초대하면서, 도널드슨에게 와서 함께 그를 만나달라고 부탁했다. 30분이나 기다려도 비트겐슈타인이 도착하지 않아 우리는 먼저 식사를 시작하기로 했다. 우리가 식사를 거의 마칠 무렵에야 그가 도착했다. 그는 아무것도 먹고 싶지 않다고 말했다. 비트겐슈타인은 거의 말이 없었고 불편한 기색이 역력해 대화가 상당히 힘들었다. 그때 그가 '유명인사 취급'을 받는 걸 싫어한다는 것을 깨달았다. 그를 케임브리지 오찬 모임에서 흔히 오가는 수다에 가세할 줄 아는 부류일 거라고 생각한 것은 내 실수였다.

도널드슨은 일찍 자리를 떠야 했고, 그가 간 후에 비트겐슈타인과 나는 난롯가에 가서 앉았다. 비트겐슈타인은 나에게 철학을 공부하는 이유를 물었다.

드루어리 학생 시절에 엑서터의 공공도서관에서 두 권으로 이루어진 알렉산더^{Samuel Alexander}의 책 《공간, 시간 그리고 신》을 보았습니다. 제목이 꽤나 흥미로워 책을 살 때까지 도저히 기다릴 수 없었어요. 하지만 막상 책을 펼치고 보니 한 글자도 이해할 수가 없는 겁니다. 그래서 생각했지요. 철학을 공부하면 이런 글을 이해할 수 있겠구나 하고 말이에요.

비트겐슈타인 오, 이해가 되는군. 철학의 '위대한 문제들'에 대해 이야기하는 것이 맞다면, 그 문제들이 놓인 곳이 바로 공간, 시간, 그리고 신이지. 내가 맨체스터에서 학교에 다녔을 때 한때는 알렉산더를 보러 가야겠다고 생각한 적이 있었는데 결국 쓸데없는 짓이라고 판단했어.

드루어리 그 다음엔 계속해서 밀^{John Stuart Mill}의 《논리학》을 읽었는데, 처음엔 잔뜩 기대에 차서 읽기 시작했지만 다 읽었을 땐 거의 배운 게 없다는 사실에 크게 실망했습니다.

비트겐슈타인 물론 사고하는 방법을 가르치는 책이 있다고 생각한다면, 그 책이 세상에서 가장 중요한 책으로 보였을 테지. 하지만 사실 그런 책은 없다네.

계속해서 우리는 최근에 있었던 도덕과학클럽 모임에 관해 토론했다. 그는 프리처드의 논문이 아주 형편없다고 생각한다고 말했다. 모임이 끝난 뒤 그는 브로드에게 이야기하기 위해 뒤에 남아 그 의견을 피력했다. 그러나 브로드는 비트겐슈타인의 의견을 아주 냉담하게 받아들였으며 자신은 프리처드 교수를 매우 높이 평가한다고만 대답했다.

*

이날 오후 비트겐슈타인은 나에게 함께 산책을 하자고 제안했다. 우리는 매딩리까지 갔다가 되돌아왔다. 그가 나에게 어린 시절 이야기를 해달라고 했다. 알고 보니 우리는 둘 다 똑같이 상상의 나라를 세우고 개인 암호를 만들어 그 나라 역사를 쓰면서 놀았다. 그는 이것이 아이들이 흔하게 즐기는 놀이인 줄 알았다고 말했다. 이어서 그는 어릴 때 병적인 공포로 무척 힘들어 했다고 말했다. 그의 집 화장실 벽에 회반죽이 조금 떨어져 나갔는데, 평소에 항상 오리처럼 생겼다고 생각했던 그 무늬가 무서워졌다고 했다. 보슈Hieronymus Bosch가 그린 〈성 안토니오의 유혹〉에서 괴물들 모습이 연상되었던 것이다. 맨체스터에서 학교에 다닐 때에도 이따금 병적인 공포로 괴로워했다. 침실에서 거실에 가려면 층계참을 지나야 했는데 간혹 이곳을 지나는 것이 몹시 두려웠다. 우리는 그런 이야기를 하면서 무척 유쾌하게 걷고 있었는데, 그가 문득 걸음을 멈추더니 아주 진지하게 나를 바라보았다.

비트겐슈타인 내가 종교적 감정만이 그런 두려움을 치유할 수 있다고 말하면, 자네는 나를 미쳤다고 생각하겠지, 정신병자라고 생각할거야.

나는 전혀 이상하게 생각하지 않으며, 아일랜드에서 돌아올 때 종교의 힘 같은 어떤 힘을 알게 됐다고 말했다. 그는 내가 자신을 이해하지 못한다고 생각했는지, 내 대답을 못마땅하게 여기는 것 같았다.

비트겐슈타인 미신이 아니라 진짜 종교적 감정을 말하는 거라네.

이 대화 이후로 우리는 한동안 아무 말 없이 걷기만 했다.

*

매딩리에서 집으로 돌아오는 길에 나눈 대화가 마음에 걸려, 나는 케임브리지를 떠난 후 영국 성공회 사제로 서품을 받을 계획이라고 비트겐슈타인에게 말해야겠다고 생각했다.

비트겐슈타인 절대 비웃는다고 생각하지 말게. 하지만 찬성할 수는 없어, 아무렴, 찬성할 수 없네. 언젠가 그 사제복 칼라가 자네를 질식시키지 않을까 걱정이군.

이어서 우리는 성경에 대해 이야기했다. 나는 내 생각에 구약성경은 히브리 민족의 신화에 지나지 않으며, 실제 역사인지 아닌지는 전혀 중요하지 않다고 말했다. 그러나 나는 신약성경에 대해서는 전혀 다르게 생각하며, 실제 일어난 일을 기술한 게 아니라면 의미를 상실했을 거라고 말했다.

비트겐슈타인 나에게도 구약성경은 히브리 민족의 신화 모음이야. 그래, 나
도 그런 표현을 사용하곤 했네. 하지만 신약성경이 역사가들에 의
해 사실로 입증될 필요는 없어. 복음서에 예수로 묘사된 역사적 인
물이 결코 없었다 해도 달라질 건 없을 거야. 물론 어떤 유능한 권
위자도 그런 인물이 실존했다는 사실을 의심하지 않을 테지만.

*

오늘은 서품을 받으려는 내 의사에 대해 비트겐슈타인과 추가로 논의
했다.

비트겐슈타인 드루어리, 매주 설교를 해야 한다는 것이 무슨 의미인지 생각
해보라고. 자네는 할 수 없을 거야. 과거에 훌륭한 설교자들이 없었
다는 의미가 아니야. 오늘날 그런 사람들이 없다는 말이지.

나는 어릴 때 엑서터에서 앵글로 가톨릭 사제(성 올라브 교회의 교구 사
제인 E. C. 롱 신부)의 진지하고 깊은 신앙심에 크게 영향을 받았다고
그에게 말했다.

비트겐슈타인 그런 사람이 얼마나 감동을 주는지 알지. 그렇지만 딱 한 가지
이의를 제기하고 싶은 게 있는데, 그들에게 뭔가 편협한 점이 있다
는 거야. 어떤 주제에 대해서는 같이 논의할 수 없다는 느낌이 들거
든. 나는 한 가지 점에서 러셀에게 적극 동의하네. 내 말을 이해하
는 사람이라면 누구하고든 주제를 막론하고 거리낌 없이 토론하길
원한다는 거야. [그러더니 잠시 말을 멈추고는 한숨을 쉬면서 이렇
게 말했다.] 러셀과 교구 목사들은 서로 간에 엄청난 해를 입혔지,
엄청난 해를.

그가 러셀과 교구 목사들을 한꺼번에 비난하는 말을 들으니 당황스러웠다.

비트겐슈타인 나는 자네가 마치 일종의 증거를 필요로 하는 것처럼 기독교 신앙에 대해 어떤 철학적 정당화를 시도할까봐 두려워. 자네에게는 지성이 있어. 그것이 자네의 가장 큰 장점은 아니지만 무시해서는 안 될 중요한 부분이지.

가톨릭의 상징적 표현들은 말할 나위 없이 훌륭해. 하지만 그것을 철학적 체계로 만들려는 시도는 몹시 불쾌하네.

가장 원시적인 부족의 종교라 할지라도 모든 종교는 훌륭해. 사람들이 저마다 종교적 감정을 표현하는 방식은 상당히 다양하지.

드루어리 저와 같은 신앙을 공유한다고 생각되는 사람들 사이에서 사제로 일한다면 행복할 것 같습니다.

비트겐슈타인 이런, 환경에 의지해서는 안 돼. 자네의 종교는 오직 신과 자네, 둘 사이의 문제라는 걸 잊지 말게.

우리는 좀 더 대화를 나누었고, 잠시 후 그는 계속해서 최근 유럽에는 신앙심 깊은 위대한 작가가 단 두 명 있는데, 톨스토이와 도스토옙스키가 그들이라고 말했다. 우리 서양 사람들은 백만 명의 신도를 보유한 동방 정교회의 존재를 잊고 있는 경향이 있었다. 그는 나에게 《카라마조프가의 형제들》을 읽어보라고 권했다. 그가 오스트리아에서 학교 교사로 재직했을 때 그는 이 책을 여러 차례 반복해서 읽었고, 한 번은 그 마을 사제에게 소리 내어 읽어주기도 했다.

*

나는 오늘 존슨의 논리학 강의가 끝난 뒤 남아서 그에게 내 문제에 관해 이야기했다. 비트겐슈타인과 논의 중이라는 말도 했다.

존슨 비트겐슈타인이 돌아온 건 케임브리지에 재앙이라고 생각하네. 그는
토론을 이끌 능력이 전혀 없는 사람이야. 내가 어떤 문장이 나에게 의미
있다고 말하면, 아무도 그것이 무의미하다고 말할 권리가 없네.

나중에 나는 비트겐슈타인에게 존슨에 대해 말했다.

비트겐슈타인 나는 존슨을 한 인간으로서 존경해. 상당한 교양을 갖춘 사람
이지. 3권으로 이루어진 논리학 저서는 그의 필생의 작업이야. 지
금은 자신이 쓴 글에 근본적으로 잘못된 부분이 있다는 걸 그가 인
정하길 기대하는 건 무리겠지. 그러니 지금은 존슨과 토론을 시도
할 생각이 없네.

존슨은 일요일 오후면 티파티를 열었는데, 다음 일요일에 비트겐슈타
인과 나는 그의 티파티에 참석했다. 그곳에서 존슨과 비트겐슈타인이
매우 친한 사이라는 걸 알게 됐다.
　차를 마신 뒤 존슨은 바흐의 48개 전주곡과 푸가 가운데 일부를 연
주했고, 비트겐슈타인은 나에게 존슨의 연주가 감탄스럽다고 말했
다. 트리니티로 돌아오는 길에 그는 어느 일요일 오후 티파티에서 존
슨이 엉망으로 연주한 적이 있었는데, 자신은 그걸 알고 있었지만 청
중들이 크게 박수를 보냈다고 했다. 그러자 짜증이 난 존슨이 화풀이
로 베토벤 바이올린 소나타의 반주 부분만 앙코르로 연주했는데, 당
연히 이 연주는 바이올린 파트 없이는 아무런 의미가 없었다. 이런
표현 방식이 비트겐슈타인을 즐겁고 기분 좋게 한 것 같았다.

비트겐슈타인은 나에게 코퍼스 크리스티 칼리지에서 공부하는 리와 알고 지내라고 말했다. 그의 말에 따르면 리는 우리의 토론 그룹에서 단연코 가장 유능한 사람이었다.

드루어리 잘 모르는 사람과 본격적인 철학 토론을 시작하기가 무척 어렵습니다.

비트겐슈타인 물론 어렵겠지. 서로를 이해하려면 오랜 시간을 보내야할 테니까. 그렇지만 자네 인생에서 정말 소중한 토론을 할 수 있는 단한 사람을 발견한다면 행운이 아니겠나. 자네는 편하게 알고 지낼 수 있는 사람이 아니니까.

나는 일리 성당을 무척 좋아하게 되어, 그곳을 함께 찾아가자고 리와 비트겐슈타인에게 청했다. 비트겐슈타인은 우리가 함께 가는 걸 즐거워하는 것 같았다. 우리는 일리 성당에 도착해 서쪽 면의 남측에 위치한 로마네스크 양식의 예배당에 잠시 앉아 있었다. 모두 아무 말이 없었다. 잠시 후 비트겐슈타인이 나에게 몸을 기울이며 이렇게 속삭였다. "진정한 건축물이야. 정말 감동적인걸."

나중에 우리는 신랑(身廊, 건축 용어로, 바실리카식 교회당의 내부 중앙 부분 – 옮긴이) 앞쪽을 지나 양쪽 익랑(翼廊, 신랑 좌우에 직각으로 위치한 부분 – 옮긴이) 위 대형 채광창까지, 그리고 장식 양식의 정교한 트레이서리(tracery, 교회 창문 윗부분의 돌에 새긴 장식무늬 – 옮긴이)가 새겨진 마리아제실까지 다가갔다.

비트겐슈타인 아치가 뾰족해지는 걸 더 이상 이해할 수 없겠군.

우리는 밖으로 나와 노르만 양식의 문에 새겨진 조각을 보았다. 뱀이 이브를 유혹하는 상황을 묘사한 것이었다.

비트겐슈타인 아담의 말이 들리는 것 같네. "저와 함께 하라고 당신이 보내주신 여자가 나무 열매를 주었어요."

또 다른 조각은 두 농부에 관한 재미있는 장면이라고 안내책자에 설명되었다.

비트겐슈타인 이건 확실히 잘못됐는걸. 그들은 결코 웃길 의도가 아니었을 거야. 이건 우리가 특정한 얼굴 표정이 무엇을 의미하는지 잊어버리고, 그것을 재현한 모습을 오해한 경우야. 중국인이 미소를 짓는다면 우리에게 어떤 의미일까?

케임브리지로 돌아오는 기차 안에서 우리는 디킨스에 대해 이야기했다. 비트겐슈타인은 《크리스마스 캐럴》을 무척 감동적으로 읽었다고 말했다. 그가 좋아하는 디킨스의 또 다른 작품은 《비상업적 여행자》였다.

비트겐슈타인 아주 보기 드문 작품이야. 훌륭한 저널리즘이지. 그 가운데 〈그레이트 솔트 호수 행 열차〉는 특히 재미있더군. 디킨스는 비난을 퍼부을 각오를 하고 이민선에 올랐지만 배 안에서 발견한 행복과 질서 덕분에 마음이 바뀌었지. 이 작품은 평범한 종교운동이 실제로 무엇을 해낼 수 있는지 보여주었어. 디킨스가 그들이 공통적으로 가지고 있는 것이 정확히 무엇인지 알아내려 했을 때, 모두들 당황하며 대답을 회피하려는 대목은 정말 압권이었네.

1930년

오늘 비트겐슈타인이 우리 집에 와서 함께 차를 마셨다. 나는 그가 커피는 평범하게 마시길 좋아하면서도, 차는 우유에 뜨거운 물을 부은 것과 다를 바 없을 정도로 굉장히 묽게, 아주 연하게 마셔왔다는 걸 알게 됐다. 그는 진한 차는 자기하고 안 맞는다고 말했다.

그는 내 책들을 향해 다가가 쓱 훑어보더니 스피노자의 편지글을 집었다.

비트겐슈타인 그의 편지들은 정말 흥미로워. 특히 자연과학의 기원에 관해 쓴 부분은 더욱 그렇지. 스피노자는 안경 렌즈를 가공했어. 그 일은 생각을 멈추고 휴식을 취해야 할 때 분명히 큰 도움이 됐을 거야. 나도 작업을 계속할 수 없을 때 비슷한 직업을 갖게 되면 좋겠어.

드루어리 저는 바로 얼마 전에 쇼펜하우어의 '왜 인간에게 형이상학이 필요한가'라는 장[章]을 읽었습니다. 제 생각에 이 장에서 쇼펜하우어는 매우 중요한 내용을 이야기하고 있는 것 같아요.

비트겐슈타인 '왜 인간에게 형이상학이 필요한가.' 쇼펜하우어가 자신의 철학에서 무엇을 알아냈는지 아주 잘 알 수 있을 것 같군. 내가 형이상학을 얕본다고 생각하지는 말게. 나는 과거의 위대한 철학 체계 가운데 일부는 인간 정신이라는 가장 숭고한 산물에서 이루어졌다고 여기지. 어떤 사람에게는 이런 종류의 글을 포기하려면 영웅적인 용기가 필요했을 거야.

드루어리 저는 2차 우등졸업시험을 위해 특히 라이프니츠와 로체를 읽어야 해요.

비트겐슈타인 라이프니츠 같은 훌륭한 사람을 연구하기 위해 많은 시간을 들이는 걸 행운으로 여기게. 아직 여유 있을 때 이 시간을 잘 활용하도록 해. 몸이 굳기 훨씬 전에 정신이 먼저 굳어버리니까.

드루어리 로체는 아주 이해하기 어렵고 굉장히 지루해요.

비트겐슈타인 어쩌면 그는 철학적 글을 써서는 안 되는 사람일지도 모르지. 윌리엄 제임스의 《종교적 경험의 다양성》도 필독서일 걸. 한때 나에게 도움을 주었던 책이지.[21]

드루어리 네 맞아요, 그 책 읽었어요. 윌리엄 제임스는 늘 즐겨 읽습니다. 그는 정말 인간적인 사람이더군요.

비트겐슈타인 그래서 좋은 철학자가 된 거지. 정말 인간적인 사람이었어.

드루어리 최근 A. E. 테일러의 강의를 들었는데, 그는 흄이 위대한 철학자인지 그저 아주 똑똑한 사람일 뿐인지 도무지 판단할 수가 없다고 하더군요. 나중에 알렉산더는 어떤 점을 가장 존경해야 할지 모르겠다고 말했고요. 그런 말을 하다니, 테일러의 진술이 틀렸거나 대담한 거겠지요.

비트겐슈타인 흄을 읽은 적이 없으니 흄에 관해 뭐라고 말할 수는 없어. 하지만 철학자와 아주 똑똑한 사람 간에는 실질적이고도 중요한 차이가 있지.

그가 내 책장에서 관심을 기울인 또 한 권의 책은 슈바이처의 《역사적 예수 탐구》였다.

비트겐슈타인 이 책의 유일한 가치는 사람들이 복음 내용을 무수히 많은 방식으로 얼마나 다양하게 해석할 수 있는지 보여주는 것이지.

나는 트리니티 칼리지의 휴얼 관館에 있는 비트겐슈타인 방에 들러 함께 산책을 가자고 했다. 그는 자기 위로 아무도 없는 곳에 살기 위해 계단 꼭대기 방을 택했다. 나는 그가 검정색 종이를 길게 잘라 붙여 창문의 일부를 가렸다는 걸 알았다.

비트겐슈타인 창문의 비율이 적당하니 방이 한결 달라 보이지 않나.
자네는 철학이 꽤나 어렵다고 생각하지만, 내 생각에는 훌륭한 건축가가 겪는 어려움에 비하면 아무 것도 아니야. 빈에서 누이의 집을 지을 때, 하루 일이 끝날 무렵이면 어찌나 녹초가 되던지 매일 밤 고작 '영화관'에 가는 게 전부였지.

산책을 나가기 전 우리는 잠시 앉아 이야기를 나누었다. 며칠 전 우리가 대화를 나눈 이후 그는 폰 휘겔의 저서들을 살펴보고 있었던 게 분명했다.

비트겐슈타인 폰 휘겔은 매우 순수한 인물이었던 것 같아. 거의 로마 가톨릭 신자였더군.
드루어리 폰 휘겔은 로마 가톨릭 신자였어요. 이번 세기 초에 있었던 이른바 근대주의 운동이라는 것과 밀접하게 관련되었고요.
비트겐슈타인 자칭 근대주의자라는 사람들이 가장 기만적이야. 근대주의란 어떤 것인지 내가 말해주지. 《카라마조프가의 형제들》에서 늙은 장로가 말하길, 근처 수도원의 수도승들은 악마에게 갈고리가 달려서 사람들을 긁어모아 지옥으로 밀어 넣는다고 믿는다는 거야. 늙은 장로는 말하지. "그런데 나는 그런 갈고리가 있다는 걸 믿을 수 없습니다." 근대주의자들이 상징주의의 성격을 오해할 때 저지르는 잘못도 이와 비슷해.

잠시 후 우리는 산책을 하러 나섰다.

비트겐슈타인 요즘 나는 칸트와 동시대인인 독일 저자 하만^{Johann Georg Hamann}의 책을 탐독 중인데, 책에서 그는 창세기의 타락 이야기에 관해 언급하면서 이렇게 말하지. "서늘한 저녁이 될 때까지 아담이 자기 죄를 직시하길 기다리시다니 얼마나 신다운가"라고 말이야. "얼마나 신다운가"라니, 나는 절대로 감히 그렇게 말할 수 없을 거야. 신이 어떻게 행하실지 안다고 주장하지도 않을 거라네. 자네는 하만의 말을 이해하겠나? 자네 생각을 말해봐. 정말 알고 싶어.

드루어리 감당할 수 있을 만큼 강해졌다고 생각될 때 시련이 닥치면, 우리는 이렇게 말할 겁니다. "신이여, 감사합니다, 이 일이 과거에 일어나지 않게 해주셔서요. 그때 이런 시련이 닥쳤다면 견딜 수 없었을 겁니다."

비트겐슈타인은 내 대답이 흡족하지 않은 것 같았다.

비트겐슈타인 진실로 종교적인 사람에게는 어떤 일도 비극이 아니지.²²

우리는 한동안 아무 말 없이 걷기만 했다. 잠시 후 비트겐슈타인이 입을 열었다.

비트겐슈타인 이성을 통해 신의 존재를 증명할 수 있다는 것이 로마 가톨릭

교회의 교리지. 그렇다면 나는 이 교리 때문에 로마 가톨릭 신자가 될 수 없을 거야. 나 자신과 유사하지만 나 아닌 다른 존재, 무한히 더 큰 힘을 지닌 존재로 신을 생각했다면, 나는 그 신을 거부하는 것을 내 임무로 여겼을 거야.

*

비트겐슈타인이 방학에 톨스토이와 도스토옙스키의 작품들을 읽어 보라고 권했다. 학기 초에 그를 다시 만났을 때, 우리는 케임브리지 학생회관에서 함께 점심을 먹었다. 비트겐슈타인은 이 낡고 볼품없는 고딕 복고주의 양식의 건물을 무척 좋아해, '다정한 늙은 이모'라고 불렀다. (몇 년 뒤에 건물이 완전히 현대적으로 개조되었을 때, 그는 나에게 보낸 편지에서 "다정한 늙은 이모는 더 이상 존재하지 않는다"고 썼다.) 점심식사를 마친 뒤 그에게 내가 읽은 도스토옙스키와 톨스토이 작품에 대해 이야기하자, 그는 내 소감을 물었다.[23]

드루어리 《카라마조프가의 형제들》에 등장하는 조시마 장로라는 인물이 매우 인상적이었습니다.

비트겐슈타인 그래, 다른 사람의 영혼을 꿰뚫어보고 충고할 수 있는 그런 사람들이 실제로 존재했지. 그런데 알료샤보다는 스메르자코프 같은 인물이 구원을 받았더라면 정말 흥미로웠을 텐데 말이야.

드루어리 여자가 자기 연인 대신 다른 남자를 선택했다는 이유로 남자가 그녀를 살해하는 사건은 약간 억지스럽다는 생각이 들었어요.

비트겐슈타인 자넨 전혀 이해를 못하는군. 이런 문제에 대해 아무것도 몰라.

드루어리 제 식견이 좁은가 봅니다.

비트겐슈타인 [한결 호의적인 말투로] 식견이 좁다는 걸 알고 있는 한 좁은 건 문제가 되지 않지.

도스 힉스가 도덕과학클럽에서 논문 한 편을 읽었다.[24] 그는 한 시간 동안 내용을 전달한 뒤 이렇게 말했다. "써온 것을 아직 다 발표하지 못했습니다. 계속 할까요?" 의자에 앉아 있던 나는 뭐라고 대답해야 할지 몰랐다. 하지만 어쨌든 써온 논문을 마저 발표하라고 말하는 것이 예의라고 생각했다. 그런데 비트겐슈타인이 벌떡 일어서더니 방을 나가는 것이었다.

다음 날 나는 이 난처한 일에 대해 비트겐슈타인에게 이야기했다. 그는 논문에 관해 어떤 논의도 불가능할 거라는 생각이 들어 밖으로 나왔으며, 내가 달리 뭐라고 말하는 것이 좋을지 자신도 모르겠다고 했다. 그러고는 클럽에서 20분 이상 논문을 잃지 않도록 규칙을 만들어야 한다고 말했다.

드루어리 오늘 아침 존슨에게 그날 제가 난처했다고 말했더니, 그는 "지금쯤 여기 계신 분들 가운데 몇 사람이 질문을 하고 싶을 것 같다"고 대꾸하지 그랬냐고 말하더군요.

비트겐슈타인 존슨은 참 현명하단 말이야. 그래, 바로 그렇게 말했더라면 좋았을 거야.

내 친구 제임스가 1년 동안 박사학위 논문을 준비했지만 딱히 독창적인 내용이 없어 논문 제출이나 학위 수여를 포기하기로 결정했다. 나는 그 사실을 비트겐슈타인에게 말했다.

비트겐슈타인 그 행동 때문에라도 그에게 박사학위를 주어야 해.

드루어리 도스 힉스는 제임스의 결정을 무척 못마땅하게 여겼어요. 그는 제임스에게 자신이 칸트에 관한 책을 쓰기 시작했을 때도 무슨 말을 써야 할지 분명하게 떠오르지 않았다고 말하더군요. 제가 보기엔 이런 태도가 특이하고 이상한 것 같습니다.

비트겐슈타인 아니, 어떤 면에서 도스 힉스의 말이 아주 옳았네. 글로 써봐야만 아이디어가 전개될 수 있거든.

*

요즘 비트겐슈타인은 무어 교수의 토요일 오전 토론 강의에 참석하고 있다. 강의는 무어와 비트겐슈타인의 매우 활발한 논쟁으로 이어진다. 오늘은 옥스퍼드 대학교에서 온 한 교환 학생이 독일어로 칸트의 글을 인용하기 시작했다. 강의와 무관한 내용에 몹시 화가 난 비트겐슈타인은 그에게 입 다물라고 소리를 질렀다.

  이 일 이후 트리니티로 돌아오는 길에 비트겐슈타인은 자신의 행동을 후회했다.

비트겐슈타인 나는 성인군자도 아니고 그런 척하는 것도 아니지만 그렇게 화를 내지 말았어야 했네.[25]

트리니티 정문에 들어섰을 때 우리는 늘 그렇듯 정신을 딴 데다 팔고 걸어가는 역사학자 심슨 박사를 지나갔다.

드루어리 트리니티에 와서 심슨 박사를 처음 뵌 날, 내일은 반드시 브로드 박사를 찾아가야겠다고 속으로 생각했어요. 그리고 브로드 박사를 방문했는데 심오한 분위기는 찾아볼 수 없는 그저 작고 통통한 남자라는 걸 확인하고 얼마나 충격을 받았는지 모릅니다.

비트겐슈타인 프레게를 처음 찾아간 날이 기억나는군. 나는 그가 어떻게 생겠을지 마음속으로 아주 생생하게 그려두었지. 벨을 누르자 어떤 남자가 문을 열어주더군. 프레게 교수님을 뵈러 왔다고 했더니 남자가 "내가 프레게 교수요"라고 말하지 뭔가. 나는 "말도 안 돼!"라는 말밖에 아무 말도 할 수가 없었네. 프레게와의 이 첫 만남에서 내 생각이 너무나 막연했기 때문에 그는 내 코를 납작하게 만들 수 있었지.

*

오늘 파커스 피스 공원을 지나갈 때 나는 무어 교수의 강의에서 별 도움을 받지 못하고 있다고 비트겐슈타인에게 말했다.

드루어리 무어 교수님은 결론에 도달하지 못해도 전혀 걱정할 사람이 아닌 것 같아요. 같은 문제만 계속 다루고 있어서 대체 그가 뭘 하려고 하는 건지 잊어버릴 지경이라니까요. 반면에 비트겐슈타인 선생님은 제가 보기에 진정한 휴식처에 도달하신 것 같습니다.*

비트겐슈타인은 자주 문득 걸음을 멈추어 나를 골똘히 쳐다보곤 했는데, 이때도 그랬다.

비트겐슈타인 그래, 나는 진정한 휴식처에 도달했지.[26] 내 방법이 옳다는 걸 나도 알아. 내 아버지는 사업가였고 나도 사업가야. 나는 철학이 사업처럼 되길 바라. 무언가를 이루고 무언가를 해결해주길 원해.

드루어리 무어는 인식론에서 몇 가지 문제들이 해결되면 나머지 모든 문제들이 분명하게 이해될 거라고 생각하는 것 같아요. 마치 철학에 하

---

* 독자들은 이미 눈치 챘겠지만, 이 당시 나는 무어 교수의 진정한 훌륭함을 전혀 이해하지 못했다.

나의 중심 문제가 있다는 듯이 말이에요.

비트겐슈타인 철학에는 하나의 중심 문제가 아니라 수많은 다양한 문제들이 있지. 각각의 문제는 독립적으로 다루어져야 해. 철학은 번호자물쇠로 금고를 열려고 애쓰는 것과 같아. 각각의 다이얼을 약간 조절해서는 결코 성공할 수 없을 거야. 다이얼의 모든 숫자가 제대로 들어맞아야 비로소 금고 문이 열리지.

산책을 마치고 돌아오는 길에 우리는 거리의 전도사 앞을 지나쳤다. 그는 귀에 거슬리는 목소리로 예수 그리스도에게 얼마나 큰 은총을 받았는지 크게 외치고 있었다. 비트겐슈타인은 슬퍼하며 고개를 저었다.

비트겐슈타인 그가 외치는 말이 진심이라면 저런 어투로 말하지 않았겠지. 이건 일종의 저속한 행동이며, 최소한 우리는 로마 가톨릭 교회라면 결코 이렇게 하지 않을 거라고 확신할 수 있네. 반면에 전쟁 중에 독일은 축성한 성체를 최전방 부대에 전달하기 위해 크루프 가문(Krupp, 독일의 철강 및 무기 제조업 재벌 – 옮긴이)에게 강철 소재의 방탄 용기를 만들게 했지. 이 역시 역겨운 일이야. 절대로 사람 손에 의해 보호를 받아서는 안 되는 거였어.

*

오늘 저녁 우리는 리의 집에서 축음기 음반으로 브람스 교향곡 3번 연주를 들었다. 음악에 완전히 몰입한 비트겐슈타인의 모습이 무척 인상적이었다. 연주가 끝나자 그는 음반을 다시 듣자고 청했다. 그는 브람스의 네 교향곡 가운데 이 곡을 가장 좋아한다고 말했다. 이어서 우리는 작곡가들에 대해 이야기했다.

비트겐슈타인 나는 모차르트는 천국과 지옥을 동시에 믿는 반면 베토벤은 천
국과 무^無만을 믿는다고 쓴 적이 있지.

드루어리 저는 바그너 음악은 도무지 좋아지지가 않더군요.

비트겐슈타인 바그너는 무례한 성격을 지닌 위대한 작곡가들 가운데 가장 뛰
어난 사람이었지.

드루어리 저는 멘델스존 음악이 좋습니다. 멘델스존을 듣고 있으면 마음이
편안해져요. 반면에 베토벤과 슈베르트는 간혹 굉장히 섬뜩하게
들리죠.

비트겐슈타인 멘델스존의 바이올린 협주곡은 가장 최근에 작곡된 훌륭한 바
이올린 협주곡 가운데 단연 뛰어난 작품이네. 2악장의 한 악절은 음
악에서 가장 아름다운 순간에 속하지. 하지만 브람스와 더불어 음
악은 완전히 끝났어. 나는 브람스의 음악에서조차 기계음이 들린
다네.

드루어리 곧 케임브리지에 레너 현악 사중주단이 온다던데, 저는 들으러 갈
겁니다.

비트겐슈타인 [얼굴을 찌푸리며] 그 사람들, 돼지처럼 연주하지 않나.

며칠 뒤 그가 무척 괴로운 표정으로 내 집에 왔다. 표정이 상당히 심상
치 않아 무슨 일이냐고 그에게 물었다.

비트겐슈타인 케임브리지 안을 거닐며 서점을 지나치다가 창문으로 러셀과
프로이트, 아인슈타인의 초상화를 봤어. 잠시 후에는 악기점에서
베토벤, 슈베르트, 쇼팽의 초상화를 봤지. 이 초상화들을 비교하노
라니 고작 백 년 사이에 인간의 정신이 무섭게 타락했다는 생각이
강하게 들더군.

1930년(?)[27]

오늘 우리의 토론 그룹에서 어떤 사람이 결혼, 섹스, '자유연애'에 관한 러셀의 글을 옹호하고 싶어 했다. 비트겐슈타인이 그의 주장에 끼어들며 이렇게 말했다. "어떤 사람이 나에게 최악의 장소에 가본 적이 있다고 말한다면, 나는 그를 판단할 자격이 없을 걸세. 하지만 그가 그곳에 갈 수 있었던 건 자신의 우수한 지혜 덕분이라고 말한다면, 나는 그가 사기꾼이라는 걸 알게 되겠지."

계속해서 그는 러셀이 '도덕적인 이유'로 뉴욕 시립대학 교수직에서 제외된 건 몹시 불합리한 처사라고 말했다. 성욕억제제라고 부를 수 있는 것이 있다면, 성에 관한 러셀의 글이야말로 성욕억제제라는 것이다.

"러셀의 책은 두 가지 색으로 만들어야 하네. 수리논리학은 빨간색으로 만들어서 모든 철학과 학생들에게 읽혀야 하고, 반면에 윤리학과 정치학은 파란색으로 만들어 아무도 읽지 못하게 해야 해."

*

오늘 오후 비트겐슈타인과 나는 트리니티 칼리지의 펠로 가든을 거닐며 대화를 나누었다. 나는 이집트 테베 지역의 초기 기독교 수도자들인 '사막 교부들Desert Fathers'에 관한 책을 읽고 있다고 그에게 말했다. 나는 가령 극단적인 고행을 한 주상柱上 고행자 성 시메온(St Simeon Stylites, 수도에 전념하기 위해 야외에 기둥을 세우고 거의 평생을 이 기둥 위에서 생활했다고 한다 – 옮긴이)보다는 오히려 이들이 삶을 더 잘 활용했을 거라는 취지의 말을 했다.

비트겐슈타인 영국 사람들이 할 법한 어리석은 말을 하는군. 그 당시 그들에게 어떤 문제가 있었는지, 그 문제를 해결하기 위해 그들이 무엇을 해야 했는지 우리가 어떻게 알 수 있나?

내가 알기로 역사적으로 수도자가 그저 성가신 존재일 뿐인 시기도 있었지만, 수도생활이 자신의 진정한 필요에 부합하는 사람들도 있네 …. 하지만 드루어리, 자네는 수도자가 될 수 없을 거야. 자네가 수도복을 걸치는 건 영 어울리지 않을 걸.

*

비트겐슈타인은 나에게 슈펭글러^{Osward Spengler}의 《서구의 몰락》을 읽도록 권했다. 우리가 살고 있는 이 시대에 대해 가르치는 바가 있는 책이라고 했다. 어쩌면 이 책이 내 '고질적인 낭만주의'의 해결책이 될지도 몰랐다. 책을 다 읽은 후 나는 그에게 이렇게 말했다. "슈펭글러는 역사를 틀 안에 넣으려 하는데, 그러면 안 된다고 생각합니다."

비트겐슈타인 그래, 자네 말이 맞네. 역사를 틀 안에 넣을 수는 없지. 그러나 슈펭글러는 아주 흥미로운 몇몇 비교 대상들을 언급하고 있어. 나는 세부 내용에 대해서는 슈펭글러를 신뢰하지 않아. 부정확한 진술이 제법 많거든. 한때 나는 슈펭글러가 아주 짧은 책을 쓸 용기가 있었다면 훌륭한 사람이 될 수 있었을 거라고 쓴 적이 있네.

드루어리 슈펭글러에서 중요한 내용만 발췌해 책을 써볼까 하는 생각을 해봤습니다.

비트겐슈타인 오, 언젠가 그렇게 되면 좋겠는걸.

193?년

비트겐슈타인이 나에게 존슨 박사의 《기도》를 선물했다.[28] 우리는 고대의 전례, 특히 라틴어 미사 기도문에 대해 이야기했다.

드루어리 이 전통을 계속 이어가려면 사제로 서품 받을 사람들이 나와야 하지 않을까요? 제가 서품을 받아야겠다고 생각한 것도 그 이유에서입니다.

비트겐슈타인 마을마다 이런 전통을 대표할 사람이 있다는 건 언뜻 좋은 생각처럼 보이겠지. 그러나 그런 방식으로 잘 된 적이 없어. 자네나 내가 알다시피, 미래의 종교에서는 사제나 목사가 없어질 거야. 우리가 배워야 하는 것 가운데 하나는 교회에 소속되어 있다는 위안 없이 살아야 하는 것이지. 굳이 어떤 단체에 속해야 한다고 생각한다면 퀘이커교 신자가 되는 건 어떻겠나?

바로 다음 날 아침, 비트겐슈타인은 나를 찾아와 나에게 퀘이커교도가 되라고 제안한 건 큰 잘못이었다고 말했다. 나는 그가 그런 말을 했는지조차 잊고 있었다. "마치 요즘엔 어느 한 단체가 다른 단체보다 낫기라도 한 것처럼 말하다니."

비트겐슈타인 한 가지는 확신할 수 있네. 미래의 종교는 극도로 금욕적이 되어야 한다는 거지. 단순히 먹을 것이나 마실 것 없이 지내야 한다는 의미가 아니야.

나는 평생 처음으로 지식인의 금욕생활이라는 개념을 깨달았던 것 같다. 다시 말해, 안락한 케임브리지 사회에서 읽고 토론하는 생활, 내가 누리는 이 생활이 바로 포기해야 할 대상이었다. 비트겐슈타인은 내가 혼란스러워 한다는 걸 알아챘다.

비트겐슈타인 그렇지만 기독교는 기도를 많이 하는 것이 관건이 아니라는 걸 기억해야 해. 실제로 우리는 그렇지 않다는 걸 알고 있지. 자네와 내가 종교적인 삶을 살려고 한다면, 종교에 대해 말을 많이 할 게 아니라 생활방식이 달라져야 하네. 다른 사람에게 도움이 되기 위해 노력할 때에만 비로소 신에게 향하는 길을 찾게 되리라는 것이 내 생각이야.

그와 막 헤어지려는데 그가 갑자기 이렇게 말했다. "어떤 의미에서 자네와 나는 둘 다 기독교인이라네."

1930년(?)

지난 밤 브로드의 집에서 도덕과학클럽 모임이 있었다. 모임을 시작하기 전, 비트겐슈타인과 나는 창문 밖을 바라보며 서서 이야기를 나누었다. 흐릿한 잿빛 저녁이 점점 어두워져갔다. 나는 베토벤 교향곡 7번을 들었는데 2악장이 무척 감동적이었다고 비트겐슈타인에게 말했다.

비트겐슈타인 [창문 밖을 가리키며] 느린 악장을 여는 화음이 저 하늘색과 같지. 전쟁이 끝날 무렵, 이탈리아 군에 쫓겨 후퇴하고 있을 때였어. 포가砲架를 타고 혼자서 휘파람으로 이 악장을 불었지. 악장 맨 끝 부분에서 베토벤은 주제부를 완전히 다르게 느끼게 하는 어떤 조치를 취하네.

드루어리 피아노 협주곡 4번의 느린 악장은 가장 훌륭한 음악 가운데 하나에요.

비트겐슈타인 이 악장에서 베토벤은 자신의 시대나 문화를 넘어서서 인류 전체를 위한 음악을 만들고 있어.

나는 도덕과학클럽에서 '명료함에 정도가 있는가?'라는 제목의 논문을 읽었다. 내 논지는 명제는 의미가 있거나 없거나 둘 중 하나이며, 무의미한 말에서부터 부분적인 혼돈을 거쳐 완벽한 명료함으로 이어지는 점진적인 접근은 없다는 것이었다. 그날 모임에는 무어 교수도 참석했는데, 내가 쓴 논문을 신랄하게 공격했다. 나는 아주 쩔쩔매면서 방어하느라 애를 먹었다. 다음 날 나는 비트겐슈타인에게 무어에게 '완전히 압도당했다'고 말했다.

비트겐슈타인 자네라면 분명히 무어한테 맞설 수 있었을 텐데?[29]

그런 다음 그는 나에게 논문을 읽어달라고 부탁했다. 그는 중간에 가로막지 않고 끝까지 열심히 들었고, 내가 논문을 다 읽자 이렇게 말했다.

비트겐슈타인 음, 난 상당히 마음에 드는데. 자네는 내가 몰두하고 있는 분야를 다루고 있군. 실생활에서 우리가 단어를 어떻게 사용하는지 밝히려 하고 있어. 소크라테스가 왜 위대한 철학자로 간주되는지 내가 이해할 수 없는 이유가 바로 이거야. 소크라테스가 어떤 단어의 의미를 묻고 사람들이 그 단어가 어떤 식으로 쓰이는지 예를 들어주면, 그는 만족하기는커녕 단어의 고유한 정의를 알길 원하거든. 지금 만일 누군가가 나에게 한 단어가 어떻게 사용되는지 그것의 다양한 의미를 제시한다면, 그거야말로 내가 원하는 답이 될 거야.

드루어리 소크라테스가 사형에 처해진 것이 그가 존경을 받으며 기억되고 있는 사실과 어떤 관련이 있다고 생각해요.

비트겐슈타인 그래, 나도 그것과 많은 관련이 있었을 거라고 생각하곤 했어.

드루어리 소크라테스가 정확한 정의를 구하는 모든 대화들이 아무런 결론 없이 끝난다는 사실은 중요한 의미가 있을 수 있겠어요. 그가 찾는 정의는 손에 닿지 않고, 제시된 정의는 반박될 뿐이니까요. 어쩌면 이건 그처럼 일반적인 용어에 대해 정확한 의미를 찾는 건 뭔가 잘못됐음을 보여주려는 소크라테스의 반어적인 방식이었는지도 모르겠습니다.

나는 지인 한 사람이 국제연맹의 실패 이유에 관한 논문을 쓰고 있다고 비트겐슈타인에게 말했다.

비트겐슈타인 늑대가 양을 잡아먹는 이유부터 먼저 알아보라고 그에게 전하게!

*

빈 학파인 슐리크^{Moritz Schlick} 교수가 도덕과학클럽에서 '현상학'이라는 제목의 논문을 읽을 예정이었다.

비트겐슈타인 자네는 이 논문을 들으러 반드시 가야 하지만, 나는 참석하지 않겠네. 내 작업이야말로 '현상학'이라고 말할 수 있을 테니까.³⁰

*

그는 나에게 우등졸업시험에서 출제된 역사 문제를 보여주었다. 그가 문제를 읽었다. "교황은 황제를 상대할 때, 과거 루터를 상대했을 때와 마찬가지로 거의 현명한 모습을 보여주지 못했다.' 이 문장에 대해 논하시오."

비트겐슈타인 이건 아주 사람을 바보가 되라고 가르치는 문제로군. 교황이 루터나 황제를 어떻게 상대할 수 있었을지 — 예컨대 교황이 누구에게 자문을 구해야 할지 — 20세기 케임브리지 대학생이 어떻게 알겠어?

*

재능이 뛰어나다고 알려진 에든버러 출신의 학생이 비트겐슈타인의 토론에 한 번도 참여하지 않고 윤리학 클럽에도 거의 참석하지 않았다.

비트겐슈타인 토론에 참여하지 않는 철학자는 결코 링에 오르지 않는 권투선수와 같다.

*

비트겐슈타인과 매딩리까지 산책하고 돌아오는 길이었다. 나는 진스 James Jeans의 책 《신비한 우주》를 언급했다.[31]

비트겐슈타인 과학을 대중화하려는 이런 책들은 딱 질색이야. 이런 책들은 과학이 무엇인지 이해시키기 위해 꼭 필요한 노력을 기울일 생각은 하지 않고, 과학의 경이로움에 흥미를 보이는 대중의 호기심에 영합하지. 오늘날 좋은 책이라면 패러데이 Michael Faraday의 《초 한 자루의 화학적 역사》 같은 책을 꼽을 수 있네.[32] 패러데이는 타고 있는 양초처럼 단순한 현상을 예로 들면서, 실제 과정은 매우 복잡하다는 사실을 보여주지. 그는 늘 자세한 실험을 통해 자신의 설명을 증명해. 반면 오늘날 과학자들은 중늙은이가 돼서, 자신이 정말 해야 할 일은 권태로워하면서 대중적이고 대충 철학적인 터무니없는 견해들을 내놓으려는 경향이 있어. 에딩턴이 그 예야. 초자연주의 연구에 대한 브로드의 관심 역시 마찬가지고. 브로드는 자신의 관심이 순수하게 과학적이라고 주장하지만, 이런 식으로 사물을 추론하고 실험해놓고 엄청나게 감격했을 게 분명해.

*

어느 철학과 초빙교수가 쓴 유독 멍청한 논문을 읽고 나서 그는 이렇게 말했다.

비트겐슈타인 형편없는 철학자는 슬럼가의 집주인과 같아. 그런 자들이 발을 못 붙이게 하는 것이 바로 내가 할 일이지.

드루어리 예를 들면, 조드$^{C.\ E.\ M.\ Joad}$ 말인가요?

비트겐슈타인 요즘 모두들 조드를 비난하는군. 하지만 내가 보기엔 다른 많은 이들도 조드하고 다를 게 없어.

1930년(?)

오늘 학생회관에서 점심식사 때였다.

드루어리 선생님의 최근 강의들을 들어보니 선생님은 선험적 종합 명제가 어떻게 가능한가라는 칸트의 문제에 직접적으로 관심을 가져온 것 같습니다.

비트겐슈타인 그렇다고 할 수 있지. 나는 선험적 종합에 관심이 있어.[33] 자네가 한동안 자신의 어떤 문제를 고민하고 있는데 그 문제가 지난번에 논의되었던 문제와 밀접하게 관련이 있다는 사실을 알게 되면, 다른 방식으로 문제를 제시하고 싶을 거야. 지금은 무척 중요해 보이는 이런 생각들도 언젠가 낡고 녹슬어 아무짝에도 쓸모없는 한 자루 못처럼 여겨질 테지.

*

케임브리지 대학교의 아마추어 연극부에서 〈리어 왕〉을 상연했다.

비트겐슈타인 자네도 이 연극을 꼭 봤어야 했는데 말이야. 무척 감동적인 경험이었어. 이 연극을 공연하려면 젊은 배우들이 필요하지. 필요한 열정을 쏟아내야 하거든. 나는 배우들의 대사에 어찌나 열중했던지 극장을 나와 길을 건너다가 하마터면 택시에 치일 뻔했어.

드루어리 그 연극을 놓쳐서 아쉽습니다. 저는 친구와 함께 지금 런던에서 열리고 있는 이탈리아 미술 전시회에 가려고 해요.

비트겐슈타인 [얼굴을 찌푸리며] 그런 전시회에 가야 한다면 할 수 있는 방법은 한 가지뿐이지. 갤러리에 들어가 마음에 드는 그림 한 점을 택해서 원하는 만큼 오래 그 작품을 보는 거야. 그리고 다른 작품은 보지 말고 그대로 밖을 나와야 하네. 모든 것을 보려 하면 아무 것도 보지 못할 테니까.

*

우리는 케임브리지를 걸으며 서점 앞을 지나갔다. 창문으로 《문학으로 읽는 성서》라는 제목의 책이 보였다.

비트겐슈타인 이제 저런 책은 읽고 싶지 않네. 성경에서 발췌한 문학이니 하는 따위는 보고 싶지 않아.

드루어리 저는 요즘 스위스 신학자 칼 바르트Karl Barth가 쓴 《로마서 강해》를 읽고 있어요. 제가 보기엔 대단한 책 같습니다.

비트겐슈타인 무어와 나도 함께 로마서를 읽어보려 한 적이 있었지. 하지만 도무지 집중이 안 돼서 포기하고 말았어.[34]

다음 날 나는 그에게 칼 바르트의 책 일부를 소리 내어 읽어주어도 괜찮겠냐고 물었다. 마침 나는 《신의 언어와 인간의 언어》라는 책을 가지고 있었다. 책을 읽은 지 얼마 지나지 않았을 때 비트겐슈타인이 그만 됐다고 말했다.

비트겐슈타인 더 이상 듣고 싶지 않군. 대단한 오만함 외에 어떠한 인상도 받

을 수가 없어.

1931년

비트겐슈타인은 오래 전부터 프레이저^{James George Frzaer}의 《황금가지》를
읽고 싶었다고 나에게 말하면서, 학생회관 내 도서관에서 한 권 구해
소리 내어 읽어달라고 부탁했다. 나는 전권 가운데 1권을 대출했고
우리는 몇 주 동안 줄곧 이 책을 읽었다.[35]

비트겐슈타인은 이따금 나에게 낭독을 멈추게 하고 프레이저의 글
에 대해 평했다. 그는 프레이저는 원시사회 의식儀式들이 과학적 오류
의 성질을 띠고 있다고 생각하는 모양인데, 그런 생각은 잘못됐다고
특히 강조했다. 그는 원시사회 사람들은 이러한 (의식적) 관습 외에
도 농업, 금속가공, 도자기 등 매우 뛰어난 기술을 보유했다고 설명했
다. 프레이저가 묘사한 관습들은 마음 깊이 느껴지는 감정들 즉 종교
적 경외감의 표현이었다. 프레이저 자신은 이 사실을 어느 정도 이해
하고 있음을 드러내는데, 그러기 위해 책의 첫 페이지에 네미의 숲을
묘사한 터너의 작품을 설명하고, 신을 달래기 위해 이곳에서 행해진
의례적 살인을 기억할 때 이 그림이 우리에게 불러일으키는 끔찍한
감정에 대해 언급한다. 책을 읽으면서 우리는 이 관습들의 과학적 오
류를 즐기는 것이 아니라 그 뒤에 숨은 두려움의 흔적을 느끼게 된다.

책을 읽고 나면 우리는 종종 함께 영화관에 갔다. 그는 항상 영화관
을 'flick'이라고 불렀다. 늘 맨 앞줄에 앉으려고 고집했고 영화에 완
전히 몰두하는 것 같았다. 미국 영화만 봤으며 영국 영화와 유럽 영화

에는 반감을 표시했다. 이런 영화들은 마치 '내가 얼마나 똑똑한지 잘 보라'고 말하기라도 하는 듯 카메라맨이 영화를 침범한다는 것이다. 그가 진저 로저스와 프레드 아스테어의 춤에 특히 기쁨을 표현했던 기억이 난다.

1931년(?)

비트겐슈타인은 노르웨이에서 자신의 오두막에 머물고 있었다. 나는 그에게서 엽서 한 장을 받았는데 내용은 이랬다. "갖가지 모습을 드러내는 자연이 경이롭다."

노르웨이에서 돌아온 그는 그곳에서 글을 쓰지 않고 기도하면서 시간을 보냈다고 말했다. 몹시도 부끄러운 지난 시절의 일들에 대해 고백서를 작성해야겠다는 생각이 들었다는 것이다. 그리고 나에게 그 글을 읽어달라고 요구했다. 무어에게는 이미 보여주었는데, 무어는 그 글을 읽어야 한다는 사실을 무척 괴로워하는 것 같았다고 말했다. 당연히 나는 이 고백서의 내용을 말하지 않을 것이다. 다만 ─ 굳이 말해야 한다면 ─ 최근 어떤 글에서 그를 당사자라고 지목한 성행위 내용은 언급되지 않았음을 밝히겠다.

그는 노르웨이에서 좋은 사람들을 몇 명 알게 됐다고 말했다. 그 가운데 한 여자는 그에게 쥐를 무척 좋아한다고 말했다! "눈이 얼마나 근사한데요." 이 여자는 암퇘지가 새끼를 낳길 기다리느라 한 달 동안 매일 밤을 꼬박 새운 적도 있었다. 필요하면 암퇘지에게 도움을 주기 위해서였다. 동물들에 대한 이런 관심이 비트겐슈타인을 특히 기쁘게 했던 것 같다.

노르웨이에서 돌아오는 길에는 그가 탄 배가 피오르를 따라 내려오다 부두에 정박했는데, 그곳에서 바지 정장 차림으로 서 있는 한 여자를 보았다.

비트겐슈타인 보통은 여자가 바지 입은 모습을 좋아하지 않는데, 이 여자는
　　　　　　정말 근사해보이더군.

1931년

나는 트리니티의 내 방에서 웨스트코트 하우스 신학대학으로 옮겨왔
다. 비트겐슈타인이 나를 보러 이곳에 왔다. 그는 내 침대 위에 십자
가상이 놓인 걸 보더니 아주 근엄한 표정으로 나를 바라보았다.

비트겐슈타인 드루어리, 신성한 것들에 너무 익숙해져서는 안 되네.

곧이어 우리는 밖으로 나가 대학 예배당에 잠시 앉았다. 예배당에는
오르간이 없었지만 대신 맨 위층에 피아노가 있었다. 우리가 말없이
앉아 있는데 누군가가 예배당에 들어와 피아노를 치기 시작했다. 그
러자 비트겐슈타인이 즉시 벌떡 일어나 밖으로 뛰어나가는 것이었다.
나도 따라 나갔다.

비트겐슈타인 이건 신성모독이야! 피아노와 십자가라니. 교회에는 오르간
　　　　　　만 허락되어야 해.

확실히 그는 몹시 마음이 상했다. 나는 이제까지 내 삶이 피상적이고
탐미적이 아니었나 하는 생각이 들었다. 훨씬 큰 희생이 따르는 어떤
일이 필요하다는 생각도 들었다. 나는 성공회 사제가 되겠다는 내 계
획을 계속 밀고 나가야할지 처음으로 진지하게 고민하기 시작했다.

나는 비트겐슈타인을 찾아가 신학대학을 그만두기로 결심했다고 말했다. 그가 말했다. "자네 인생에 분리가 일어났군." 우리는 이제부터 내가 무얼 해야 할지 의논했다.

비트겐슈타인 당장 케임브리지를 떠나는 것이 중요해. 케임브리지에는 자네에게 필요한 산소가 없어. 나야 문제없지. 나는 스스로 산소를 만드니까. 지금은 자네가 전혀 알지 못하는 평범한 부류의 사람들과 어울릴 필요가 있네. 내 제자 한 명도 내 충고대로 울워스에서 일하고 있지. 자네도 그래야 해. 평범한 사람들을 만날 수 있는 대형 상점이나 회사에 자리를 알아보게. 자네한테 필요한 건 이런 경험이야.

드루어리 요즘 실업률이 상당히 높은데, 누군가에게는 저보다 더 절실한 자리를 제가 대신 차지하는 건 아닌지 죄책감이 들 것 같습니다. 지금까지 받은 교육을 활용해 학교에서 가르치는 일을 하는 것이 가장 좋은 방법 아닐까요?

비트겐슈타인 자네한테 필요한 경험은 그런 게 아니야. 그런 일을 한다면 지금하고 똑같은 환경에 있게 될 거야.

드루어리 뉴캐슬의 부주교가 최근 신학대학을 방문했는데요, 타인사이드에 있는 많은 실업자들을 대상으로 클럽을 운영하기 위해 누군가가 자원봉사자로 와주길 바란다고 하더라고요. 숙식은 제공되지만 급여는 없을 거랍니다. 장학금으로 받은 돈이 있으니 당분간 생활비는 충분해요.

비트겐슈타인 할 수 있겠다 싶으면 가봐. 하지만 어째 나한테는 에베레스트를 등반하겠다는 말처럼 들리는군.

1932년

나는 뉴캐슬에서 몇 개월을 보내는 동안 실직당한 조선소 노동자들과 함께 버려진 건물을 수리하여 마을의 친목 회관을 만들었다. 우리는 부츠 수선점, 목공소, 원가로 저렴하게 식사할 수 있는 매점도 시작했다. 이런 일들이 한창 진행 중이던 어느 날, 비트겐슈타인이 나를 보러 뉴캐슬에 왔다. 나는 거의 모든 주민이 실직 상태에 처한 도시 재로우로 그를 안내했다. 조선소는 몇 년 째 폐업 중이고, 대부분의 상점은 판자로 문을 막아 일대가 버려진 도시 특유의 참혹한 분위기를 드러냈다.

비트겐슈타인 스라파[36]의 말이 옳았어. 이런 상황에서 할 수 있는 유일한 일은 이 사람들을 모두 한 방향으로 달리게 하는 것뿐이야.

나는 지금 하고 있는 일을 계속하려면 조만간 생계를 꾸릴 다른 방법을 찾아봐야 할 거라고 그에게 말했다. 이제 클럽이 잘 운영되고 있어서 더 이상 무료 숙식을 제공받을 수 없을 게 분명했기 때문이다. 게다가 가진 돈도 거의 떨어졌다. 마침 그 무렵 암스트롱 대학[37]에서 철학 강사를 구한다는 공고문을 보았고 그곳에 지원하는 것이 좋겠다고 생각했다. 비트겐슈타인은 지금 같은 상황에서는 그 방법 외에 달리 뾰족한 수가 없을 것 같다고 말했다. 나는 세 장의 추천서가 필요해 브로드 교수와 무어 교수에게 편지를 썼고 비트겐슈타인에게 세 번째 추천서를 부탁했다. 그는 나에게 추천서를 써주었다.

무어 교수는 추천서 끝에 "그는 유머감각이 있다"고 언급했는데, 나중에 이 내용을 비트겐슈타인에게 말했다.

비트겐슈타인 무어는 독특한 사람이야. 철학에서 유머감각이 중요하다는 걸 언급해야겠다고 생각할 사람은 무어뿐일 걸.

나중에 나는 비트겐슈타인에게 편지를 보내 강사 자리를 얻지 못했다고 말했다. 그 일은 도로시 에밋^{Dorothy Emmett}이 맡게 되었다. 몇 년 후 비트겐슈타인은 여러 차례에 걸쳐, 직업 철학자가 되지 않도록 나를 구해준 에밋에게 내가 큰 빚을 졌다고 말하곤 했다.

1933년

나는 사우스 웨일즈의 머서 티드빌에 있는 정착지에서 관리인으로 일하는 친구에게서 일 년 동안 그곳에서 지내달라는 요청을 받았다. 실직 상태에 놓인 마을의 수많은 광부들을 위해 넓은 정원을 이용해 집단농원을 운영하자는 것이 우리의 계획이었다. 비트겐슈타인은 나를 방문하기 위해 이곳에 내려와 하룻밤 묵었다. 나는 그에게 농원을 안내했다. 농원은 이제 제법 많은 양의 채소를 수확하고 있었다. 그때 그는 빈 근교의 베네딕트 수도원에서 잠시 정원사로 일한 적이 있다고 말했다.[38] 어느 날 그가 일을 하고 있는데 수도원장이 그의 앞을 지나가면서 이렇게 말했다. "지성은 정원을 가꿀 때도 중요한 역할을 하겠지요."

내 침실에 앉아 함께 이야기를 나누고 있을 때, 비트겐슈타인은 침대 맡에 놓인 토마스 아 켐피스(Thomas a Kempis, 독일의 성직자이며 신비사상가 - 옮긴이)의 책을 보았다.

비트겐슈타인 이 책 읽고 있나?
드루어리 의기소침해질 때 도움이 돼요.

비트겐슈타인 이 책은 그런 목적으로 쓰인 책이 아니야. 어떤 기분 상태에서
도 기억하도록 쓰인 책이지.

*

절친한 친구가 위독해 정신병원에 입원해야 했다. 나는 이 사실을 몹
시 괴로워하다, 정신 병원의 남자간호사로 교육을 받기 위해 지원하
기로 결심했다. 그리고 마침내 병원의 의료 관리자와 면접을 하게 됐
다. 그는 내 학력으로 의대 교육을 받으면 훨씬 유용한 일을 할 수 있을
거라고 말하면서 내 계획을 만류하려 했다. 나는 비트겐슈타인에게
편지로 면접 결과를 알렸다. 그리고 곧장 전보로 답장을 받았다. "당장
케임브리지로 올 것."

　비트겐슈타인과 프랜시스 스키너는 케임브리지 역에서 나를 마중
했는데, 내가 기차에서 내리기가 무섭게….

비트겐슈타인 이제 이 문제로 더 이상 왈가왈부하지 말자고. 이미 다 결정됐
고, 자네는 당장 의대생으로 공부를 시작하면 되네. 돈 많은 내 친
구 두 명이 재정적으로 자네를 돕기로 했고, 나 역시 자네를 도울
수 있을 거야.

나는 그의 통보에 너무 놀라서 이스트로드에 위치한 스키너의 집에 도
착할 때까지 아무 말도 할 수 없었다.

드루어리 제 나이에 자립을 해야지 다른 사람 도움에 빌붙을 순 없다고 생각
합니다.
비트겐슈타인 빌붙는 게 아니네. 빌붙는 사람만큼 내가 싫어하는 것도 없어.
하지만 이 경우는 자네가 도와달라고 부탁한 게 아니잖나. 이건 자

네에게 기꺼이 선물로 주는 거야. 그러니 거절하면 자네를 고집불통에 오만한 사람으로 여기겠네.

우리는 내가 어느 의대에 지원해야 할지 알아보기 위해 학생회관에 가서 여러 대학의 요람을 살펴보았다. 이후 몇 차례 더 의논을 하고 서신을 주고받은 뒤에 나는 더블린의 트리니티 칼리지에서 공부하기로 결정했다.

1934년

1학년 해부학 과정을 마친 뒤, 나는 킬러리 항구 초입 코네마라에 위치한 형의 시골집에서 여름을 보냈다. 이곳은 상점에서 약 15킬로미터 떨어져 있고, 가장 가까운 철도역에서 30킬로미터가 넘는 거리에 위치했다. 비트겐슈타인과 프랜시스 스키너는 여름이 끝날 무렵 이곳에 와서 2주 동안 나와 함께 지냈다. 어머니를 리세스 역에 모셔드려야 했기에 그 차로 비트겐슈타인과 프랜시스를 태워서 시골집으로 돌아오기로 했다. 어머니는 기차가 도착하길 기다리는 동안 20분 정도 비트겐슈타인과 이야기를 나누었다. 그때까지도 어머니는 그가 나에게 미치는 영향력을 못미더워했고, 내가 모든 문제를 그와 의논하려하는 걸 의아하게 여겼다. 그런데 그와 잠시 대화를 나눈 뒤 나에게 처음 보낸 편지에서, 이젠 그가 대단히 인상적인 사람이라는 걸 잘 알겠으며, 내가 그의 지도를 받게 되어 무척 흡족하다고 말했다. 나는 그 짧은 만남에서 그토록 깊은 인상을 남길 수 있는 비트겐슈타인의 인격에 다시 한 번 감동했다.

로스로에 도착한 비트겐슈타인이 차에서 내려 나에게 한 첫 마디는 이랬다. "자네는 아름다운 지역에서 살고 있군." 그와 프랜시스는 골웨이에서 올 때 빅토리아 시대의 기관차를 장착한 낡디 낡은 기차를 탄다는 사실을 무척 즐거워했다. 비트겐슈타인이 말했다. "이곳은 철도가 아니라 말이 다녀야 할 지역인걸."

밤새 먼 길을 온 손님들이 시장할 것 같아, 나는 구운 닭고기에 슈에트 푸딩과 당밀 등 꽤나 정성껏 식사를 준비했다. 비트겐슈타인은 식사 중에 다소 말이 없었다.

우리가 식사를 모두 마치자,

비트겐슈타인 우리가 이곳에 있는 동안엔 이런 식으로 살지 않겠다는 걸 분명히 해야 할 것 같아. 우리는 아침엔 오트밀 죽을, 점심에는 텃밭에서 딴 채소를, 저녁에는 삶은 계란 한 알을 먹겠네.

이후 그가 머무는 동안 이것은 우리의 고정 식단이 되었다.

다음 날은 맑고 화창해서 우리는 언덕을 넘어 툴리 모래사장까지 산책했다.

비트겐슈타인 이곳 풍경의 색감이 감탄스러워. 아니, 심지어 길 표면에도 색이 칠해졌군.

우리는 모래사장에 도착해 바닷가를 거닐었다.

비트겐슈타인 아이들이 왜 모래를 좋아하는지 충분히 이해할 수 있겠어.

우리는 그와 프랜시스가 생각하고 있는 계획에 대해 의논했다. 그들의 계획은 러시아에 가서 일하며 생활하겠다는 것이었다. 두 사람 모두 러시아어 수업을 듣고 있었다.

프랜시스 뭔가 '치열한' 일을 하고 싶어요.

비트겐슈타인 그건 굉장히 위험한 사고방식인걸.

드루어리 제 생각에 프랜시스는 당밀을 먹고 싶지 않다고 말하는 것 같은데요.

비트겐슈타인 오, 아주 훌륭한 표현인데. 자네 말이 무슨 뜻인지 완벽하게 이해하겠어. 아무렴, 우리는 당밀을 먹고 싶지 않아.

비트겐슈타인은 러시아 방문 비자를 발급받기 위해 이미 런던에서 러시아 대사 마이스키를 만났다.[39] 그는 평소에 입던 오픈넥 셔츠 대신 타이를 맨 건 그때가 유일했다고 나에게 말했다. 혹시라도 마이스키가 자신에 대해 자유로운 복장으로 와서 가식적으로 행동한다고 생각할까봐 그런 차림을 했던 것이다. 마이스키는 비트겐슈타인에게 러시아어를 할 줄 아느냐고 물었고, 비트겐슈타인은 "한번 해보지요"라고 대답했다. 두 사람이 잠시 대화를 나눈 뒤 마이스키가 말했다. "전혀 나쁘지 않은데요." 비트겐슈타인은 러시아어가 듣기에 아주 아름다운 언어라고 말했다.

우리는 잠시 레닌에 대해 이야기했다.

비트겐슈타인 철학에 관한 레닌의 글들은 당연히 터무니없지만, 적어도 그는 뭔가를 해내길 원했지. 부분적으로 몽골인의 특징이 드러난 상당히 눈에 띄는 얼굴이었어. 러시아인들은 유물론을 표방하면서도 레닌의 시신을 애써 영구보전하고 그의 묘지에 참배하러 가다니 놀랍지 않나. 자네도 알다시피 나는 현대 건축물을 대단하게 여기지 않지만, 크렘린 궁전 안 묘지는 설계가 잘 되어 있다고 생각하네.

우리는 걸어서 집에 오는 동안 어느 오두막을 지나게 됐다. 집 앞에는 다섯 살쯤 되어 보이는 작은 여자아이가 앉아 있었다. 비트겐슈타인은 문득 걸음을 멈추고 이렇게 말했다. "드루어리, 저 아이의 표정 좀 보게. 자네는 사람들 얼굴을 좀처럼 주의 깊게 보지 않는데, 그건 고치도록 노력해야 할 단점이야."

우리는 그 지역의 아주 원시적인 오두막들에 대해 서로 의견을 이야기했다.

비트겐슈타인 폴란드에서 최악을 경험한 줄 알았는데 여긴 그보다 훨씬 원시적이군. 내가 러시아에 살게 될 경우 두려운 게 딱 하나 있는데 말이지, 바로 빈대라네!

*

며칠 동안 거의 쉬지 않고 비가 내렸다. 비트겐슈타인은 나에게 그와 프랜시스를 위해 무언가 소리 내어 읽어달라고 제안했다. 마침 나는 프레스콧이 쓴《멕시코 정복사》를 가지고 있었다. 비트겐슈타인은 "딱 좋겠는걸"이라고 말했다.

책을 읽는 동안 비트겐슈타인은 때때로 낭독을 중단시키고는 프레스콧이 '미국 대륙의 원주민들'이라고 언급한 사람들을 깔보는 듯한 태도에 고함을 지르곤 했다. 비트겐슈타인은 이런 우월한 태도를 매우 불쾌하게 여기면서, 프레스콧이 이 글을 쓰던 당시 미국 남부의 주에서는 아직 노예제도가 법적으로 시행되고 있었다고 지적했다.

나는 네사우알코요틀 황제Emperor Nezahualcoyotl의 치세를 설명한 부분 (제1권, 6장)에서 황제가 지은 시들 가운데 한 편의 번역문을 읽고 있었다.

> 땅 위의 모든 것은 저마다의 기한이 있으니, 허영과 영화 속에서 지고의
> 기쁨을 누리며 한 생을 보내다 어느덧 기력이 소진하여 먼지 속으로 가
> 라앉나니. 온 세상은 한낱 무덤, 지표면 위에 살면서 그 아래 덮이어 묻히
> 지 않는 존재는 아무것도 없으리. … 그러나 우리에게 용기를, 걸출하고
> 고귀한 인물과 지도자를, 진실한 벗을, 충직한 백성을 주시길. **모든 것이**
> **영원하며 퇴락이란 오지 않을 저 하늘에 비나이다.**⁴⁰

비트겐슈타인 오우, 대단히 훌륭한 시야. 철학자가 왕이 되어야 한다는, 그야
　　　　　말로 플라톤이 꿈꾸던 것을 그리고 있군. 이건 마치 모든 문화에서
　　　　　'지혜'라는 제목의 한 시기를 발견한 것 같은 기분인걸. 다음에 어
　　　　　떤 구절이 이어질지 정확히 알겠어. "헛되고 헛되나니, 모든 것이
　　　　　헛되도다."

점심식사를 위해 나는 채소를 준비하고 있었고, 프랜시스는 샐러드용
상추를 씻어 다듬었다. 그런데 그가 몇 분 간격으로 텃밭 안을 들락거
리는 것이었다. 나는 그가 왜 그러는지 이해할 수가 없었는데, 잠시 후
그가 상추에서 발견한 아주 작은 민달팽이나 달팽이를 조심스럽게 텃
밭에 돌려보내는 걸 보았다. 프랜시스의 온화한 성격이 아주 전형적
으로 드러난 모습이었다. 나중에 비트겐슈타인과 둘이 있을 때 나는
이 일을 이야기했다.

비트겐슈타인 프랜시스는 보기 드문 사람이야. 허튼 소리는 전혀 할 줄 모르
　　　　　지. 이따금 그의 침묵 때문에 화가 날 때면 난 그에게 고함을 질러.

"뭐라고 말 좀 해, 프랜시스!" 하지만 프랜시스는 생각을 하는 사람은 아니야. 자네 알지, 로댕의 조각 〈생각하는 사람〉. 얼마 전에 나는 그런 자세를 취하는 프랜시스의 모습은 상상할 수 없겠다는 생각이 들었어.

마침내 비가 그치고, 따뜻하고 화창한 날이 찾아왔다. 나는 비트겐슈타인과 프랜시스에게 배를 저어 킬러리 건너편 해안에 가서 마요 모래사장까지 걷자고 제안했다. 그곳은 어느 도로에도 인접하지 않아 거의 언제나 인적이 드물었다. 우리는 그렇게 했고 산등성이를 따라 걷고 있는데, 갑자기 말 한 마리가 겁을 먹고 언덕 위로 질주하는 것이었다. 비트겐슈타인이 놀란 표정으로 그 모습을 바라보았다. 그는 말을 무척 사랑해 학생 신분으로 처음 케임브리지에 갔을 때 말을 빌려 타고 다니곤 했다고 말했다.

이윽고 모래사장이 보이는 곳에 다다랐을 때, 우리는 저 아래에서 모티머 가* 사람들 ― 이 외딴 지역의 유일한 거주자들 ― 이 그들에게 제공된 작은 경작지에서 건초 만드는 모습을 보았다. 비트겐슈타인은 그 모습을 보자마자 몸을 돌리며 말했다.

비트겐슈타인 돌아가자. 이 사람들은 이렇게 일을 하고 있는데, 이들 앞에서 휴가를 즐기는 건 옳지 않아.

나는 이 모래사장에 여러 번 왔지만 그처럼 분명한 사고는 한 번도 해본 적이 없다고 생각했다.

그날 저녁 집으로 돌아온 나는 계속해서 큰소리로 책을 낭송했다. 오두막의 벽들은 회반죽으로 거칠게 칠해져 있었다.

비트겐슈타인 (벽에 비친 프랜시스의 실루엣을 보며) 이 벽은 인물 사진 찍을 때 아주 훌륭한 배경이 되겠군. 전문 사진작가들은 화려하게 꾸민 배경을 이용하려 하기 때문에 작품을 망치지. 소박함의 중요성을 알려고 하지 않는다니까.

이날 아침, 마을의 어부가 고등어를 잔뜩 잡아 부두에 내려놓았다. 바다에서 막 올라온 생선이 그렇듯 색이 영롱했고 일부는 아직 반쯤 살아 있었다.

비트겐슈타인 [낮은 목소리로] 이 생선들을 바다에 풀어주면 안 될까! 나는 생선이 아주 끔찍한 방식으로 잡힌다는 걸 알면서도 여전히 생선을 먹고 있네.

1935년(?)

나는 노스 데본의 울라콤에서 부활절 휴일을 보냈다. 비트겐슈타인은 나와 우리 가족들과 함께 휴가를 보내기 위해 이곳에 왔다. 부활절 아침에 우리는 모두 서로에게 계란 모양의 초콜릿을 선물했고, 당연히 비트겐슈타인도 이 의식에 함께했다. 그는 진심으로 즐거워하는 모습을 보였다. 나중에 산책을 할 때, 그는 우리가 이 오랜 관습을 지키고 있어 무척 흐뭇하다고 말했다. 우리는 모어트호까지 언덕을 올라가 곳을 따라 걸었다. 나는 어렸을 땐 성주간과 부활절 의식들이 큰 의미로 다가왔지만, 이제는 더 이상 의식에 참여하지 않게 되어 공허한 느낌이 든다고 말했다.

비트겐슈타인 그런데 드루어리, 내가 자네에게 사제가 되길 만류하려 했을 때 예배에도 참여하지 말아야 한다는 의미는 아니었네. 그런 의도는 결코 아니었어. 이 의식들에 자네가 한때 부여했던 중요성이 없다는 걸 배워야 할지언정, 이 의식들이 중요하지 않다는 뜻이 전혀 아니었어. 물론 사람이 성숙하면 대개는 종교적 표현이 훨씬 건조해지기 마련이지. 우리 숙모는 개신교 신자였는데, 숙모가 지키는 유일한 종교 의식은 매주 성금요일에 대침묵과 금욕을 철저하게 지키는 것이었네.

1936년

비트겐슈타인이 엑서터의 우리 집을 방문했다. 그는 정해진 시간 동안 도서관에서 책을 읽으며 보냈다. 당시 그는 제임스 조이스의《젊은 예술가의 초상》을 읽었다. 그는 이 책이 매우 뛰어난 작품이며, 특히 예수회의 피정을 아주 잘 묘사했다고 말했다. 그는 숀 오케이시의 책을 읽으려다 이내 그만두었다. "지금까지 누구도 이런 식의 문체로 이야기한 사람은 없었어." 그리고는 최근《여행의 끝》(1차 세계대전을 다룬 R. C. 셰리프의 희곡 – 옮긴이)을 읽었노라고 말했다.

비트겐슈타인 지난 전쟁의 공포를 강조하는 게 요즘 유행이지. 하지만 나는 전쟁을 그렇게 끔찍하게 여기지 않았어. 보려고만 한다면 오늘날 우리 주변 어디에서도 그 못지않게 끔찍한 일들이 얼마든지 많아. 나는《여행의 끝》에 나오는 유머를 이해할 수가 없네. 그런 상황을 농담으로 넘기고 싶진 않을 것 같아.

드루어리 그들은 실제 감정을 표현할 문체가 없었는지도 모르죠.

비트겐슈타인 이런, 그런 생각은 못해봤는걸. 자네 말이 옳을 것 같군. 실제로 느낀 감정을 말할 수 없었던 거야.

우리 식당에는 교황 비오 9세 초상의 강판화 작품이 걸려 있었다. 대단히 매력적인 얼굴이었다.

비트겐슈타인 [판화를 한참 바라본 뒤] 최후의 진정한 교황이었다고 생각해. 교황이 특별한 교황좌에 앉을 때마다 선포한 내용들을 전 가톨릭 신자는 믿고 따라야 한다는 내용이 공표되었을 때, 난 교황 무류성 교리가 무엇을 의미하는지 이해했을 것 같아(교황 무류성無謬性 교리는 교황이 신앙이나 도덕에 관하여 내린 결정은 성령의 은총을 받은 것이므로 결코 오류가 있을 수 없다는 로마 가톨릭 교리로서, 1870년 제1차 바티칸 공의회에서 교황 비오 9세에 의해 정식으로 선포되었다 - 옮긴이). 그렇지만 교황이 권위를 갖고 선포한 내용의 의미가 설명되지 않는 한 교황 무류성 교리는 어떤 판결도 내릴 수가 없지.

그는 헨리 뉴먼 추기경의 《변명Apologia》을 읽고 있으며, 뉴먼 추기경의 명확한 진실성을 존경한다고 말했다. 그러나 뉴먼이 리틀모어에서 친구들에게 전한 마지막 설교를 읽었을 땐 마음속으로 이렇게 생각했다. '나라면 친구들에게 이런 식으로 말하고 싶지 않았을 거야.'

우리는 하이스트리트에 있는 카페 라이언스에서 함께 점심을 먹기 위해 매일 아침 그곳으로 걸어갔다. 비트겐슈타인은 라이언스의 구조와 카페들의 청결한 관리가 무척 감탄스럽다고 나에게 여러 차례 말했다. 그리고 종업원이 입은 유니폼을 가리키며 말했다.

비트겐슈타인 보통은 20년 지나면 유행에 뒤져 촌스러워 보이기 마련인데, 이 유니폼은 디자인이 워낙 좋아 전혀 어색해 보이지 않을 것 같아. 아직은 우리가 실력 있는 재단사라면 웬만한 옷은 거의 재단할 줄 아는 시대에 살고 있지. 하지만 그런 기술 또한 사라지는 걸 자네와 내가 살아 있는 동안 보게 될지 몰라. 사람들이 뭘 입어야 할지 모르는 때를 말이야. 마치 현대 건축에서 건물을 어떤 양식으로 설계해야 하는지 모르는 것처럼. 나는 얼마 전 키르케고르의 초상화를 보았네. 초상화에서 그는 높은 책상 앞에 서 있는 모습으로 묘사되었지. 새를 닮은 얼굴을 하고서. 진짜 멋쟁이처럼 차려입고. 나는 이런 상상을 해보았네. 어쩌면 그는 이렇게 차려입지 않으면 아주 부주의해 보일 게 분명하다고 생각했을 거라고 말이야.

드루어리 저는 사람들이 다이아몬드 같은 보석을 착용하는 걸 왜 그렇게 중요하게 여기는지 도무지 이해할 수가 없어요.

비트겐슈타인 그건 아마 자네가 보석을 제대로 착용할 줄 아는 사람을 한 번도 만나본 적이 없기 때문일 거야.

그날 저녁 우리는 함께 콜레튼 크레센트[41] 앞 정원을 거닐었다. 막 땅거미가 내려앉는 따뜻하고 고즈넉한 저녁이었다. 비트겐슈타인은 유독 말이 없었고 마음이 매우 평온해 보였다. 가끔은 그와 함께 있는 것이 아주 편안할 때가 있었다.

드루어리 해질녘이 하루 중 가장 좋은 시간이에요.

비트겐슈타인 빛이 늘 이 정도 밝기라면 좋을 텐데.

이 일은 아주 사소한 사건으로 보일 테지만, 내 마음에 영원히 잊지 못할 인상을 남긴 설명할 수 없는 순간들 가운데 하나였다.

*

일요일 아침. 비트겐슈타인과 함께 산책을 했다.

비트겐슈타인 오늘 아침 식사 전에 자네와 자네 어머니가 정원을 지나 집으
로 돌아오는 모습을 보았네. 교회에 다녀왔나?

드루어리 네, 성찬식에 다녀왔어요.

비트겐슈타인 나도 같이 갔더라면 좋았을걸.

그날 저녁, 사람들이 저녁예배를 드리러 성당으로 향할 무렵 마침 우
리는 대성당 경내를 지나 집으로 걸어오고 있었다.

비트겐슈타인 우리도 사람들과 같이 가보세.

우리는 성당 뒷좌석에 앉아 예배에 귀를 기울였다. 설교자가 설교 내
용으로 선택한 성경 말씀은 이랬다. "내가 떠나는 것은 너희들을 위
해서다. 내가 가지 않으면, 위로자께서 너희에게 오시지 않을 것이
다."[42] 잠시 후 비트겐슈타인은 내 쪽으로 몸을 기울이며 이렇게 속삭
였다. "저 사람이 하는 말은 듣고 있지 않아. 하지만 성경의 내용을
생각해봤는데, 아주 멋진 말씀이야. 정말 훌륭해."
예배가 끝나 집으로 돌아갈 때, 그는 오르간 연주자의 실력과 특히
그가 열심히 연주한 독주곡을 신랄하게 비난했다.

비트겐슈타인 요즘 바흐의 푸가가 작곡 당시 실제로 어떤 의미였을지 생각하
는 사람이 우리 가운데 누가 있을까? 사람들이 종교개혁을 후회한

다면 바흐의 음악을 비난해야 해. 바흐의 음악은 루터주의를 표현한 것이거든.

예술 형식은 그 의미를 잃었어. 예를 들어, 셰익스피어의 모든 희곡은 왜 5막으로 이루어져 있을까? 아무도 몰라. 여기에서 5라는 수가 무엇을 의미하는 걸까?

언젠가 나는 바흐의 수난곡에서 짧은 군중의 합창을 들으며 문득 깨달았어. '셰익스피어의 일부 희곡에 나오는 아주 짧은 장면들이 바로 이런 의미구나' 하고 말이지.

다음 날 우리는 운하를 따라 더블 록스 너머까지 걸었다. 도시가 보이지 않는 곳에 이르렀을 때, 나는 손으로 지역을 가리키며 비트겐슈타인에게 말했다. "제가 알기로 저쪽이 엑서터고 저쪽이 톱샴일 거예요."

비트겐슈타인 '안다'는 말의 흥미로운 용법이군. 이 경우 자네는 무언가를 확신하지만, '감각 자료'라고 할 만한 건 전혀 없지.

집에 가는 길에 우리는 케임브리지에서 둘 다 알고 지내던 학생에 대해 이야기했다. 그는 스페인에서 국제여단과 싸우다 목숨을 잃었다. 그의 친구들 몇몇이 비트겐슈타인에게 이런 말을 한 적이 있었다. "이것으로 그의 고통이 끝났다는 걸, 그리고 우리가 '내세'를 생각할 필요가 없다는 걸 알게 되어 얼마나 다행인지 모릅니다." 그들이 이렇게 말해 비트겐슈타인은 충격을 받았다고 했다. 나는 내 인생에서 유일하게 완벽한 순간은 대상 — 자연이나 음악 — 에 깊이 몰입해 모든 자의식이 사라질 때, 즉 '나'가 사라질 때라고 그에게 열심히 설명했다.

비트겐슈타인 그렇다면 자네는 죽음이란 영원히 지속되는 그러한 마음 상태로 들어가는 관문이라고 생각하는군.

드루어리 네, 저는 내세란 그런 것이라고 생각합니다.

그는 이 대화를 계속하는 것이 내키지 않는 것 같았다. 나는 그가 내 말을 피상적이라고 생각한다는 느낌이 들었다.

*

오늘 점심식사 때 대화를 하다가 '탐정 소설'에 대해 논하게 되었다. 비트겐슈타인은 애거서 크리스티의 소설을 무척 좋아한다고 말했다. 줄거리가 독창적일 뿐 아니라 등장인물의 묘사가 매우 뛰어나 마치 살아 있는 사람 같았다. 이런 소설을 쓸 수 있는 것은 영국인의 특별한 재능이라고 비트겐슈타인은 생각했다. 함께 이야기를 나눈 사람들 가운데 누군가가 그에게 체스터턴G. K. Chesterton의《브라운 신부》시리즈를 읽어보라고 권했다. 그러자 그는 얼굴을 찡그리며 이렇게 대꾸했다. "아니요, 로마 가톨릭 신부가 탐정으로 활약한다는 발상을 참을 수 없겠더군요. 읽고 싶지 않습니다."

나중에 우리는 길을 걸으며 유머러스한 책들에 대해 이야기했다. 나는 그가 P. G. 우드하우스Woodhouse의 글을 높이 평가한다는 걸 알고 조금 놀랐다. 그는 〈허니서클 코티지〉라는 단편소설이 그가 읽은 가장 재미있는 소설에 속하는 것 같다고 말했다. 우리는 계속해서 길을 걸으며 세대마다 유머에 대한 취향이 얼마나 다른지 이야기했다.

비트겐슈타인 어느 오래된 책에서 읽은 장면이 기억나는군. 강가를 걸으며 책을 읽다가 한바탕 웃음을 터뜨리는 남자를 어떤 사람이 보는 장면이었지. 그 사람은 이렇게 말했어. "저 남자는 틀림없이《돈키호테》를 읽고 있을 거야. 저렇게 폭소를 터뜨리게 만드는 인물은 돈키호테뿐이거든." 그런데 난 《돈키호테》가 도무지 재미가 없네.

드루어리 볼테르의 《캉디드》도 무척 재미있는 책이라고들 하는데, 저는 전혀 재미있는 줄 모르겠더라고요.

비트겐슈타인 《캉디드》에 대해 나도 자네 생각에 동의해. 요즘 내가 굉장히 재미있게 읽는 책은 스턴Laurence Sterne의 《트리스트럼 샌디》야. 정말 마음에 드는 책이라네. 등장인물들이 신동에 대해 이야기하는 일화를 자네도 기억하겠지. 몇몇 사람이 신동에 관한 사례를 들먹이고 있는데, 그 가운데 한 사람이 태어나자마자 글 하나를 발표한 아기를 알고 있다고 말해서 모두의 입을 막아버리지. 그러자 닥터 슬롭이 그 글을 완전히 없애버려 언급조차 되지 못하게 했어야 했다고 응수하네. 오늘날 쓰인 많은 글들도 마찬가지야. 모두 깨끗이 지워버려 더 이상 이야기되어서는 안 돼. 나는 《트리스트럼 샌디》의 인물 가운데 트림 하사가 특히 마음에 들고, 그가 소리 내어 읽는 설교 내용이 아주 좋았어.

걷다 보니 나의 형이 사는 빅토리아 파크 로드까지 가게 되었다. 마침 그의 집이 대대적인 개축 작업 중이었다. 비트겐슈타인은 비계에 올라가 지붕 위에서 작업 진행 상황을 점검해야 한다고 고집했다. 그러고는 위에서 나에게 소리쳤다. "올라올 생각 말게, 굉장히 아찔해." 그는 아래로 내려와 작업이 어떻게 진행되고 있는지 자세하게 설명했다. 나는 매사 철두철미한 그의 모습이 인상적이었다.

*

우리는 베드퍼드 광장에 있는 형의 건축사무소에 잠시 들렀다. 형은 현장에 나가 자리에 없었지만, 비트겐슈타인은 사무소장인 토나르 씨와 이야기를 나누며 잠시 시간을 보냈다. 그들은 활발하게 대화를 나누는 것 같았다. 나중에 토나르 씨가 나에게 조용히 건넨 말이 재미있었다. "젊은이가 아주 똑똑한걸." 제도사 보조 한 명은 제대에 놓을 십자가를 디자인하고 있었다. 비트겐슈타인은 감정이 격해져서 이렇게 말했다. "아무래도 이번 생에 십자가를 디자인하긴 틀렸군. 십자가를 디자인하려고 애쓰느니 지옥에 가는 게 낫겠어." 우리는 사무실에서 나왔는데, 얼마 안 있어 그가 이렇게 말하며 다시 사무실로 돌아가는 것이었다. "십자가 디자인에 대해 그렇게 말하는 게 아니었어. 그런 쓸데없는 말을 하다니. 아무래도 돌아가서 내 말에 조금도 신경 쓰지 말라고 전해야 할 것 같아."

*

며칠 뒤에 우리는 다시 산책을 했다. 비트겐슈타인은 레싱에 대해 이야기하기 시작했다. 그는 레싱의 말을 특별히 힘주어 인용했다. "만일 신이 당신 오른손에는 모든 진리를, 왼손에는 진리를 향한 단 하나의 지칠 줄 모르는 노력을 쥐고 계신다면, 그리고 심지어 내가 언제나 영원히 실수를 저지르리라는 사실을 덧붙이시며 나에게 '선택하라!'고 말씀하신다면, 나는 그분의 왼손 앞에 겸손히 엎드려 이렇게 말해야 할 것이다. '아버지, 저에게 이것을 주소서! 진리 그 자체는 실로 당신만의 것이옵니다.'"[43] 그리고는 레싱의 책 가운데 나에게 읽어주고 싶은 부분이 있다고 말했다. 그래서 우리는 오던 길을 되돌아 서둘러 공립도서관으로 가서 독일어나 영어로 된 레싱의 책이 있는지 찾아보았다. 그러나 아무것도 찾을 수 없었다. 나는 그가 나에게 어떤 부분을 알려주고 싶었는지 전혀 듣지 못해 무척 유감스러웠다.

성당 경내를 지나 집으로 가는 길에, 우리는 리처드 후커$^{Richard Hooker}$의 동상 앞을 지나갔다. 비트겐슈타인은 그가 누구인지 나에게 물었다.

드루어리 그는 엘리자베스 시대의 신학자예요. 영국 성공회를 위한 유명한 해명서《교회 정치의 법칙》이라는 책을 썼습니다. 이 책에서 그는 가톨릭과 칼뱅주의 사이에서 중도를 취하려 노력했어요.

비트겐슈타인 내 생각엔 불가능한 일 같은데. 완전히 다른 두 교리 사이에서 어떻게 타협이 이루어질 수 있지?

비트겐슈타인은 당연히 이 문제를 고민했고, 다음 날, 철저한 부르주아 문화라면 그 같은 모종의 타협을 원했을지 모른다는 걸 이제 이해할 수 있다고 말했다.

*

우리는 길을 걷다가 현대적인 주택단지를 지나가게 되었다.

비트겐슈타인 이 집들을 봐. 자네를 보고 활짝 웃으면서 "날 좀 봐, 나 정말 예쁘지"라고 말하는 것 같군. 집에 이름을 붙이다니 이 무슨 유치한 관습인지.

우리가 콜레튼 크레센트^{Colleton Crescent}로 돌아갔을 때, 나는 한때는 모든 창문에 나무 덧문이 달렸었다고 그에게 말했다. 하지만 나무가 썩는 바람에 떼어내야 했고 그 바람에 초승달 모양^{crescent}의 거리가 망가졌다고 말했다.

비트겐슈타인 그렇군, 눈썹 없는 얼굴처럼 말이지.

*

오늘 그는 나에게 피아니스트인 그의 형, 파울 비트겐슈타인에 대해 이야기하면서, 그가 음악에 놀랄 만큼 조예가 깊다고 말했다. 한번은 친구들이 매우 다양한 시대의 수많은 작곡가들 가운데 아무나 한 사람을 골라 몇 소절 연주했는데, 그의 형이 작곡자가 누구이고 어느 시대에 만들어진 곡인지 한 치의 오차도 없이 정확히 맞혔다.[44] 반면 그는 형의 곡 해석을 좋아하지 않았다. 한번은 형이 피아노를 연습하고 있을 때 비트겐슈타인은 집안의 다른 방에 있었는데, 갑자기 연주 소리가 뚝 끊기더니 형이 그의 방으로 뛰어 들어와 이렇게 말하는 것이었다. "네가 이 집에 있으면 내가 연주를 할 수가 없어. 네 회의적인 태도가 문틈으로 기어들어오는 것 같단 말이야."

비트겐슈타인의 말에 따르면, 어머니는 악보를 보자마자 곧바로 읽을 줄 아는 놀라운 능력을 지녔다. 앞에 어떤 곡을 내밀어도 그녀는 음 하나 틀리지 않고 즉시 곡을 연주해냈다.

그들 가족의 친구 중에는 시각장애인 오르간 연주자가 있었다. 이 남자는 바흐의 48개 프렐류드와 푸가 전곡을 외워서 연주했다. 이렇게 연주할 수 있는 건 대단한 능력이라고 비트겐슈타인은 생각했다. 비트겐슈타인의 아버지는 이 친구의 생일 선물로 오르간을 제작해주었다. 브람스의 교향곡 4번이 초연되던 날, 객석에 앉아 연주를 듣던 오르간 연주자는 연주가 끝난 후 브람스에게 이렇게 말했다. "마지막 악장에서 시도하신 13번째 카논은 정말 대담했습니다." 그러자 브람스가 대답했다. "그걸 알아보신 분은 선생님뿐일 겁니다."

*

나는 1차 의학사 시험을 준비하기 위해 이제 더블린으로 돌아왔다. 시험을 보려면 인체 해부학에 관한 방대한 내용을 속속들이 암기해야 했다. 나는 비트겐슈타인에게 보내는 편지에 시험 준비가 무척 따분하고 힘들다고 말했다. 그러자 그는 이렇게 답장을 보냈다. "이런 고생을 겪을 수 있는 걸 감사해야 하네. 자네에게 꼭 필요한 훈련이니까." 같은 편지에서 그는 프랜시스 스키너와 더블린에 와서 나와 함께 의학을 공부하는 문제에 대해 진지하게 고민하고 있으니, 두 사람이 의대에 입학할 가능성이 있는지 알아봐달라고 부탁했다. 나는 지도교수를 찾아가 이 일을 문의했는데, 지도교수는 크게 충격을 받은 것 같았다. 케임브리지 트리니티 칼리지의 펠로와 대학교 강사가 하던 공부를 중단하고 의대에서 처음부터 다시 시작할 생각을 하다니!

*

또 다른 편지에서 비트겐슈타인은 자신에게 의사 자격이 주어진다면 나와 함께 정신과 의사로 일하면 어떻겠냐고 제안했다. 그는 자신이 정신의학 분야에 특별한 재능이 있을지 모른다고 생각했다. 그는 내 생일 선물로 프로이트의 《꿈의 해석》을 보내주었다. 그리고 이 책이 프로이트의 책 가운데 가장 중요한 책이라고 말했다. 그는 처음 이 책을 읽었을 때 속으로 이렇게 생각했다. "마침내 뭔가 중요한 말을 하는 심리학자를 만났군."

　나중에 다시 이에 관해 이야기 했을 때, 그는 이른바 정신분석 훈련이라는 걸 받고 싶지 않을 것 같다고 말했다. 그는 낯선 사람에게 자신의 생각을 전부 드러내는 것이 바람직하지 않다고 생각했다. 프로이트가 제시한 정신분석이 반종교적이라는 것이다. "아주 위험한 과정이야. 내가 알기로 막대한 해를 끼친 경우도 있다더군."[45]

*

비트겐슈타인과 프랜시스 스키너가 더블린을 방문했다. 나는 트리니티 칼리지 앞 광장으로 그들을 데리고 갔다.

비트겐슈타인 [다소 평범하고 단아한 건물을 둘러보며] '신교도 우위Protestant Ascendancy'라는 말이 무슨 뜻인지 이제 알겠군. 이 건물들은 마치 요새처럼 생겼어. 하지만 이제는 집시들이 성에 살지.

그는 더블린 거리의 조지아 왕조 시대 건축 양식에 대해 이야기했다. "이런 집들을 지은 사람들은 딱히 중요하게 할 말이 없다는 걸 알 만큼 고상한 취향을 지녔어. 그렇기 때문에 뭘 표현하려 하지 않았지."

저녁에 부두를 따라 걸으면서 우리는 하늘을 배경으로 윤곽이 드러난 킹스브리지 역을 보았다. 멀리서 보니 꽤나 인상적이었다. 비트겐슈타인은 더 가까이 가서 자세히 보고 싶어 했다. 그런데 막상 우리가 가까이 갔을 때 그는 고개를 저으며 이렇게 말했다. "세부 양식은 별로군. 예를 들어, 저기 처마돌림띠를 보라고. 내가 항상 자네에게 뭐라고 말했지? 밤은 건축가의 친구다!"

다음 날 우리는 물건을 사러 울워스에 갔다. 비트겐슈타인은 제법 저렴한 작은 카메라들을 눈여겨보았다. "이걸로 서로 사진을 찍어주면 재미있겠는걸." 그래서 그는 카메라 세 대를 사서 우리에게 하나씩 주겠다고 고집했다. 그런 다음 그는 도시의 전경을 보기 위해 넬슨 기념탑 꼭대기에 올라가고 싶어 했다. 우리는 사진을 많이 찍었지만 썩 잘 나오지는 않았다!

*

우리는 아일랜드어로 지은 거리 이름을 눈여겨보면서 언어를 되살리기 위한 노력에 대해 이야기했다.

비트겐슈타인 언어의 죽음은 언제나 비극적인 일이지. 하지만 언어의 죽음을 막기 위해 할 수 있는 일은 아무것도 없어. 남편과 부인의 사랑이 식을 때, 비극적인 일이지만 할 수 있는 방법이 아무것도 없는 것처럼 말이야. 죽어가는 언어도 그와 같아. 그렇지만 이런 아일랜드어 표지판을 설치하는 것으로 한 가지는 이룰 수 있겠지. 바로 우리가 외국에 있다는 걸 깨닫게 하는 것 말이야. 더블린은 영어를 사용하는 평범한 지방 소도시가 아니라, 진정한 수도의 면모를 갖추고 있어.

*

나치가 독일을 장악하던 때였다.[46]

비트겐슈타인 한 나라의 정권이 깡패들에 의해 장악된다는 것이 어떤 의미인지 생각해보게. 암흑기가 다시 다가오고 있어. 사람들이 마녀들처럼 화형당하는 그런 공포를 자네와 내가 살아생전에 보게 된다 해도, 드루어리, 난 놀라지 않을 거야.

드루어리 히틀러가 연설에서 한 말이 진심일까요?

비트겐슈타인 발레 무용수가 진실하던가?

*

나는 조카의 세례식 때 대부가 되어달라는 부탁을 받았다고 말했다.

드루어리 대부모는 악마와 악마가 저지르는 모든 일, 속세의 허영, 죄가 되는 모든 육욕을 아이의 이름으로 끊을 것을 약속해야 해요.[47] 제가 이런 말을 한다는 게 위선처럼 느껴집니다. 그렇게 살지 못했으니 말이에요.

비트겐슈타인 속세의 허영을 끊는다라. 그러려면 실제로 어떻게 행동해야 할지 생각해보게. 오늘날 누가 그런 걸 생각이나 할까? 모두가 존경받길 원하지. 성 바오로는 "나는 매일 죽는다"고 말했네. 그 말의 의미를 생각해봐야 해!

1938년

더블린 시립병원에서 전공의로 일할 때였다. 비트겐슈타인은 내가 이전에 살던 첼름스퍼드 로드에 위치한 하숙집에 머물게 되었다. 나는 병원 일을 쉬는 날이면 그와 저녁 시간을 함께 보냈다. 유럽의 상황은 날로 심각해지고 있었다. 나는 그를 알고 지낸 여러 해 동안 그가 신문을 읽는 걸 한 번도 본적이 없다는 사실을 문득 깨달았다. 실제로 그런 모습은 거의 상상조차 할 수 없었다. 그런데 요즘은 그를 보러 오면, 그의 첫마디는 대개 "뭐 새로운 소식이라도 있나?"였다. 어느 날 저녁 나는 그에게 히틀러가 오스트리아를 침략할 태세를 갖추었다고 모든 신문이 보도하고 있다고 말했다.

비트겐슈타인 말도 안 되는 헛소문이야. 히틀러는 오스트리아를 원치 않아. 오스트리아는 그에게 아무런 쓸모가 없을 거야.

바로 다음 날 저녁, 나는 그에게 사실상 히틀러가 오스트리아를 점령했으며, 전투 한 번 치르지 않고 완전히 장악할 것 같다고 말해야 했다. 그는 전날 저녁 자신이 했던 말을 언급하지 않았고, 놀랍게도 크게 동요하는 것 같지도 않았다. 나는 누이들이 위험하지 않겠냐고 물었다.

비트겐슈타인 누이들은 크게 존경받고 있어서 감히 함부로 건드리지 못할 거야.

*

우리는 피닉스 공원을 거닐었다. 나는 그에게 응급실에서 의무 기간을 채워야 하는데 일이 서툴러 걱정이다, 상처를 봉합하는 등의 정교한 수술을 해야 할 땐 움직일 수 없을 정도로 손이 떨린다고 말했다. 그런 다음 신학대학의 캐넌 커닝엄에게 의대에 진학하려 한다는 내 계획을 말했을 때 그가 나에게 했던 말을 비트겐슈타인에게 다시 한 번 말해주었다. "자네는 머리가 좋아 의사가 되기에 전혀 무리가 없을 거야. 하지만 의사가 자네 적성에 맞을지는 몹시 의심스럽군."

드루어리 혹시 실수를 하진 않았나, 의사로서 도움이 되긴 할까 때때로 걱정됩니다. 너무 불안해서 필요한 결정을 선뜻 내리기가 망설여지기도 해요. 하지만 그런 생각을 하는 것조차 잘못이겠지요.

비트겐슈타인 필요한 경험이 부족해서지. 현재로서 잘못이라면 그게 전부야.

다음 날 나는 병원에서 그가 보낸 편지를 받았다.[48]

*

비트겐슈타인은 더블린을 방문하는 동안 심각한 정신병 환자들과 대화할 수 있도록 자리를 마련할 수 있는지 나에게 물었다. 그들과의 대화가 그에게 무척 흥미로운 일이 될 거라고 말했다. 나는 성 패트릭 병원의 전공의와 친분이 있어서 그에게 이런 내용을 요청했고, 비트겐슈타인은 병원장인 레퍼 박사와 면담 후 곧 그들과 대화를 할 수 있게 됐다. 비트겐슈타인은 일주일에 이틀이나 사흘 병원에 가서 방문자가 거의 없는 장기 입원 환자 몇 명을 방문했다. 그는 한 노인에게 특별히 관심을 보였는데, 그에 대해 이렇게 말했다. "이 남자는 주치의들보다 훨씬 똑똑해."

비트겐슈타인 자네한테 말했던 그 노인 환자는 음악에 대한 지식이 해박해. 그에게 오케스트라에서 어떤 악기를 가장 좋아하느냐고 물었더니

"큰북"을 좋아한다고 하더군. 이건 아주 훌륭한 대답이야. 그의 말이 무슨 의미인지 정확히 알겠어.

더블린을 떠나기 전, 비트겐슈타인은 내가 이 환자와 인사를 해두어 앞으로도 계속 방문하길 바랐다. 이 환자는 이제 찾아오는 친척이 아무도 없었기 때문이다. 마침내 우리 세 사람이 만났고 나는 비트겐슈타인에게 환자를 소개 받았다. 그런 다음 이 환자는 지난번 비트겐슈타인과 시작한, 허버트 스펜서의 철학에 관한 토론을 이어갔다. 비트겐슈타인이 그에게 도움이 되도록 다정하게 대화를 나누는 모습이 무척 아름답게 보였다. 나는 때를 봐서 대화에 참여하려 했다. 그러자 비트겐슈타인이 즉시 "입 다물게"라고 말하는 것이었다. 나중에 우리가 집으로 걸어가고 있을 때였다.

비트겐슈타인 탁구를 치고 있는데 테니스 라켓을 사용하면 안 되지.

*

방학이 되어 더블린에서 돌아오는 길에 케임브리지에 있는 비트겐슈타인을 찾아갔다. 그는 그날 저녁 몇몇 학생들과 '미학'에 관한 강의와 토론을 연달아 진행해야 한다고 말했다. 그러면서 나에게 저녁에 오겠냐고 물었고, 당연히 나는 비트겐슈타인의 강의를 다시금 들을 수 있어 무척 기뻤다. 내가 그의 강의를 제대로 이해했다면, 그때 그가 한 말은 이런 내용이었다. 우리는 예술 작품, 가령 특정한 음악 작품의 의미를 이야기할 때, 마치 그 의미가 작품 자체와 분리될 수 있는 무엇인 것처럼 이야기해서는 안 된다. "베토벤 교향곡 9번을 듣는 즐거움 가운데 일부는 교향곡 9번을 듣고 있다는 것이다."

강의가 진행되는 동안 한 학생이 빠른 속도로 필기를 하고 있었다.

비트겐슈타인은 그에게 필기를 하지 말라고 했다. "즉석에서 쏟아낸 내 말들을 받아 적게 되면, 나중에 누군가가 내가 숙고해서 나온 견해인 줄 알고 출판할지 모르네. 나는 그렇게 되길 원하지 않아. 지금 나는 생각나는 대로 거리낌 없이 이야기하고 있는데, 이 내용들 모두 상당히 많은 생각과 더 나은 표현이 필요하기 때문이라네."

  (실제로 이 강의 내용은 나중에《미학, 심리학, 종교적 믿음에 관한 강의와 대화*Lectures and Conversations on Aesthetics, Psychology, and Religious Belief*》라는 제목으로 출판되었다.)[49]

*

유럽의 상황이 날로 심각해지고 있었다. 비트겐슈타인은 혹시 전쟁이 일어날 경우, 외국인으로 억류되고 싶지 않다고 나에게 말했다. 그러므로 그가 영국 국적을 신청할 때 추천인으로 우리 어머니 이름을 사용하는 것에 대해 어머니가 동의하실지 나에게 물었다. 물론 어머니는 동의했고 그는 영국 국적을 신청했다.

*

G. E. 무어가 곧 케임브리지 철학 교수직을 사임할 예정이었다. 비트겐슈타인은 그 자리에 지원할지 여부를 고민하고 있었다.

비트겐슈타인 내가 될 리는 없을 거야. 이제 난 '한물 간' 사람일 뿐인 걸. '뒷방 늙은이'를 누가 원하겠나. 심사자 중에 옥스퍼드의 콜링우드가 있더군. 그가 날 뽑는다는 걸 상상할 수 있겠나?

교수직에 임명된 후 비트겐슈타인은 브로드가 한 말을 나에게 전했다. "비트겐슈타인에게 교수직을 주길 거부하는 것은 아인슈타인에게 물리학과 교수직을 주길 거부하는 것과 같을 겁니다." 비트겐슈타인은 브로드가 자기와 같은 기질의 사람에게 반감을 갖고 있다는 걸 알았기 때문에 브로드의 찬사를 고맙게 여겼다.

비트겐슈타인 브로드는 아주 공정한 사람이야. 나는 그의 저서 《윤리 이론의 다섯 가지 유형》을 읽었지. 매우 잘 쓴 글이라고 생각했네.

1939년

비트겐슈타인을 다시 보기까지 제법 시간이 흘렀다. 그 동안 나는 의사 자격을 얻어 론다 밸리에서 어느 일반의의 보조 의사로 일하고 있었다. 이제 독일과의 전쟁은 불가피해 보였고, 전쟁이 일어날 경우 나는 영국 육군 의무부대에 입대해야 한다는 통지를 받았다. 상황이 이렇게 되자 비트겐슈타인과 프랜시스 스키너는 나를 보기 위해 사우스 웨일즈로 내려왔다. 나는 폰티프리드에 있는 한 호텔에 그들이 묵을 방을 잡았다. 그들이 도착한 날 밤, 아직 전쟁이 선포되지 않았는데도 시내 전체에 정전이 시행되었다. 우리는 깜깜한 어둠 속에서 길을 찾으려다 방향을 잃고는 무언가에 부딪쳤다.

비트겐슈타인 정전이라니 어처구니가 없군. 오늘 밤 이곳에 아무 일도 일어나지 않을 텐데 말이야. 이렇게 공황 상태에 빠지다니 영국답지 않은걸.

마침내 호텔에 도착했을 때 그는 여전히 정전에 대해 투덜대고 있었고, 호텔 지배인이 방까지 우리를 안내했다. 나는 반 농담으로 이렇게 말했다. "한 3년 지나면 이런 상황에 제법 익숙해지겠지요." 이 말에 비트겐슈타인과 프랜시스 스키너는 배를 잡고 웃었다. 지배인은 어안

이 벙벙한 표정이었다.

　다음 날 아침, 전쟁이 선포되었다. 나는 즉시 호텔에 찾아갔다. 비트겐슈타인은 몹시 불안해 보였다. 그는 관할 경찰서에 즉시 출두하라는 통보를 받았다. 아마 그의 외국 이름과 전날 저녁 우리의 우스꽝스러운 행동을 눈여겨 본 지배인이 우리를 의심해 경찰에 신고한 것으로 짐작되었다. 우리 세 사람은 경찰서에 갔고, 이내 신분과 국적을 증명할 수 있었다. 그러나 비트겐슈타인은 마음이 상한 듯 보였고 앞으로는 매우 조심해야겠다고 말했다.

*

나는 소집 영장을 받기 전에 엑서터에 돌아가 며칠 보내기로 했다. 비트겐슈타인과 프랜시스도 나와 함께 가기로 했다. 우리가 함께 보낸 이 며칠 동안 비트겐슈타인은 이제 선전포고가 내려졌으니 무엇을 해야 할지 걱정했다. 그는 케임브리지에 남고 싶지 않았고, 자신과 프랜시스는 응급구호대에 합류할 수 있을 거라고 생각했다.

　그가 떠나기로 한 전 날, 우리는 프랜시스를 뒤에 남긴 채 단둘이 마지막 산책을 했다.

비트겐슈타인 최근 루터의 글을 읽었어. 루터는 옹이가 많은 늙은 오크 나무처럼 아주 강인한 사람이지. 비유적으로 하는 말이 아니야.

드루어리 저도 루터의 글을 조금 읽어봤는데 깊은 인상을 받았습니다.

비트겐슈타인 그렇지만 나를 오해하지는 마. 루터는 성인은 아니었어. 아니고말고, 결코 성인이라고 할 수는 없지.

드루어리 아씨시의 프란체스코를 기준으로 한다면 결코 성인이라고 할 수 없을 거예요.

비트겐슈타인 아씨시의 프란체스코는 우리가 아는 한 순수한 영혼 그 자체인 것 같아. 나는 루터의 독일어 번역 성경보다 영어로 번역된 흠정역 성경이 전체적으로 더 마음에 들어. 영국의 번역자들은 성경 말씀을 깊이 숭배해서, 뜻을 이해하지 못하면 못하는 채로 기꺼이 놓아두었지. 하지만 루터는 간혹 자신의 생각에 맞추어 의미를 왜곡했어. 예를 들어, 성모 마리아를 향한 천사의 경배, *Ave gratia plena*(은총이 가득하신 마리아님, 기뻐하소서)를 번역할 때, 루터는 '사랑하는 우리 마리아' 같은 식으로 일반 대중이 시장에서 사용할 법한 표현을 사용하지.[50]

드루어리 루터는 성경의 정경政經 가운데에서 독자적으로 선택하길 서슴지 않았지요. 야고보서, 히브리서, 요한계시록은 거의 권위 없는 경전으로 여겼고요.

비트겐슈타인 전도서 같은 책이 정경에 포함되는 건 이상하지 않나? 내 생각을 말하면, 나는 베드로후서를 좋아하지 않네. 여기에서 베드로는 '사랑하는 우리 형제 바오로'에 대해 이야기하지만 분명히 두 사람은 끊임없이 충돌했거든.

드루어리 베드로후서는 후기 문서고, 베드로가 기록하지 않았다는 것이 일반적으로 합의된 사실이에요. 칼뱅은 성경을 무척 경외했는데 그조차도 이 부분에 대해 동의했지요.

비트겐슈타인 오, 그 말을 들으니 기쁜데.

나는 비트겐슈타인과 프랜시스를 배웅하러 역으로 갔다. 우리는 현재의 전쟁 상황에 대해 잠시 이야기했다.

비트겐슈타인 영국과 프랑스는 독일을 이길 수 없어. 하지만 히틀러가 어찌어찌 유럽 제국을 건설한다 해도 오래 가지는 못할 거라고 생각하네. 사람들은 러시아 혁명을 배신했다면서 스탈린을 비난해왔지만, 그들은 스탈린이 대처해야 했던 문제들이 무엇인지, 그가 러시아에 위협이 될 거라고 예상한 위험들이 무엇인지 모르잖아. 나는 영국 각료들 사진을 보면서 속으로 '돈 많은 늙은이들이 참 많다'고 생각했지.

1940년

1940년 여름은 굉장했다. 프랜시스는 독일의 기습 공격이 시작되기 전에 쓰러졌다. 영국 육군은 마지막 순간에 됭케르크에서 후퇴해 영국으로 수송되었다. 국내에서는 어떠한 희생을 치르더라도 독일의 침략 시도에 저항하기 위해 단결과 투지의 정신이 불타올랐다. 나는 요빌 근처 캠프에 주둔했다. 비트겐슈타인은 나를 방문하기 위해 며칠이나 걸리는 이곳으로 내려왔다.

비트겐슈타인 내가 영국 생활의 많은 특징들이 마음에 들지 않다고 말하는 걸 자네도 자주 들었을 거야. 하지만 영국이 막상 위험해 처하고 보니, 내가 영국을 얼마나 좋아하는지, 영국이 파괴되는 걸 보는 것이 얼마나 싫은지 알겠어. 정복왕 윌리엄 1세가 아주 좋은 거래를 했다고 종종 혼자 생각하네.

나는 캠프의 선임 군의관 때문에 너무 힘들다고 그에게 말했다. 그는 퇴역한 정규군 대령인데, 내 생각에 과거에 알던 의학 지식을 더 이상 기억하지 못하는 것 같았다. 그는 내 진단과 치료 방식에 일일이 트집을 잡으려 들었고, 자신의 서열로 나를 제압하는 건 말할 필요도 없었다. 비트겐슈타인은 특히나 지금처럼 위급한 시기에 군대에서 규율과

상관에 대한 복종이 얼마나 중요한지 설교를 늘어놓았다. 나는 그가 지난 전쟁에서 자신의 경험을 이야기하고 있다는 생각이 들었다.

비트겐슈타인 명심해, 드루어리. 아무도 좋은 시간을 보내기 위해 군에 입대
　　　　　　하지 않아.

1941년 1월

나는 중동에 배치되기 전에 리버풀에서 열대의학 과정을 수강하고 있었다. 비트겐슈타인과 프랜시스 스키너가 작별인사를 하기 위해 나를 찾아와 며칠 동안 리버풀에서 함께 지냈다. 그들이 오기 이틀 전, 항구와 시내에 맹렬한 공습이 가해졌다. 나는 그들에게 이 일을 이야기하고 있었다.

비트겐슈타인 공습이 벌어졌을 때 자네와 함께 있었다면 좋았을 텐데. 나라
　　　　　　면 그러고 싶었을 거야.

마침내 작별할 시간이 다가왔을 때, 비트겐슈타인은 나에게 은으로 만든 수통을 선물했다.

비트겐슈타인 은제 수통으로 마시면 물맛이 훨씬 좋아. 이 선물에는 딱 한 가
　　　　　　지 조건이 있네. 잃어버려도 걱정하지 말라는 거야.

*

내가 이집트에서 지낸 몇 년 동안 우리는 정기적으로 편지를 주고받았다. 비트겐슈타인은 이 편지들을 주로 '안부 편지'라고 부르곤 했다. 편지의 내용은 우리가 어디에 있는지, 잘 있는지 서로에게 알리는 게

전부였다. 지금 이 편지들을 간직하지 않은 것이 못내 안타깝지만, 불확실한 당시 상황에서는 누구도 미래를 염두에 두지 않았다.

비트겐슈타인은 가이 병원 조제실의 배달 사원으로 일하고 있다고 편지로 전했다. 그는 조제실에서 일하는 로이 포래커Roy Fouracre라는 젊은이와 친해졌다.[51] 간혹 비트겐슈타인이 서두르거나 불안해하면 그는 "침착하세요, 교수님"이라고 말했고, 비트겐슈타인은 이 말이 듣기 좋았다. 그의 업무 중 하나는 피부과에서 사용하도록 대량의 아연화 연고를 준비하는 것이었다. 병동 간호사는 지금까지 이렇게 아연화 연고를 잘 만든 사람은 없었다고 말했다.

나는 비트겐슈타인에게 보낸 편지에 철학 책이 너무 읽고 싶어 카이로에 있는 한 서점에서 브래들리Francis Bradley의 《진실과 실재에 관한 에세이》를 간신히 구했다고 전했다. 그런데 뜻밖에 책의 내용이 무척 흥미로울 뿐 아니라 여러 가지 생각할 거리를 제공했다. 비트겐슈타인은 브래들리가 내 마음에 든 건 전혀 놀라운 일이 아니라고 답장에 썼다. 그도 한때 브래들리의 책을(어떤 책인지는 밝히지 않았다) 열심히 읽었는데, 처음엔 무척 지루할 거라고 생각했지만 그가 대단히 '예리한' 사람이라는 걸 알게 됐다.

또 다른 편지에서 그는 스위스 신학자, 칼 바르트를 읽고 있다고 말했다. "이 책은 놀라운 종교적 체험을 바탕으로 한 게 분명해." 나는 답장에서 몇 년 전 케임브리지에서 그에게 바르트의 책을 읽어보라고 권했지만, 그가 아주 오만한 책이라며 묵살했었다는 걸 상기시켰다. 그는 다시는 이 책에 대해 언급하지 않았다.

1941년

어느 날 아침, 비트겐슈타인으로부터 편지 한 통을 받았다. 편지는 프랜시스 스키너가 급성 소아마비로 급작스럽게 사망했다는 소식을 전했다. 나는 이 일로 그가 얼마나 상심이 클지 알 수 있었다. 나 역시 프랜시스를 아주 잘 알았던 터라 그를 잃은 상실감이 컸다. [R. L. 굿스타인 교수는 《구성적 형식주의: 수학의 기초에 관한 에세이》 서문(1949년)을 다음과 같이 마무리했다: 끝으로 1941년에 케임브리지에서 사망한 소중한 친구 프랜시스 스키너에 대한 언급으로 서문을 마치겠다. 그의 업적, 마음과 정신의 탁월한 재능에 관한 모든 기록들은 다름 아닌 그를 알고 있는 운 좋은 이들의 기억 속에 오래 남을 것이다. (굿스타인 교수의 책 10쪽 참고 - 편집자 주.)]

*

비트겐슈타인은 편지에서[52] 뉴캐슬로 거처를 옮길 계획이라고 말했다. 가이 병원에서 일하는 동안 그는 의료진 식당에서 식사하라는 요청을 받았다. 그곳에서 그는 '쇼크'의 생리에 관해 연구하는 R. T. 그랜트 박사를 알게 됐다. 그랜트 박사는 비트겐슈타인이 제시한 의문사항과 의견들이 자신의 연구와 상당히 관련이 있다고 생각해, 그의 연구팀이 뉴캐슬로 이동할 때 팀에 합류할 것을 권했다.

  나는 그에게 보내는 답장에 새로운 일에 행운이 깃들길 빌면서, 많은 친구들을 사귀길 바란다는 멍청한 말을 덧붙였다. 아니나 다를까 그에게서 이내 단호한 답장이 날아왔다. "아무래도 자네 요즘 생각도 짧아지고 아둔해진 게 분명해. 내가 '많은 친구'를 사귀다니, 상상이나 할 수 있는 일인가?"

1943년

북아프리카의 군사작전이 끝나고, 나는 노르망디 상륙 작전을 준비하기 위해 다시 영국에 배치되었다. 나는 상륙 전에 잠시 휴가를 얻어 비트겐슈타인과 며칠을 함께 보내기 위해 뉴캐슬에 갔다. 엑서터에서 야간 기차를 타고 다음 날 아침식사 시간에 맞춰 뉴캐슬에 도착했다. 비트겐슈타인이 역에서 나를 맞았다. 그런데 마침내 우리가 만났을 때 그는 무척 냉담해 보였고 말이 없었다. 내가 그토록 고대했건만 우리가 함께 하는 아침식사 시간은 고역이 따로 없었다. 식사를 마친 뒤 그는 연구팀의 자기 방으로 나를 데리고 가 연구를 위해 자신이 직접 고안한 장치를 보여주었다. 그랜트 박사의 요청으로 그는 호흡(깊이와 비율)과 맥박(수와 비율) 사이의 관계를 연구 중이었다. 비트겐슈타인은 자신이 직접 피험자가 되어 회전 원통 위에 필요한 자료를 얻을 수 있도록 장치를 만들었다. 그는 원래 있던 장치를 바탕으로 몇 가지 개선 작업을 거쳤는데, 그랜트 박사가 비트겐슈타인은 철학자가 아니라 생리학자가 됐더라면 더 좋았겠다고 말할 정도였다.

비트겐슈타인은 지금까지의 연구 결과들을 설명하면서 과연 그다운 말을 했다. "자네가 언뜻 상상하는 것보다 훨씬 더 굉장히 복잡하다네."

그러고는 갑자기 이렇게 제안하는 것이었다. "나가서 기차를 타고 더럼에 가지 않겠나. 그곳의 강가를 걷자고." 우리는 그렇게 했고, 가는 동안 예전의 편안한 대화 방식을 되찾은 것 같았다.

비트겐슈타인 자네는 조금도 변하지 않았군. 예전이나 지금이나 똑같아.

나는 그의 말을 듣고서야 깨달았다. 그는 내가 군대에서 4년을 보냈으니 지금까지 우리의 우정이 식었을 거라고 완전히 확신했고, 그래서 우리가 처음 대면했을 때 분위기가 그토록 불편했던 것이다. 비트겐슈타인은 누군가에게 한번 고정관념이 생기면, 그 생각을 바꾸기 위해 상당한 증거들이 필요했다. 내 생각에 그는 사람들을 흑백 논리로 보는 경향이 있었다. 그렇지만 이와 관련하여 그가 이런 속담을 즐겨 인용했다는 걸 언급해야겠다. "여러 종류의 사람들이 모여 세상이 이루어진다." 그리고 이렇게 덧붙였다. "정말 아름답고 친절한 속담 아닌가."

더럼의 강가를 걸으며, 나는 이집트에서 겪은 일들을 이야기하기 시작했다. 그리고 휴가 기간에 룩소르의 신전들을 보러 여행한 이야기를 했다. 정말 멋진 경험이었다.

드루어리 깜짝 놀라다 못해 충격을 받은 일이 한 가지 있었어요. 어느 사원으로 가던 길이었는데, 벽에 호루스 신(Horus, 고대 이집트 신화에 등장하는 태양신 - 옮긴이)의 돋을새김 조각이 있더라고요. 자세히 보니 발기한 남근이 사정을 하고 그 정액을 그릇에 모으고 있는 거예요!

비트겐슈타인 도대체 왜 인류의 영속을 위한 행위를 경외와 숭배의 마음으로 보아서는 안 되는 거지? 모든 종교가 성性에 대해 성 아우구스티누스와 같은 태도를 가질 필요는 없네. 아니, 우리 문화에서조차 교회에서 결혼식을 올리지 않나. 그날 밤 무슨 일이 벌어질지 참석한 사람들 모두가 알고 있지만, 그렇다고 종교 의식이 거행되는 걸 막지는 않잖아.

1944년

내가 배치된 군 병원이 사우스 웨일즈의 란데일로에 주둔했다. 비트겐슈타인이 다시 스완지에 머물러 나는 가끔씩 그를 만날 수 있었다. 한번은 그를 찾아갔더니 그의 제자 한 명이 로마 가톨릭 신자가 됐다

며 편지로 안부를 전했다고 말했다.[53]

비트겐슈타인 요즘 난 온통 로마 가톨릭 개종자들한테 둘러싸인 것 같네! 그들이 나를 위해 기도를 할지 모르겠군. 그래주면 좋겠는데.

*

우리 부대는 조만간 '노르망디 상륙작전 디-데이'를 위해 승선지로 이동해야 했다. 나는 상륙선의 군의관으로 배치되어 비트겐슈타인에게 작별 인사를 하러 갔다.

비트겐슈타인 혹시 육탄전에 말려들게 되면 그냥 옆에 비켜서서 살해를 당해야 하네.

나는 이 조언이 그가 지난번 전쟁에서 스스로에게 다짐했던 말이었을 거라는 생각이 들었다.

얼마 후 우리가 다시 만났을 때 그는 상륙 작전 상황에 대해 물었다. 나는 뒤에서 커다란 함포들이 발사하면서 내는 소리가 정말 근사했다고 말했다.

비트겐슈타인 오 그래, 생생하게 기억나는군. 육중한 대포 소리는 정말 웅장하지. 그처럼 웅장한 소리를 내는 것도 없을 거야.

*

노르망디에 상륙한 뒤 나는 바이외 부근의 임시 주둔지에 배치되었다. 비트겐슈타인은 편지로 플라톤의 《테아이테토스*Theaetetus*》를 읽고 있다고 했다. "이 대화편에서 플라톤은 내가 지금 쓰고 있는 것과 같은 문제에 몰두하네." 며칠 뒤에 그는 《테아이테토스》 번역본 한 권을 나에게 보내주었고, 나는 주둔지에서 힘든 야영 생활을 하는 와중에도 이 책을 읽으려 애썼다. 그리고 그에게 보내는 답장에 '근사한cold' 책이라고 말하지 않을 수 없었다. 그러자 그는 이렇게 답을 보냈다. "그 편지를 쓸 땐 전혀 춥지cold 않았네."

1945년

전쟁이 거의 끝날 무렵 러시아 군대가 베를린을 포위하고 있을 때였다. 나는 영국에서 휴가를 보내고 독일로 돌아오는 길에 잠시 런던에 들러 비트겐슈타인과 몇 시간을 함께 보냈다.

비트겐슈타인 히틀러 같은 사람은 지금 상황이 얼마나 괴로울까.

그는 연민을 느끼며 말했다. 모두가 히틀러의 몰락을 흡족하게 여기는 때에, 비트겐슈타인은 히틀러가 지지한 모든 것을 혐오하면서도 동시에 비참한 상황에 처한 그의 고통을 생각할 줄 알다니, 놀랍다고 생각했다.

비트겐슈타인 자네는 독일로 이동하자마자 편지 분위기가 금세 바뀌더군. 자네가 행복하지 않다는 걸 알 수 있었네.

1946년

군 제대 후 나는 톤턴에 있는 한 병원에서 숙직 내과의사직을 맡았다. 당시 비트겐슈타인은 케임브리지에서 다시 강의를 시작했는데, 나를 보기 위해 톤턴으로 내려왔다. 그날은 그의 생일인 4월 26일이었다. 나는 19세기 프랑스 산 여행용 알람시계가 무척 마음에 든다고 했던 몇 년 전 그의 말이 떠올랐다. 황동 받침대와 유리 덮개로 이루어져 유리를 통해 시계 바늘이 돌아가는 걸 볼 수 있는 시계였다. 나는 그 같은 모양의 시계를 구해서 그에게 생일 선물로 주었다. 그는 선물도 선물이지만 자신이 무심코 했던 말을 내가 지금까지 기억하고 있었다는 사실을 무척 고마워했고, 그 모습을 보니 나도 무척 기뻤다. (몇 년 뒤에 그는 자신의 유언장에 이 시계를 리처즈 박사에게 남긴다고 밝혔다.)

이번 만남에서 우리는 영국 문학을 주제로 대화를 이어갔다. 그는 영국에는 썩 훌륭한 작곡가는 없지만, 반면에 영국 문학은 어느 나라의 문학과 비교해도 손색이 없을 거라고 말했다. 그는 영국의 시는 문체가 상당히 귀족적이라고 — 농경문화 전통에서 비롯한 러시아 시에 비해 — 생각했다. 그가 가장 좋아하는 두 명의 영국 시인은 쿠퍼William Cowper와 블레이크William Blake였다. 곧이어 그는 기억을 더듬어 블레이크의 시를 인용했다.

그들은 새들을 따뜻하게 감싼
모든 무심한 둥지를 살핀다
그들은 모든 짐승의 동굴을 찾아가
아무도 해를 입지 못하게 지킨다
아직 잠들지 못한 채
눈물 흘리는 이를 보면
그들은 그의 침대 맡에 앉아
머리에 잠을 부어준다.

그곳에서는 사자의 붉은 눈동자에서
황금빛 눈물이 흐르리라

연약한 울음소리 가여워

우리를 두루 돌아다니며

말하리라 '우리의 불멸의 날이 오면

그의 온순함이 분노를

그의 건강이 병을

몰아내리라고.'[54]

그는 인용을 마친 뒤 다음 구절을 반복했다.

아직 잠들지 못한 채

눈물 흘리는 이를 보면

그들은 그의 침대 맡에 앉아

머리에 잠을 부어준다

비트겐슈타인 정말 아름다운 구절이야.

계속해서 그는 많은 심오한 사상이 담긴 블레이크의 〈지옥의 격언 Proverbs of Hell〉[55]을 읊었다. 그러고는 갑자기 다음의 시를 읊었다.

예수는 영국인에게도 유대인에게도

도움이 되지 않을 것이다.[56]

1947–1948년

1년 이상 비트겐슈타인을 만나지 않았다. 나로서는 감정적으로 무척 혼란스럽고 막막한 시기였다. 전쟁을 경험한 후 마음을 진정시키기 힘들었기 때문이다. 처음으로 내 문제를 그와 의논하고 싶지 않다고 생각했다. 그가 나에게 행사하는 막대한 영향력이 두려웠고, 나 스스로 결정하고 싶었다. 편지를 보내지 않아도 괜찮다고 쓴 걸로 보아, 그는 내가 얼마나 힘든 시기를 겪고 있는지 알고 있었던 것 같다. 그렇지만 가끔 엽서라도 보내서 내가 어떻게 지내는지, 어디로 연락하면 되는지 알려달라고 했다.

마침내 나는 더블린에 있는 성 패트릭 병원에 직장을 잡게 되었고, 정신의학으로 전공 분야를 정했다. 이 일을 시작한 지 몇 개월이 지난 어느 날, 비트겐슈타인에게 편지 한 통을 받았다. 그는 케임브리지 철학과 교수직을 사임하기로 마음을 정했다고 했다. 강의를 계속하다간 절대로 책을 완성하지 못할 거라는 생각이 들었다는 것이다. 그는 글을 쓰려면 조용한 장소를 찾아야 하는데 어디에서 지내야 할지 결정하지 못했다. 나는 답장에서, 그가 아일랜드가 마음에 든다고 자주 이야기했다는 걸 상기시키며, 더블린이나 그 근처에서 장소를 찾으면 어떻겠냐고 물었다. 그렇게 해서 비트겐슈타인은 아일랜드에 오게 됐고, 나는 일하는 병원에서 가까운 로스 호텔에 그가 지낼 방을 예약했다.

비트겐슈타인은 내가 하는 일에 대해 자세히 물었다.

비트겐슈타인 자네의 정신의학 업무가 자네 적성에 딱 맞는다는 것이 증명된다 해도 나는 전혀 놀라지 않을 거야. 적어도 자네는 '천지간에 더 많은 것들이 있다' 같은 말을 알고 있으니까.

드루어리 제가 담당하는 환자들 가운데 어떤 환자들은 도무지 이해할 수 없는 증상을 보입니다. 그들에게 뭐라고 말해야 할지 모를 때가 많아요.

비트겐슈타인 정신질환은 늘 당혹스럽기 마련이지. 만일 내가 정신병에 걸린다면, 나는 자네가 상식적인 태도를 취하는 걸 가장 두려워할 것 같네. 내가 망상에 빠진 걸 당연하게 받아들이는 태도 말이야.[57] 난 가끔 자네가 이 일을 위해 적절한 유머 감각을 갖게 될지 궁금해. 자넨 상황이 계획대로 이루어지지 않으면 너무 쉽게 충격을 받으니 말이지.

나는 사간트^{William Sargant}와 슬레이터^{Eliot Slater}가 쓴 《정신의학에서 물리적 치료 방법》(초판)을 그에게 빌려주었다. 당시 우리 병원에서는 이 책을 기준으로 치료를 시행했다.

비트겐슈타인 훌륭한 책이야. 이 책에 담긴 정신이 마음에 들어. [그의 친구인 의대 학생을 언급하면서] 벤에게 이 책을 읽어보라고 해야겠네. 자네가 어떤 태도를 취했을지 아주 잘 알 것 같군. '자, 이제 이 치료법들이 과연 효과가 있는지 어디 한번 보자' 하는 태도를 취했겠지. 자네가 하는 일의 중요성을 경시할 생각은 추호도 없지만, 인간의 모든 문제가 이런 방식으로 해결될 거라고 생각하지는 마.

1948년

나는 병원을 쉬는 날이면 우리가 광고지에서 보았던 괜찮은 하숙집들을 살펴보기 위해 비트겐슈타인을 찾아갔다. 집을 살펴보러 나설 때마다 그는 소리 내어 웃으면서 "그럼 슬슬 염탐하러 가볼까"라며 미국 속어 표현을 사용하곤 했다. 우리는 많은 집을 봤지만, 그가 생각하는 마음에 드는 집은 찾을 수 없었다.

어느 날 저녁, 내가 병원에서 근무하고 있을 때 그가 찾아왔다. 우리는 의료진 식당에서 함께 식사를 했다. 식사 중에 나는 여러 차례 연락을 받았는데, 저녁 진료를 위해 많은 환자들이 대기 중이니 준비되는 대로 속히 자리에 와 달라는 내용이었다. 비트겐슈타인은 내가 진료하는 환자 수에 우려하는 기색을 보이더니 식탁에서 일어서며 이렇게 말했다. "내가 여기에 있으면 방해만 될 테니 그만 가야겠어." 다음 날 그가 묵고 있는 호텔에 찾아갔을 때, 그가 나에게 한 첫 마디는 이랬다. "드루어리, 안식일을 기억하게." 그의 말은 내가 쉬면서 생각할 시간을 가져야 하고, 계속 눈 코 뜰 새 없이 일만 하며 살아서는 안 된다는 의미였다. "기관지염을 앓는 노파 한 명만 돌보면 충분하지 않겠나." 나는 바쁜 병원에서 수련의가 왜 필요한지 그에게 이해시키기가 쉽지 않았다.[58]

이 일이 있은 지 얼마 후, 친구에게 위클로 주의 레드 크로스에 있는 한 농장에서 장기 투숙객을 받는다는 소식을 들었다. 비트겐슈타인은 가서 살펴보겠다고 말했고, 돌아오자마자 그처럼 조용한 환경이라면 일을 잘 할 수 있을 것 같다고 했다.

비트겐슈타인 버스를 타고 내려가는 내내 정말 아름다운 지역이라고 중얼거렸다네.

그렇게 해서 그는 레드 크로스로 내려가게 되었다. 내가 있는 곳과 너무 멀리 떨어져 이제는 그를 자주 보기 어려웠고, 주말에 한가할 때에야 겨우 방문할 수 있었다.

*

레드 크로스를 처음 방문하는 날, 비트겐슈타인은 아클로에서 가장 가까운 버스 정류장에서 나를 마중하기로 했다. 나는 버스에서 내리기도 전에 그의 얼굴 표정으로 모든 일이 잘 돼가고 있다는 걸 알 수 있었다. 그는 집이 기대 이상으로 지내기 좋고 일도 열심히 하고 있다고 말했다.

비트겐슈타인 어느 땐 아이디어가 어찌나 빨리 쏟아지는지 펜이 따라잡기 바쁘다는 느낌이 들 정도라네. 요즘은 교수직을 그만 두길 잘했다는 확신이 들어. 케임브리지에 있었으면 절대로 일을 끝내지 못했을 거야.

그는 위클로 전원의 아름다움에 찬사를 아끼지 않았고, 그가 가장 좋아하는 산책로 가운데 한 곳으로 나를 데리고 갔다. 언제나처럼 그는 내가 하는 일에 대해 물었고, 내가 치료하는 환자들 유형에 대해 듣고 싶어 했다.

비트겐슈타인 늘 의자를 들고 환자 곁에 앉도록 해. 군림하는 자세로 침대 끝에 서 있어서는 안 되네.[59] 환자들이 자네와 대화하는 시간을 갖는다는 기분이 들게 해야 해.
나는 자네가 활용하는 물리적 치료 방법을 생각해봤네. 이 방법과 프로이트의 방법이 모순되지 않더군. 만일 내가 꿈을 꾼다면, 저녁 식사로 나한테 맞지 않는 음식을 먹었다거나 하는 어떤 물리적 원인 때문이라는 거지. 하지만 내가 꾼 꿈, 꿈의 내용은 심리적으로 설명할 수 있을지 몰라. 내 생각에 내 꿈들은 프로이트가 주장한 것처럼 소망의 표현이 아니라 언제나 두려움의 표현인 것 같네. 억압된 두려움에 관해서라면 난 프로이트의 꿈의 해석만큼이나 설득력 있는 꿈의 해석을 정립할 수 있을 거야.
드루어리 프랑스 심리학자, 피에르 자네Pierre Janet도 똑같이 말했어요.

비트겐슈타인 프로이트의 연구는 프로이트와 함께 끝났지. 오늘날 그가 했
던 방식으로 정신분석을 할 수 있는 사람은 아무도 없어. 지금 정말
로 내 관심을 끄는 책은 프로이트와 브로이어가 함께 쓴 책일 거
야.[60]

*

비트겐슈타인은 여러 달 동안 줄곧 레드 크로스에서 지냈고, 나는 시
간 나는 대로 자주 그를 찾아갔다. 만사가 순조로운 것 같았다. 그러던
어느 날 비트겐슈타인에게서 전보 한 통을 받았다. 로스 호텔에 방 하
나를 예약하고 서둘러 자신을 보러 오라는 내용이었다. 그가 호텔에
도착하는 즉시 나는 그를 보기 위해 내려갔다. 그는 불안하고 고통스
러워 보였다.

비트겐슈타인 올 게 왔네.

드루어리 무슨 말씀이세요. 무슨 일 있으셨어요?

비트겐슈타인 내가 늘 두려워하던 일이 닥쳤네. 더 이상 연구를 계속할 수 없
을 것 같아. 지난 2주 동안 일에 손도 대지 못했어. 밤엔 잠을 잘
수도 없어. 내 방 아래층 사람들이 밤늦도록 떠들어대는데, 웅얼거
리는 음성이 쉴 새 없이 들려 정말이지 미쳐버릴 것 같아.

그러고는 농장 근처에 폐허가 된 시골집을 봐두었는데 저렴하게 수리
할 수 있을 것 같고, 그렇게 되면 자신에게 필요한 조용한 환경을 마련
할 수 있을 거라고 말했다. 나는 그와 프랜시스, 그리고 내가 함께 지냈
던 코네마라의 로스로에 있는 시골집을 그에게 상기시키며, 그곳이
지금 비어 있으니 원하는 기간 동안 얼마든지 사용할 수 있을 거라고
알려주었다. 이 생각에 다소 안심이 된 모양인지, 그는 이 방법이 문제

의 해결책이 될 수 있겠다고 말했다. 그런 다음 그는 이 문제를 심사숙고하기 위해 레드 크로스로 돌아갔고, 나는 그가 잠을 자는 데 도움이 되도록 약을 처방했다. 그리고 로스로에 편지를 써서 그가 시골집에서 지내기로 결정할지 모르니 준비해달라고 했다.

*

비트겐슈타인은 몇 개월 동안 로스로에서 지냈다. 로스로는 내가 병원에 휴가를 내고 가기에도 너무 먼 곳이라 도무지 그를 방문할 수 없었지만, 대신 우리는 정기적으로 편지를 주고받았다. 편지 내용으로 짐작컨대 집의 위치며 조용한 분위기가 그에게 잘 맞아 그는 다시 연구를 할 수 있게 된 것 같았다. 그는 그 지역에 서식하는 매우 다양한 종류의 조류를 관찰하는 데 상당한 흥미를 갖게 됐다고 말했다. 모이를 주어 길들인 새도 있고, 심지어 그에게 다가와 손에 놓인 모이를 먹는 새들도 있었다. 나는 그에게 조류 도감 몇 권을 보낼 수 있었는데, 그가 다양한 종류의 새를 알아보는 데 도움이 되었다. 그는 질색하는 집안일을 도맡아야 했지만 자신을 위해 좋은 수련이 된다고 말했다. 나는 그가 나에게 존슨의 《기도와 명상》을 자주 권했고 책도 주었다는 사실을 기억해, 보즈웰의 유명한 책 《새뮤얼 존슨의 생애》를 보내주었다. 그는 답장에서, 존슨이 보즈웰에게 그토록 깊은 우정을 느낀 걸 보면, 분명히 보즈웰에게 범상치 않은 면모가 있었을 거라고 말했다. 보즈웰은 존슨의 말을 인용할 때, 그가 한 말 그대로 정확하게 인용했는지 확신이 들지 않을 경우에는 그렇다고 밝혔는데, 비트겐슈타인은 이런 부분을 특히 칭찬했다. (나 역시 비트겐슈타인과의 대화를 기록하는 내내 이 경고를 명심하고 있으며, 내가 인용한 모든 대화에도 이 같은 경고가 적용되고 있음을 독자들이 기억해주기 바란다.)

　다음 해 가을, 비트겐슈타인은 암으로 위독한 상태인 누이를 보기 위해 오스트리아에 갔다. 돌아오는 길에 그는 로스 호텔에서 며칠 묵은 뒤 시골집으로 돌아가 겨울을 보내기로 결정했다. 그러나 우리는 이 문제를 이야기하면서, 만일 그가 코네마라에서 병이라도 날 경우 그를 돌봐줄 사람이 아무도 없고 치료 받을 방법도 전혀 없다고 판단했다. 그는 호텔이 편안하고 친절하며, 그가 묵는 호텔 맨 위층 방에는 석탄 난로를 들여놓을 수 있는 데다 무엇보다 조용하다는 걸 알게 됐다.

1948년 가을

비트겐슈타인이 묵고 있는 호텔은 피닉스 공원과 동물원에서 아주 가까운 곳에 위치했다. 나는 왕립 동물학 협회 회원이어서 그를 회원으로 추천했다. 이렇게 해서 그는 동물원에 무료로 입장하고 회원 전용 식당에서 식사할 수 있었다. 그는 이런 점을 마음에 들어 했고, 우리는 자주 동물원에서 산책과 식사를 했다. 호텔 안내 데스크의 젊은 여직원이 비트겐슈타인의 요구를 매우 세심하게 들어주어, 한 번은 비트겐슈타인이 감사의 표시로 동물원 회원 식당에서 함께 점심식사를 하자고 청했다. 이 일은 호텔 직원들 사이에서 크게 화제가 되었다.

그는 이따금 점심을 먹기 위해 그래프턴 가의 블리 카페에 갔다. 메뉴는 늘 오믈렛과 커피 한 잔이었다. 그는 카페에서 제법 알려지자 음식을 주문하지 않아도 종업원이 알아서 오믈렛과 커피를 가져다주는 것이 마음에 들었다. "훌륭한 카페야. 이런 체계 뒤에는 매우 훌륭한 관리 능력이 있기 마련이지."

이제 나는 거의 매일 비트겐슈타인을 볼 수 있었고, 병원을 쉬는 날엔 그와 더 오랜 시간을 함께 보냈다. 내가 보기에 그는 엄청난 양의 글을 쓰는 것 같았다. 그의 방에 갈 때마다 거의 항상 일을 하고 있었고, 한참 동안 일을 계속한 뒤에야 함께 외출하곤 했다. 언젠가 우리가 함께 점심을 먹기로 약속한 날이 기억난다. 그는 나에게 "일을 마칠 때까지 잠시만 기다리라"고 말하고는 두 시간 동안 줄곧 아무 말 없이 글을 썼다. 마침내 일을 마쳤을 때, 그는 우리가 약속한 점심시간이 한참 지났다는 걸 전혀 알지 못하는 것 같았다.

*

나는 글래스네빈에 있는 식물원으로 그를 안내했는데, 이후로 그는 종종 혼자서 그곳을 찾았다. 그는 난방이 잘 된 팜 하우스(Palm House, 열대 온실 - 옮긴이)가 겨울에 일하기 좋다고 생각해, 한동안 자주 작은 공책을 가지고 가서 식물원 계단에 앉아 일하곤 했다.

*

어느 날 오후 피닉스 공원을 걸으며 대화를 나눴다.

드루어리 저는 이해도 못하면서 역사적으로 훌륭한 철학자들의 책을 읽겠다고 많은 시간을 허비한 걸 가끔 후회합니다.

비트겐슈타인 난 자네가 그 책들을 읽었다는 사실을 전혀 유감스럽게 생각하지 않네.

드루어리 하지만 기껏 힘들게 읽었는데 기억나는 내용은 거의 없는 걸요.

비트겐슈타인 신체와 마찬가지로 정신에도 나름의 분비기관이 있지. 그러니 잊어버려도 괜찮아.

우리는 잠시 철학사에 관해 이야기했다.

비트겐슈타인 칸트와 버클리는 매우 심오한 사상가인 것 같네.

드루어리 헤겔은요?

비트겐슈타인 헤겔은 좋아질 것 같지가 않군. 내 생각에 헤겔은 늘 다르게 보이는 사물이 실제로는 같은 것이라고 주장하고 싶어 해. 반면에 나는 동일하게 보이는 사물이 실제로는 다른 것임을 증명하는 데 관심이 있지. 나는 내 책의 제사題詞로 〈리어 왕〉을 인용할까 생각하고 있었네. "내 그대에게 차이에 대해 가르치겠노라." [그러고는 웃으면서] "그대는 놀라움을 금치 못할 것이로다"도 제사로 나쁘지 않겠는걸.

드루어리 언젠가 키르케고르를 읽었는데 잠을 이룰 수 없을 만큼 마음이 몹시 어지러웠어요.

비트겐슈타인 자네는 키르케고르를 읽어서는 안 되겠군. 이제 난 키르케고르를 다시 못 읽겠어. 글이 너무 장황한데다 같은 이야기를 끝도 없이 하고 또 하니 말이야. 나는 키르케고르를 읽을 때마다 항상 이렇게 말하고 싶었지. "그래 알았어. 나도 동의해, 동의한다고. 그러니까 제발 다음 이야기로 좀 넘어가."[61]

드루어리 그가 중년이 되어서야 칸트의 핵심 사상을 접했다는 건 주목할 만해요.

비트겐슈타인 나는 아주 어릴 때 나의 핵심 사상을 접했지.

드루어리 쇼펜하우어요?

비트겐슈타인 아니. 나는 쇼펜하우어가 그의 철학에서 무엇을 알아냈는지 아주 분명하게 알고 있다고 생각해. 하지만 쇼펜하우어를 읽으면 밑바닥까지 너무 쉽게 보이는 것 같단 말이지. 칸트와 버클리가 심오하다는 의미에서 그는 심오하지 않아.

드루어리 저는 플라톤의 《파르메니데스Parmenides》를 읽어보려고 시도한 적이 있는데, 무슨 말인지 당최 이해할 수가 없더군요.

비트겐슈타인 이 대화편이 플라톤의 글 가운데 가장 난해한 글에 속하는 것 같아.

드루어리 아리스토텔레스의 글은 읽어보셨나요?

비트겐슈타인 아리스토텔레스의 글을 한 글자도 읽은 적 없는 전직 철학 교수가 여기 있네!

*

나는 비트겐슈타인에게 글을 쓰다 쉬고 싶을 때 음악을 들을 수 있도록 레코드플레이어와 그가 직접 선택한 음반 몇 장을 주고 싶다고 말했다.

비트겐슈타인 절대 그러지 말게. 그건 나한테 초콜릿 한 상자를 주는 것과 마찬가지일 거야. 나는 멈춰야 할 때를 모르고 계속 먹어버릴걸. 그렇지만 자네는 일을 마치고 피곤할 때 음악을 들어야 해.

그러고는 바로 다음 날 아침, 그는 내 방에 라디오 한 대를 배달했다.

*

나는 BBC 라디오3 프로그램에서 에이어와 코플스턴 신부가 '신의 존재'에 관해 토론을 한다는 신문 기사를 보았다. 이 사실을 비트겐슈타인에게 말했다.

비트겐슈타인 [웃으면서] 그렇다면 꼭 들어야겠는걸. 에이어와 예수회 신부와의 토론이라니, 절대 놓칠 수 없지.

그렇게 해서 토론이 있는 날 저녁 그가 내 방에 왔고, 우리는 함께 토론을 들었다. 방송이 진행되는 동안 비트겐슈타인은 아무 말이 없었지

만, 얼굴에 나타나는 표정 변화로 무슨 말을 하려는지 그대로 드러났
다. 마침내 토론이 끝났다.

비트겐슈타인 에이어는 뭔가 할 말은 있지만 굉장히 피상적이군. 코플스턴
　　　　신부는 토론에 아무런 기여를 하지 못했고.

1949년

그는 처음으로 자신이 지금 쓰고 있는 글에 대해 나에게 이야기했다.
그는 '오리-토끼' 그림을 보여주었다. (P II 194)

비트겐슈타인 어떤 것을 그 어떤 것으로 보는 데 무엇이 필요한지 말해봐. 쉽
　　　　지 않을 걸. 이것이 내가 요즘 골몰하는 생각인데 화강암만큼이나
　　　　단단해서 답이 보이지 않는군.
드루어리 제임스 워드James Ward는 "Denken ist schwer(생각은 어렵다)"고
　　　　말하곤 했지요.
비트겐슈타인 그래, 그는 자주 그렇게 말했을 거야. 무어도 그가 한 이 말을
　　　　인용했지. 하지만 난 이제 '생각은 어렵다'고 말하지 않겠네. 확실히
　　　　철학을 하다 보면 그렇게 느끼게 되는 단계가 있지. 지금 연구하는
　　　　이 주제가 화강암처럼 단단하지만 난 해결 방법을 알고 있어.

잠시 후 우리는 공원을 산책했다.

비트겐슈타인 브로드가 《논고》에 대해 이야기하면서 많은 부분이 생략됐다
　　　　고 한 말은 전적으로 옳았네. 《논고》의 모든 문장은 자세한 설명이
　　　　필요한 각 장의 제목으로 봐야 할 거야. 지금의 문체는 그것과 많이

다르네. 그 같은 실수를 피하려고 노력하고 있지.

교수직을 그만두었을 때 나는 마침내 허영심을 벗어버렸다고 생각했어. 그런데 지금 이 책을 쓸 때 사용하는 문체에서 내 허영심을 발견하네.

내가 지금 쓰는 글을 언젠가 자네가 읽을 수 있으면 좋겠군. 내 사고 유형은 지금 시대에 받아들여지지 않기 때문에, 나는 물살을 거슬러 아주 힘차게 헤엄쳐야 해. 아마 백 년은 지나야 사람들이 지금 내가 쓰는 글을 진정으로 원하겠지.

내 인생에서 음악이 갖는 모든 의미를 내 책에서 한 마디라도 하는 것은 불가능해. 그러니 내가 어떻게 이해받길 바랄 수 있겠나?[62]

나중에 다시 산책을 할 때 그가 말했다.

비트겐슈타인 내 책의 제목을 뭐라고 하면 좋을지 모르겠군. 나는 '철학적 단평Philosophical Remarks' 정도가 어떨까 생각하는데.

드루어리 그냥 '철학'이라고 하면 어떨까요?

비트겐슈타인 [화를 내며] 멍청한 소리 좀 하지 말게. 인류 사상사에서 그토록 중요한 의미를 지닌 단어를 어떻게 제목으로 사용할 수 있겠나? 마치 내 작업이 철학의 작은 한조각보다 중요한 뭐라도 되는 것 같잖아.

다음 날 그는 자신의 원고 내용을 케임브리지의 타이피스트에게 받아 적게 했다고 말했다.

비트겐슈타인 분명히 그녀는 내가 받아 적게 한 부분을 보고 도저히 이해할 수 없다고 생각했을 텐데, 그런데도 무슨 내용인지 설명해달라고 요구하지 않더군. 아주 훌륭한 자세야.

*

어느 날 우리는 동물원을 산책하면서 굉장히 다양한 종류의 꽃, 관목, 나무, 그리고 마찬가지로 매우 다양한 종류의 새, 파충류, 짐승들에 감탄했다.

비트겐슈타인 나는 항상 다윈이 틀렸다고 생각하네. 그의 이론은 이 모든 다양한 종들에 대해 설명하지 않아. 필요한 다양성을 언급하지 않지. 요즘 어떤 사람들은 마침내 진화가 자신의 전체 출현 과정을 이해하는 종을 만들어냈다고 말하길 좋아하더군. 자네는 그런 말을 할 리 없겠지.

드루어리 이젠 다른 동물들을 모아다가 동물원에 집어넣는 이상한 동물이 진화했다고 말할 수도 있겠어요. 하지만 지식과 이해의 개념들을 이런 계열에 끌어들일 수는 없어요. 이 개념들은 전혀 다른 범주입니다.

비트겐슈타인 그래, 그렇게 말할 수도 있지.

*

나는 비트겐슈타인에게 몇몇 초기 교부들에 대해 읽고 있으며, 지금 읽는 부분은 테르툴리아누스(Tertullian, 3세기 초 신학자, 서방교회 최초의 교부 - 옮긴이)에 대한 내용이라고 말했다.

비트겐슈타인 자네가 그런 책을 읽고 있다니 기쁘군. 그런 책들을 꾸준히 읽어야 하네.

드루어리 전에는 오리게네스^{Origen}를 읽었어요. 오리게네스는 세상이 끝나는 날 만물이 궁극적으로 회복될 거라고 가르치더군요. 심지어 사탄과 타락한 천사들조차 예전의 영광을 되찾을 거라고요. 이 개념이 제 관심을 끌었는데, 즉시 이단으로 비난을 받았더군요.

비트겐슈타인 당연히 그 개념은 거부되었지. 나머지 모든 개념을 무의미하게 만들어버릴 테니까. 지금 우리가 하는 일이 궁극에 가서 아무런 차이가 없게 된다면, 인생의 모든 진지함은 사라지고 말거야. 자네의 종교 사상은 언제나 성서보다 그리스 종교에 더 가까운 것 같아. 반면에 내 사상은 백 퍼센트 히브리적이지.

드루어리 네, 저도 그렇게 생각해요. 가령, 플라톤이 신들을 이야기할 때, 거기에는 우리가 창세기에서 요한계시록에 이르는 성경 전체에서 느끼는 경외감이 빠져있지요.* "그러나 그가 오는 날, 누가 당해내랴? 그가 나타나는 날, 누가 버텨내랴?"(말라기 3장 2절의 내용, 번역은 가톨릭 성서 참조 – 옮긴이)

비트겐슈타인 [가만히 서서 나를 골똘히 바라보며] 자네 방금 아주 중요한 말을 한 것 같네. 이 말은 자네가 깨달은 것 이상으로 훨씬 중요해.

*

올해 겨울을 호텔에서 지내는 동안 이따금 비트겐슈타인은 내가 회원으로 있는 더블린 왕립 협회에서 책을 빌려달라고 부탁했다. 나는 그가 주로 즐겨 읽는 분야가 역사라는 걸 알게 되어 흥미로웠다. 그가 읽은 책들 가운데 내가 기억하는 책은 매콜리Thomas Babington Macaulay의 《역사 비평 에세이*Critical and Historical Essays*》, (제2차?) 포에니 전쟁을 기술한 리비우스의 저서[63], 몰리John Moley의 《크롬웰의 생애》, 세귀르 백작 장군Comte de Ségur General의 《나폴레옹 역사》, 비스마르크의 《상념과 회고》(이 책은 도서관에서 빌린 것이 아니라 그가 소장한 책이었다) 등이

---

* 시몬 베유에게 플라톤을 어떻게 이해해야 할지 배우고 나니, 이런 발언을 하느니 차라리 혀를 깨무는 게 나았을 것 같다.

었다.

한번은 우리가 산책을 하면서 현대적인 주택들 앞을 지날 때, 그가 사우디Robert Southey의 《대화집Colloquies》 가운데 한 부분을 인용했다. 매콜리는 서평에서 이 책을 조롱했었다.

비트겐슈타인 사우디가 전적으로 옳았어. 이 집들과 관련해 생각해봐도 그래. "시간은 그것들을 원숙하게 만들지 않을 것이다. 자연은 그것들에 옷을 입히지도 그것들을 숨기지도 않을 것이다. 그것들은 언제나 정신에서처럼 눈에도 거슬리는 존재로 남을 것이다."

그는 사우디의 이 구절을 글자 그대로 옮길 만큼 이 부분에 깊은 인상을 받은 게 분명했다.

또 언젠가는 리비우스가 한니발에 대한 존경심을 도무지 감추지 못하는 것이 무척 재미있다고 말했다. 칸나에 전투가 끝난 뒤 한니발이 두 집정관에 대한 존경심을 표하기 위해 전쟁터를 수색해 그들의 시체를 찾은 일화는 그가 특히 좋아하는 부분이었다.

*

내가 생각하기에 비트겐슈타인 특유의 두 가지 특성을 유독 잘 보여준 사건이 있었다. 한 가지 특성은 세부적인 부분에 대한 면밀한 관찰이고, 또 한 가지 특성은 '완고함'이었다. 그는 한번 생각을 정하고 나면, 그의 판단이 잘못됐다고 주변에서 아무리 설득해도 요지부동이었다. 내가 호텔에 도착했을 때 그는 홀에 앉아 나를 기다리고 있었다.

비트겐슈타인 지금 호텔에 아주 근사하게 차려 입은 여자가 묵고 있는데. 절대로 영국인일 리는 없어. 영국 여자는 그렇게 취향이 고급스럽지

않거든. 분명히 유럽 어느 나라에서 왔을 거야. 여기에서 잠시 기다
려보자. 그녀가 계단에서 내려오면 누군지 자네에게 알려주겠네.

잠시 후 그녀가 나타났다.

드루어리 아, 제가 아주 잘 아는 여자예요. 몇 년 전에 엑서터에서 살다가 지
금은 결혼해서 더블린 근처에서 살고 있어요. 영국인이에요.

비트겐슈타인 [아주 회의적인 표정으로] 자네 말을 믿기 어려운걸.

실제로 그는 내 말이 틀리지 않았다는 걸 수긍하지 않았을 것이다. 잠
시 후 우리는 산책을 하러 나갔다.

드루어리 선생님이 주신 라디오로 파블로 카잘스가 연주하는 무반주 첼로
녹음 음반을 듣고 있었어요.

비트겐슈타인 예전에 앨버트 홀에서 카잘스의 연주를 들었지. 자네도 알겠
지만, 그는 첼로 소리 하나로 그 큰 건물을 가득 메울 수 있었네.
정말 대단한 연주였어.

드루어리 요즘 LP 레코드 녹음은 우리가 케임브리지에서 들었던 옛날 음반
에 비해 소리가 상당히 좋아요.

비트겐슈타인 재생 기술이 크게 향상되는 순간 음악이 어떻게 연주되어야 하
는지 아는 사람들이 점점 줄어드는 건 아주 특징적인 현상이지.

*

나는 몹시 괴로운 상태로 비트겐슈타인을 만나러 갔다. 나에게 일어
난 일은 이랬다. 나는 만성 알코올 중독자인 여자 환자를 치료하기 위
해 그녀를 병원에 입원시켰다. 그녀는 만취한 상태여서 병동에 도착

하자마자 입에 담기도 힘든 저속한 말로 간호사들에게 욕을 퍼부었다. 나는 환자를 진정시키기 위해 파라알데히드 한 모금을 마시게 하려 했지만, 환자는 컵과 약물을 내 얼굴에 던져버렸다. 그 순간 나는 완전히 이성을 잃어 벌컥 화를 냈고, 간호사들에게 사과하고 동료 의사에게 대신 치료를 부탁한 다음 병동을 나와야 했다. 나는 이 일을 비트겐슈타인에게 설명하면서, 아무래도 이 직업이 나에게 맞지 않는 것 같으니 병원을 그만두어야겠다고 말했다. 고맙게도 그는 나에게 일어난 일의 심각성을 축소하려 하지 않았다.

비트겐슈타인 간호사들에게 사과한 건 잘했네. 하지만 단순히 이 일만 가지고 직업을 그만두어서는 안 돼. 우리는 발을 헛디뎌 넘어지고, 발을 헛디뎌 넘어지기를 반복하지. 그럴 때 우리가 할 일은 한 가지, 그냥 일어나서 가던 길을 가려고 애쓰는 것뿐이야. 적어도 이것이 내가 평생 동안 해야 했던 일이지. 자네가 일을 하다 중대한 실수를 할 경우 몹시 괴로워하지 않을까 나는 자주 걱정이 됐네.

*

피닉스 공원을 걸으면서 그가 말했다.

비트겐슈타인 드루어리, 자네가 가장 좋아하는 복음서는 뭐지?

드루어리 그런 생각을 해본 적이 없습니다.

비트겐슈타인 나는 마태오복음이 가장 마음에 들어. 내 생각에 마태오복음에는 모든 내용이 담겨있는 것 같네. 그런데 네 번째 복음서(요한복음 - 옮긴이)는 잘 이해가 안 돼. 그 긴 이야기를 읽고 있으면, 공관복음서(마태오, 마르코, 루가의 3복음서 - 옮긴이)에서 말하는 사람과 다른 사람이 말하고 있는 것 같아. 공관복음서를 생각나게 하는 유일한 사건은 간음한 여인에 대한 이야기뿐이지.

드루어리 그 부분은 가장 신뢰할 만한 필사본 어디에서도 발견되지 않아 나중에 추가된 것으로 대부분의 학자들은 추정하고 있습니다. 루가 복음의 일부 필사본에서 찾아볼 수 있지요.

비트겐슈타인 내가 네 번째 복음이 이해하기 어렵다고 S-에게 말했더니, 그는 나를 보면서 굉장히 이상하게 미소를 짓더군. 그 미소를 어떻게 말로 설명할 수가 없네. S-는 내가 만난 사람들 중에 가장 신앙심이 깊은 사람이야. 그가 로마 가톨릭 사제가 된다 해도 나는 전혀 잘못됐다고 생각하지 않을 거야. 물론 그는 결혼해서 이제 그럴 수 없을 테지만.

우리는 신약성경에 대해 잠시 계속해서 이야기를 나누었다.

비트겐슈타인 자네는 신이 인간이 되신 기적을 받아들일 수 있으니, 이런 어려운 내용들은 아무것도 아니겠군. 그런데 나는 그런 사건을 어떤 형식으로 기록해야 하는지도 알지 못하겠네.

드루어리 초기 교부인 락탄티우스^Lactantius도 그와 같은 말을 했던 것 같아요. 소설이나 희곡이라면 사실상 개연성이 있어야 하겠지만, 이 인간의 구원 계획에 왜 개연성이 있어야 하는 걸까요?

비트겐슈타인 내가 초기 교부 중 한 사람과 같은 생각을 했다는 말을 들으니 기분이 좋은걸. 한때 나는 바오로 서간은 복음서들과 다른 종교의 경전인 줄 알았네.[64] 하지만 지금은 내가 틀렸다는 걸 확실히 인정해. 복음서와 바오로 서간 둘 다 동일한 종교의 경전이지.

*

우리는 식물원을 거닐면서 건축에 대해 이야기하기 시작했다.

비트겐슈타인 크렘린의 성 바실 대성당은 내가 본 가장 아름다운 건축물에
    속하지. 이 성당에 얽힌 이야기가 하나 있는데, 사실 여부는 모르겠
    지만 사실이면 좋겠어. 완공된 성당을 본 폭군 이반(Ivan the
    Terrible, 이반 4세 - 옮긴이)이 건축가가 더 이상 아름다운 건물
    을 설계하지 못하도록 그의 눈을 멀게 만들었다는 거야.

나는 이 끔찍한 이야기가 사실이길 바란다는 비트겐슈타인의 말에
너무 충격을 받아 적당히 대꾸할 말을 찾지 못한 채[65] 고개만 가로저
었다.

*

다른 날 다시 피닉스 공원을 걸으며 대화를 나눴다.

비트겐슈타인 드루어리, 자네는 아주 비범한 인생을 살았어. 먼저 케임브리
    지에서 수년 간 철학을 공부한 다음 의대생이 됐고, 전쟁을 경험한
    후 이제는 정신의학 분야에서 전혀 새로운 일을 하고 있으니 말이야.
드루어리 그렇지만 한 가지 무척 꺼림칙한 기분이 드는 일이 있습니다. 종교
    적인 삶을 살지 못했다는 거요.
비트겐슈타인 결코 의도한 바는 아니지만, 어떤 면에서 자네가 나를 알게 되
    면서 신앙심이 약해졌다고 생각하니 마음이 좋지 않군. 나를 만나
    지 않았더라면 독실한 종교 생활을 했을 텐데 말이야.
드루어리 그렇게 생각하시면 제 마음도 좋지 않은데요.
비트겐슈타인 종교적인 측면에서 여러 가지 실험을 시도해보는 것이 좋을 것
    같네. 실험을 통해 나에게 도움이 되는 것과 그렇지 않은 것을 알아
    가는 거지. 나는 이탈리아에서 전쟁 포로가 됐을 때 강제로 미사에
    참석하는 것이 정말 좋았어. 매일 아침 미사 참례로 하루를 시작하

면 좋은 마음 상태로 하루를 시작하는 데 도움이 될지 한번 실험해 보는 게 어떻겠나? 자네에게 로마 가톨릭 신자가 되라는 의미는 절대 아니야. 그건 자네에게 전혀 어울리지 않을 거야. 내 생각에 자네 종교는 자네가 아직 발견한 적 없는 무언가를 갈망하는 형태를 취할 것 같네.

드루어리 오래 전 우리가 레싱에 대해 했던 이야기 기억하시죠. 레싱은 절대적 진리를 지니기보다, 왼손에 든 선물인 진리를 추구하기 위한 노력을 택하겠다고 말했어요.

비트겐슈타인 레싱의 말이 옳을지도 모르지. 하지만 레싱이 표현한 것 이상으로 훨씬 깊은 마음 상태가 있는 것 같네.

드루어리 미사에 관한 선생님 제안은 저에게 도움이 될 것 같지 않습니다. 저는 무슨 말인지 알아들을 수 없는 라틴어 미사보다는 어릴 때부터 익숙한 영어 예배가 여전히 더 좋거든요.

비트겐슈타인 그래, 이해하네.

드루어리 하지만 소박한 프로테스탄트 전통 속에서 자란 아이보다 로마 가톨릭 전례의 다채로운 상징 속에서 자란 아이가 종교적인 경이로움에 더 강하고 깊은 인상을 받을 거라고 생각해요.

비트겐슈타인 그건 전혀 동의할 수 없는 걸. 난 아이가 유들유들한 로마 가톨릭 사제보다는 품위 있는 프로테스탄트 목사에게 교육받는 것이 훨씬 좋을 거라고 생각하네. 이곳 더블린의 성직자들 얼굴을 보니, 로마 가톨릭 사제보다는 프로테스탄트 목사가 덜 거만한 것 같더군. 내 생각에 자신들이 극히 소수 집단이라는 걸 스스로 알기 때문이 아닐까 싶어.

잠시 후 산책을 하면서 그가 말했다.

비트겐슈타인 아까 자네가 어린이 교육에 대해 의견을 제기해서 기쁘군. 그
문제에 관한 내 생각은 아주 확고해. 최근에 어떤 책을 읽었는데,
저자는 오늘날 우리의 부르주아 문명을 일으킨 인물이 칼뱅이라면
서 그를 비난하더군. 그런 논지를 그럴듯하게 펼치기는 아주 쉽겠
지. 하지만 나라면 칼뱅 같은 사람이 무슨 일을 했더라도 감히 그를
비난하지는 않을 거야.

드루어리 그렇지만 칼뱅은 미카엘 세르베투스를 이단이라며 화형시켰는걸
요!

비트겐슈타인 자세히 이야기해보게.

그래서 나는 삼위일체 교리를 부인한 세르베투스의 이단적인 책에 대
한 이야기와, 그가 고의적으로 칼뱅이 한창 설교 중일 때 제네바의 교
회 안에 들어온 일화를 꽤 자세하게 들려주었다.

비트겐슈타인 이런! 일부러 자신의 죽음을 자초했군. 세르베투스가 그랬다
는 게 사실이라면, 칼뱅은 그를 체포하는 것 말고 달리 할 수 있는
일이 없었겠는걸?

*

이 무렵 비트겐슈타인은 몸이 좋지 않다고 나에게 호소했다. 오른쪽
팔의 통증이 재발한 데다 전반적으로 탈진한 기분이라고 했다. 나는
그가 트리니티 칼리지 의대 교수에게 진찰을 받을 수 있도록 예약을
잡겠다고 말했다. 나는 과거 이 의사에게 수업을 받은 적이 있어서 그
의 진단 실력을 높이 평가했다. 비트겐슈타인은 예약을 잡아달라고
했다.

비트겐슈타인 좋아, 그 의사를 찾아가 보겠네. 내가 내 몸 어디가 잘못됐는지 정확한 사실을 알고 싶은 지성인이라고 그에게 꼭 말해주길 바라. 내 문제가 무엇인지 솔직한 설명을 듣고 싶어 한다고 말이야.

비트겐슈타인은 진찰을 받았고, 그 결과 종합검진을 위해 병원에 입원해야 했다. 그가 입원해 있는 동안 나는 그를 면회하러 갔다. 그는 과거에 가이 병원에서 담낭 절개 수술을 받았던 경험을 이야기했다.

비트겐슈타인 당시 외과의사와 마취과의사 모두 나에게 전신마취를 하라고 설득했지만 나는 척추마취를 받겠다고 고집했지. 그리고 그들이 수술하는 모습을 볼 수 있도록 거울을 설치해달라고 요구했어. 그 요구는 완강히 거부됐지만 결국엔 내가 바란 대로 됐지. 전등 불빛이 수술대 위를 비추어 모든 장면을 볼 수 있었거든. 며칠 뒤에 끔찍한 두통을 앓았는데, 척추마취 후에 종종 그럴 수 있다지 뭔가. 조금만 환자 입장을 생각해서 미리 이 사실을 말해주었더라면 난 전신마취에 동의했을 거야. 당시 가이 병원에는 일을 아주 잘하는 야간 근무 간호사가 있었어. 나는 그 간호사에게 병실에 올 때 내가 잠들어 있으면 잠깐 이야기 좀 하게 나를 깨워달라고 부탁하곤 했었지.
그나저나 가이 병원은 환자들이 산책할 수 있는 정원도 마련하지 않았으면서 정신병 환자를 위한 요크 클리닉^{York Clinic}를 짓다니, 참 어처구니가 없더군. 모든 정신병원은 환자가 산책도 하고 쉴 수 있는 넓은 정원을 갖추어야 해.

검진 결과, 원인을 알 수 없는 빈혈 증상만 발견되었다. 그는 필요한 치료를 시작했고, 이따금 검사실에 가서 병세가 호전됐는지 검사해야 했다.

비트겐슈타인 혈액 검사를 받으러 갈 때 의사가 내 결막 색깔을 확인한 다음 생화학 검사를 위해 샘플을 채취하는 절차가 마음에 들어. 요즘 의사들은 과학적이 아니라고 할까봐 어찌나 겁을 내는지 간단한 절차조차 무시해버리거든.

그는 한동안 치료를 받은 후 한결 건강해진 기분이며 더 이상 팔의 통증에 시달리지 않는다고 말했다. 그의 옛날 제자이자 친구가 그에게 미국에 방문해 오래 지내다 가라고 초대해서, 그는 그곳에서 여름을 보낸 뒤 겨울에 돌아와 로스 호텔에서 지내기로 했다고 말했다. 그가 더블린을 떠나기 전날 저녁, 나는 그의 집에 가서 그가 짐을 싸는 걸 돕고 무엇을 가지고 가야 할지 함께 궁리했다. 그는 공책과 원고, 타이프로 친 원고 더미들을 잔뜩 꾸리고 있었다.

비트겐슈타인 지금은 오스트리아에서 사제로 일하는 옛 친구에게 편지 한 통을 받았어. 편지에서 그는 내 일이 신의 뜻이라면 잘 되길 바란다고 하더군. "이 일이 신의 뜻이라면." 이것이 지금 내가 바라는 모든 것이라네. 바흐는 자신의 〈오르간 소곡집〉 표제지에 이렇게 썼지. "가장 높은 신의 영광을 위하여, 그것으로 내 이웃이 혜택을 받을 수 있기를." 그것이 내가 내 연구에 대해 말하고 싶었던 거라네.[66]

*

언젠가 나는 비트겐슈타인에게 혹시라도 케임브리지에 있을 때 병원에 갈 일이 생기면 에드워드 베번 박사를 찾아가라고 말한 적이 있었다. 나는 베번 박사와 같은 부대에 소속되면서 그를 알게 되었고, 그에게서 이상적인 의사의 모습을 보았다. 미국에서 지내다 돌아오는 길에[67] 이미 몹시 아픈 상태였던 비트겐슈타인은 케임브리지에 있는 폰 브릭트 교수 집에 머물게 되어 베번 박사를 찾아갔다. 얼마 후 나는 베번 박사의 전보를 받았는데, 비트겐슈타인에게 전립선암 확진을 내렸다는 내용이었다. 이런 종류의 암은 대개 호르몬 치료에 차도를 보이고 생명이 몇 년 더 연장될 수 있다.[68] 비트겐슈타인은 지금은 더블린으로 돌아가지 않고 영국에서 지내면서 자신의 치료를 관리하겠다고 편지에 썼다. 그는 영국 병원에서 죽어간다고 생각하면 끔찍하지만, 베번 박사가 혹시 필요하면 박사의 집에서 간호를 받으며 마지막 날들을 보낼 수 있게 하겠노라고 약속했다고 전했다.

1951년

이탈리아에서 신혼여행을 마치고 돌아오는 길에 비트겐슈타인을 보러 케임브리지에 들렀다. 그 무렵 그는 베번 박사 집에서 지내고 있었다. 그는 안색이 상당히 안 좋았지만 정신은 어느 때보다 맑고 활기찼다.

비트겐슈타인 의사들이 이제 호르몬[69]과 엑스레이 치료를 계속해봐야 소용 없다고 하더군. 그 말을 듣고 어찌나 안심이 되던지. 자네도 알다시피 나는 평생 의사들을 비난하는 편이었지. 그런데 이제 말년에 운 좋게도 아주 훌륭한 세 명의 의사를 만나게 됐어. 먼저 자네가 더블린에서 소개한 교수, 맬컴이 미국에서 만나게 해준 박사, 그리고 베번 박사.

내가 오래 살지 못할 거라는 걸 알면서도 '내세'를 전혀 생각하지 않다니 참 이상하지 않은가. 내 모든 관심은 여전히 현세와 아직 쓸 수 있는 글이 전부야.

우리는 나의 이탈리아 방문에 대해 잠시 이야기했다. 그는 괴테의 이탈리아 방문에 대해 말하면서 자신에게 깊은 인상을 주었다고 했다. 어쩌다 보니 ― 왜 그렇게 됐는지는 잘 기억나지 않는다 ― 다시 성경을 주제로 대화를 나누게 됐다.

드루어리 구약성경의 어떤 내용은 상당히 불쾌한 기분이 들어요. 예를 들어, 아이들이 예언자 엘리사를 대머리라며 놀리는 이야기요. 아이들이 "올라가라, 대머리야"라고 놀리자 신이 숲에서 여러 마리의 곰을 내보내 아이들을 잡아먹게 했지요.

비트겐슈타인 [매우 단호하게] 그런 식으로 원하는 구절을 골라서는 안 되네.

드루어리 그렇지만 이보다 더 적당한 구절은 없는걸요.

비트겐슈타인 구약성경이 키르케고르 같은 사람에게 어떤 의미였는지 기억하게. 결국 아이들은 곰들에게 죽임을 당했어.

드루어리 네, 그렇지만 그 같은 비극이 특정한 악행 때문에 신이 직접 내린 처벌로 일어났다는 사실을 생각해봐야 합니다. 신약성경에서는 정반대의 이야기가 나오지요. 실로암 탑이 무너질 때 그 아래 깔린 사람들이 다른 사람보다 악하지 않다고 말이에요.

비트겐슈타인 그 구절은 지금 내가 말하는 내용과 관련이 없네. 자네는 내용을 이해하지 못하고 있어, 전혀 알아듣지 못하고 있다고.

나는 뭐라고 대꾸해야 할지 몰랐다. 이 대화가 그를 불쾌하게 만든 것 같아 더 이상 아무 말 하지 않았다.

잠시 뒤에 우리는 좀 더 사소한 문제들을 이야기하기 시작했다. 내가 역에 갈 시간이 됐을 때, 피곤할 테니 굳이 그러지 말라고 만류했지만 비트겐슈타인은 역까지 함께 가겠다고 한사코 고집을 부렸다. 역으로 가는 길에 그는 갑자기 조금 전 구약성경에 대한 우리의 논쟁을 언급했다.

비트겐슈타인 그 문제에 대해 편지로 이야기하겠네.

기차가 출발하기 직전에 그가 말했다. "드루어리, 어떤 상황에서도 생각을 멈추지 말게." 이 말이 그에게 들은 마지막 말이었다.

*

더블린으로 돌아온 지 불과 며칠 뒤에 나는 베번 박사의 전보를 받았다. 비트겐슈타인의 사망이 임박하며 그가 내가 와주길 청한다는 내용이었다. 나는 즉시 출발했다. 베번 박사의 집에 도착했을 때, 박사는 현관에서 나를 맞으며 이렇게 말했다. "앤스컴 양과 리처즈, 스마이시스는 벌써 와있네. 스마이시스는 비트겐슈타인도 아는 도미니코회 신부와 함께 왔어. 그들이 왔을 때 비트겐슈타인은 이미 의식이 없는 상태여서, 신부가 임종을 앞둔 사람을 위한 기도문을 읽고 조건부 사죄를 주어야 할지 아무도 결정하지 못하고 있네."

나는 가톨릭교도 친구들이 자신을 위해 기도해주길 바란다고 했던 비트겐슈타인의 말을 떠올리며, 어떤 식으로든 관례적인 절차를 밟아야 한다고 말했다. 곧이어 우리는 모두 비트겐슈타인 방으로 올라가 무릎을 꿇었고 사제는 해당 기도문을 암송했다. 잠시 후 베번 박사가 비트겐슈타인의 사망을 선고했다.

모두들 장례 절차에 대해 한참 동안 말을 꺼낼 수 없었다. 아무도 입을 열 준비가 되어 있지 않은 것 같았다.

드루어리 비트겐슈타인이 톨스토이의 삶에서 일어난 한 가지 사건을 말했던
기억이 납니다. 톨스토이의 형이 사망했을 때, 당시 러시아 정교회
를 엄격하게 비난했던 톨스토이는 교구 목사를 불러 정교회 예식
에 따라 형을 매장했지요. 비트겐슈타인은 이렇게 말했습니다. "비
슷한 상황에서 나도 바로 그렇게 했어야 했겠지."

내가 말을 마쳤을 때, 사제가 묘지에서 로마 가톨릭의 통상 기도문을
전부 읽어야 한다는 데 모두들 동의했다. 다음 날 아침, 합의한 대로
예식이 행해졌다. 그러나 나는 당시 우리의 결정이 옳았는지 이후로
줄곧 마음이 편치 않았다.

후기

러시 리스

나는 파스칼 여사의 회고록과 드루어리 박사의 대화록에서 동시에 언급된 두 가지 사실에 주목했다. 첫 번째는 비트겐슈타인이 '고백서'를 써서 소수의 가까운 친구와 친척들에게 보여주었다는 점이고, 두 번째는 비트겐슈타인이 1935년에 러시아로 건너가 정착할 계획을 세웠다는 점이다.

두 경우 모두 그의 의도를 밝힐 생각은 없다. 다만 내가 들은 비트겐슈타인의 말과 그가 쓴 글 가운데 어떤 것이든 관련 있다고 생각되는 내용들을 종합하고자 한다.

Ⅰ.

1937년, 비트겐슈타인은 파스칼 여사의 집에 와서 그녀에게 '고백'을 하고 싶다고 말했다.(71쪽 참조) 그보다 먼저 1931년에는 드루어리에게 자신이 작성한 '고백서'를 가지고 와서 읽어달라고 고집했다.(193쪽 참조) 두 경우 모두, 그 자리에 있던 소수의 다른 사람들도 그의 고백을 함께 보거나 들었다. 가령, G. E. 무어와 프랜시스 스키너는 두 차례 모두 있었고, 1937년에는 파울 엥겔만이, 1931년에는 코더 교장이 비트겐슈타인의 가족 몇 명과 함께 있었다. 내가 알기로 이들은 자신들이 보고 들은 내용을 통해 비트겐슈타인의 인격을 새로운 시각으로 보게 되었다는 식의 의견을 조금도 내비치지 않았다. 오히려 그의 고백은 자신의 삶의 방식과 연구 방법에 대한 설명이라고 할 수 있었다.

그가 쓴 편지와 자신을 위해 기록한 메모에서 그는 다른 사람이 되고 싶다, 자신의 결점에 관해 자기기만에서 벗어나고 싶다, 그래서 다른 삶을 살 수 있다면 좋겠다고 말했다. 그는 자기 자신에 대해 명료해지는 것, 예를 들어 다른 사람들과의 관계에서 참된 자기 자신이 아닌 어떤 인물을 연기해왔다는 것을 인정하는 것은 어려웠다. 그가 그것을 구분할 만큼 똑똑하지 못해서가 아니라, 그럴 의지가 없어 이를 인정할 수 없었기 때문이다. 그는 지적인 고찰과 자신과의 논쟁이 아니라(1918년 1월, 그는 엥겔만에게 보낸 편지에서 '나 자신에 대해 숙고하다^{über mich spintisieren}'라는 표현을 사용했다(E 10)) 고백서를 써 친구들에게 보여주는 것과 같이 자신이 생각하기에 힘든 일, 용기가 필요한 일을 할 때에야, 그리고 자신에게 뭔가 도움이 되리라는 희망으로 수고를 자처하거나(1925년 10월 18일, 케인스에게 보낸 편지 참조(L 122)), 전쟁 중에 목숨이 위태로운 상황에 계속해서 몸을 내맡길 때에야 비로소 자신을 분명하게 알 수 있었다. 자신의 삶과 자신을 바라보는 방식을 바꿀 무언가를 할 수 있었다면, 아마도 그는 새로운 삶을 살 수 있었을 것이다.

1931년에 그는 노트에 연필로 이렇게 썼다. "고백은 새로운 삶의 일부가 되어야 한다."[C 18] 정확한 날짜는 기록되지 않았지만, 드루어리에게 보여준 고백서를 쓴 지 얼마 후였으리라 짐작한다. (그는 고백과 관련해 이 문장 하나만 쓰고, 곧바로 계속해서 수리철학에 대해 논한다.)

이후 노트에는 [1937년] 11월 18일 자로 다음과 같은 내용이 기록되어 있다.

Im vorigen Jahr habe ich mich, mit Gottes Hilfe aufgerafft und ein

Geständnis abgelegt. Das brachte mich in ein reineres Fahrwasser, ein besseres Verhältnis zu den Menschen und zu grösserem Ernst. Nun aber ist alles das gleichsam aufgezehrt und ich bin nicht weit von dort, wo ich war. Vor allem bin ich unendlich feig. Wenn ich nichts rechtes tue, so werde ich wieder ganz in das alte Fahrwasser hineintreiben.

[지난 해 나는 신의 도움으로 정신을 가다듬고 고백을 했다. 덕분에 내 상황은 보다 안정되었고 사람들과의 관계도 훨씬 진지하고 좋아졌다. 그러나 지금은 마치 그것이 모두 소진된 것처럼 내 모습은 그 전과 크게 다르지 않다. 나는 몹시 비겁하다. 이것을 고치지 않으면 나는 과거에 흐르던 물길 속으로 다시 완전히 휘말리게 될 것이다.]

이 글에서 '나는 몹시 비겁하다'는 말은 자신의 가식과 자기기만을 인정하기가 힘들다는 의미인 것 같다. 의지의 결여, 그것은 용기^{Mut}가 있어야 채워질 수 있었다.

비트겐슈타인의 다른 글을 두 가지 더 소개하겠다. 그는 위의 글을 쓴 지 약 3주 뒤에 첫 번째 글을, 2개월 뒤에 두 번째 글을 썼다.

1937년 12월:
자신에 대해 있는 그대로의 자기 자신보다 더 참되게 쓸 수는 없다. 이것은 자신에 관해 글을 쓰는 것과 외부 대상에 관해 글을 쓰는 것의 차이다. 우리가 자신에 관해 글을 쓸 때, 우리는 그만큼의 높이에 있다. 여기서 우리는 죽마나 사다리를 타고 서 있는 것이 아니라 맨발로 서 있다.
[C 33]

약 2개월 뒤인 1938년 2월:

Sich über sich selbst belügen, sich über die eigene Unechtheit belügen, muss einen schlimmen Einfluss auf den Stil haben ; denn die Folge wird sein, dass man in ihm nicht Echtes von Falschem unterscheiden kann. So mach die Unechtheit des Stils Mahlers zu erklären sein, und in der gleichen Gefahr bin ich.
Wenn man vor sich selber schauspielert, so muss der Stil davon der Ausdruck sein. Er kann dann nicht der Eigene sein. Wer sich selbst nicht kennen *will*, der schreibt eine Art Betrug.
Wer in sich selbst nicht heruntersteigen will, weil es zu schmerzhaft ist, bleibt natürlich auch mit dem Schreiben an der Oberfläche. (MS 120)

[자신에 대해 스스로 거짓말하는 것, 자신의 가식적 마음 상태에 대해 자신을 속이는 것은 틀림없이 (그 사람의) 문체에 나쁜 영향을 끼친다. 왜냐하면 그 결과 그 문체에서 무엇이 진짜이고 무엇이 가짜인지 구별할 수 없게 될 터이기 때문이다. 이것으로 말러의 표현 양식의 허위성이 설명될 수도 있다. 그리고 나 자신도 같은 위험에 처해 있다.

내가 (어떤 사람이 글을 쓰듯 쓰고 있다고 생각하면서) 나 자신에게 연기를 하면 그것은 문체에 그대로 드러난다. 그때 그 문체는 나 자신의 것이 될 수 없다. 우리가 자기 자신이 누구인지 **알길 꺼린다면**, 그 글은 기만적인 형태가 될 것이다.

누구든 너무나 고통스럽다는 이유로 내면 깊숙이 내려가길 꺼린다면, 그는 피상적인 글만 쓸 것이다.]

그는 오스트리아 시골 학교에서 학생들을 가르칠 때, 수업 중에 버릇없이 군 어린 여학생을 때린 사건에 대해 파스칼 여사에게 이야기했다. 여학생이 항의를 해 교장이 그에게 자초지종을 물었을 때 그는 자신의 행동을 부인했다. 이것은 부끄러운 행동이었다. 과거 드루어리의 언급으로 미루어 보아, (우리의 예상대로) 비트겐슈타인은 1931년 고백에서 역시나 이 일을 언급한 것 같다. 파스칼 여사는 그 기억으로 그가 몹시 괴로워했다고 특별히 전한다.

나는 그가 이 거짓말이 자신의 인격과 본성에 관해, 즉 자신의 연구 방식에 매일 끊임없이 영향을 주었던 성격과 본성의 측면에 관해 보여준 것에 마음이 짓눌렸을 거라고 짐작한다. 그러나 이 문제에 대해 그는 자신의 성격이나 본성이 그런 일을 야기했으리라고 결코 인정하지 않았을 것이다. 내 짐작을 말해도 괜찮다면, 이런 상황을 상상해 볼 수 있겠다. 즉, 교장이 그를 불렀을 때 그는 여학생의 행동 때문에 여전히 화가 난 상태였고, 여학생의 항의가 마치 자신의 꾸짖음에 반발하는 말대꾸처럼 느껴져 거칠게 반응했다. "여학생이 잘못했다"는 의미로 화를 내며 자신의 정당성을 주장하면서 말이다. 상황이 이런 식으로 진행된 것이라 하더라도 그의 행동을 너그럽게 봐주거나 참작할 수는 없을 것이다. 그러나 그의 친구들은 특히 당위에 관한 논쟁이 있을 때마다 종종 목격하던 상황을 이 사건에서도 확인했을지 모른다. 비트겐슈타인은 한창 논쟁 중일 땐 마치 다른 사람이 하는 말이 어리석고 틀리다는 듯 호되게 나무랐다. 아마 화를 내면서 부인했더라도 나중엔 인정했을 것이다. 물론 항상 그랬다는 말은 아니다. 하지만 그 상황이 짐작이 가고도 남는다. 그리고 어쩌면 비트겐슈타인 자신도 인식하고 있었으리라 확신한다. 이런 행동이 그가 사고하고 논쟁하는 방식과 관련이 있고 인정해야 할 문제임을 그가 이 사건 이전에도 생각했었는지는 모르겠다. 그가 여학생을 때렸고 학생에게 "버릇없이 굴지 말라!"고 꾸짖었느냐는 추궁을 받았을 때, 그는 지금 상황이 어떻게 돌아가고 있는지 알았을 것이다. 물론 어디까지나 추측이다. 그가 내 책장에서 플라톤의 《파이드로스*Phaedrus*》를 꺼냈을 때, 그 행동은 어느 정도 의도된 것일지 모른다고 생각한다. 왜냐하면 그는 이 책의 시작 부분에서 소크라테스가 다음과 같이 말하는 구절을 찾으려 했기 때문이다. "내가 타이폰보다 복잡하고 사나운 괴물인지 더 온순하고 단순한 피조물인지 알기 위해 나는 이것들이 아니라 나 자신을 탐구한다." 당시 그는 이 구절을 찾지 못했다. 그러나 그의 기억대로, 소크라테스는 자신의 일부는 이성적인 존재이고 일부는 괴물인지 모른다고 생각했다. 비트겐슈타인은 자신도 그렇지 않은지 궁금하다고 말했다.

자기 내면의 익숙한 특성들이 때로는 괴물의 특성임을 인식하는 것 — 이것은 '자신에 관한 진실을 스스로 아는 것'일지 모른다. 그러나 동시에 자신을 속이는 것이 될 수도 있었다.

1945년 이후로 기억하는데, 파리에서 한 의사가 환자 스무 명을 살해한 기사가 신문에 보도됐다. 의사는 매번 환자가 예약시간에 도착했을 때 살인을 저질렀다. 그들 가운데 어느 누구와도 살해 '동기'를 제공할 만한 관계가 없었는데도 말이다. 비트겐슈타인은 그 남자가 이런 일을 저지르기까지 겪어야 했을 절망에 대해 이야기했다. 그는 그처럼 깊은 절망을 충분히 상상할 수 있으며, 누구라도 그 의사와 같은 짓을 저지를 수 있다고 말했다. 그리고 자신이 그 남자와 같은 짓을 감행하지 않은 건 순전히 운과 환경 덕이라는 의미의 말을 했다.

나는 단지 운 때문은 아닐 거라고 그에게 말했다. "선생님은 그 남자와 같은 짓을 얼마든지 저지르게 만드는 심리 상태를 이해한다고 말씀하시는군요. 사람들을 진료실로 안내해서 아무 이유 없이 한 사람씩 죽일 수 있다고 말이에요. 뭐 그렇다고 해두죠. 오죽 만반의 준비를 하고 철저히 대비하시겠어요. 하지만 막상 환자가 들어오면 그렇게 하실 수 없을 겁니다. 선생님이 어떤 기분인지는 중요하지 않아요. 선생님은 그런 짓을 단 한 번도 하실 수 없을 겁니다. 설사 이런 식으로 한 번은 살해를 할 수 있고 실제로 했다 쳐요(저는 그렇게 생각하지 않지만요). 하지만 절대로 반복해서 살인을 저지를 수는 없을 겁니다. 스무 번은 고사하고 두 번, 세 번도 저지르지 못하실 거예요. 만에 하나 이런 식으로 한 사람을 죽인다면, 선생님은 폐인으로 인생을 마칠 거예요."

비트겐슈타인은 잠시 생각하더니 이렇게 말했다. "자네 말이 전적으로 옳아." 그러고는 이렇게 덧붙였다. "상상해보게. 미소를 지으며 환자를 위해 문을 열고, 의자를 끌어당겨 환자의 상태가 편안한지 살피고 그 다음에는 …"

비트겐슈타인은 절망에 대해, 오직 절망뿐인 상황이 어떤 것인지에 대해 아주 잘 알았다. 그러나 그는 너무도 깊은 절망에 빠진 나머지 그것이 절망인지 분명하게 인식하지 못한 시기가 있었다. 그 시기에 그는 그것을 인식하기 위한 노력으로 'vor sich selber schaus-pielern', 그러니까 자기 자신에게 연기를 했을 것이다.

자신을 '괴물'(혹은 그것을 뭐라고 부르든)이라고 생각하는 경향은 늘 그렇지는 않더라도 강박적이고 망상적일 수 있다.

1937년 비트겐슈타인은 파스칼 여사와 이야기하면서, 자신의 성격과 자신이 쓴 글을 통해 유대인으로서 자신의 정체성을 스스로에게나 다른 사람들에게 솔직하게 드러내지 못했다고 내비쳤다. (나는 비트겐슈타인이 자신의 유대인 혈통에 대해 조금도 걱정하지 않았다고 확신하며, 그가 자기 자신에게 이 사실을 숨기려 했다는 말을 누구에게도 들어본 적이 없다. 예상대로 파스칼 여사는 "비트겐슈타인이 자신의 인종적 기원에 대해 결코 거짓 진술을 하지 않았음을 완벽하게 확신한다"고 기록한다.(37쪽 참조))

비트겐슈타인이 파스칼 여사에게 뭐라고 말했는지 모르지만, 아마 도 1931년과 거의 유사한 '고백'을 했을 것으로 짐작한다. 그 해에 그는 철학에 관한 글을 쓰면서 유대인의 지적 능력과 정신에 대해, 유대인의 재능과 독창성에 대해, 자신의 재능에서 발견되는 유대인 의 기본 특성에 대해, 유럽 국가와 유럽의 역사에서 유대인의 위치 등에 대해 여느 해보다 자주 언급했다. 혹시 이 글들 안에 '고백'의 관건이 될 만한 단서가 있지 않을까? 나는 여러 가지 면에서 그의 고 백이 'sich über die eigene Unechtheit belügen' — 자신의 가식 적 마음 상태에 대해 스스로를 기만하는 것 — 과 관련이 있었으리라 생각한다.

이로써 이에 관한 — '유대인의 지적 능력 혹은 유대인 정신'에 관 한 — 비트겐슈타인의 생각과 바이닝거의 생각 차이가 드러난다. 만 일 내가 나의 생각과 느낌에서 유대인의 정체성을 인식한다면, 바이 닝거는 마치 내가 뭔가 죄책감을 갖고 있으며, 할 수 있다면 극복해야 할 뭔가가 있는 것처럼 말한다. 반면 비트겐슈타인의 글에는 이런 느 낌이 없다. 나의 유대인적 특성을 인식하지 못했다는 점에서는 죄책 감을 느낄 수 있겠다. 마치 유대인이나 비유대인이 아무 것도 다를 게 없다는 듯, 비유대인의 특성이나 글들을 평가하는 것과 마찬가지 로 유대인의 특성이나 글들을 평가하려 했다는 점에서 말이다. 그러 나 내가 마지막으로 본, 그리고 지금까지 줄곧 보아왔을 유대인의 특 징은 비유대인의 특징이 그렇듯 개탄스럽지 않다. 비트겐슈타인이

"루소의 성격에는 유대인적인 무언가가 있다"[C 20]고 썼을 때 그는 어떤 결함을 언급한 게 아니었다.

내가 이 점을 강조하는 이유는 바이닝거의 용어 사용 방식 가운데 일부 측면을 비트겐슈타인이 따랐을지 모르기 때문이다.

바이닝거는 그의 책 가운데 '유대인성Das Judentum' 장의 서두에서 '유대인' 혹은 '유대인성'을 ─ 그것에 대한 일종의 개념을 ─ 어떻게 이해해야 하는지 약 두 쪽에 걸쳐 토론 형식으로 설명한다. 인류학에서는 '유대인성'이 이른바 '이론적 개념'이 될 터이므로, 그는 인류학에 관한 질문은 물을 생각도 답할 생각도 없다. 그는 유대인의 정신과 지적 능력이 드러나고 그것을 특징짓는 것이 무엇인지 밝히려 애쓰면서 '심리적' 혹은 철학적 분석을 제공할 것이다. 그것은 인종의 기원이나 다른 인종들과의 혈족 관계에서 발견되는 게 아니라 사고방식 혹은 사고 경향에서 발견되는 무엇이고, 모든 인류에게 가능한 일이며 ─ 그리고 발견될 수 있으며 ─ 단지 역사적으로 유대교에서 가장 거대하게 실현되었을 뿐이다.

> 여기에서 우리는 유대인성의 심리적 [지적, 정서적] 특성만을 간략하지만 최대한 깊게 분석하고자 한다 … 나는 어떤 인종 혹은 어떤 국가를 논하는 것이 아니며, 법이 인정하는 것으로서 어떤 신앙 고백을 하는 것은 더더욱 아니다. 우리는 유대인성을 단지 정신의 경향이자 심적 기질로 여길 수 있다. 이것은 모든 인류에게 가능한 일이며, 다만 역사적 전통을 지닌 유대교에서 가장 거대하게 실현되었다. [바이닝거의 책 411-412쪽]

다음 문장에서 그는 당시 유럽의 반유대주의에 의해 이것이 드러난다고 말한다. 다시 말해, 반유대주의는 우리가 유대인성을 이런 식으로 생각해야 한다고 제시한다. 계속해서 그는 반유대주의를 표방한 이들의 예와, 그들이 '유대인'과 '유대인의 특징'에 대해 생각하는 방식뿐 아니라, 유대인으로 살아가는 이들의 반유대주의 '수용'에 대해서도 검토한다. 그는 유대인이 스스로를 이해하는 것이 무엇보다 중요하다고 말하면서(그의 책 425쪽) 이같이 덧붙인다.

유대인에 대한 아주 결정적인 이해, 유대인의 특징이 과연 무엇이냐에 대한 이해는 가장 어려운 질문들 가운데 하나의 답이 될 것이다. 유대인의 특징은 반유대주의자의 무수한 질문이 상정하는 것보다 훨씬 불가해하며, 우리가 그것에 대해 깊이 생각할수록 어떤 모호함이 사라질 가능성은 낮아질 것 같다. [426쪽]

바이닝거에게 이것은 인류학 개념처럼 다소 '이론적인 개념'에서 우리가 느낄 법한 모호함이나 어려움과는 다른 문제였다. 그는 이것을 윤리 문제나 성격의 문제 혹은 의지의 문제로 여겼을지 모른다. (자신에 관한 진실을 알려는 노력에 대한 비트겐슈타인의 발언과 비교해보라.) 바이닝거는 이렇게 덧붙인다. "그러므로 유대인 문제는 각각의 사례를 통해서만 해결될 수 있으며, 유대인 각자는 자기 개인을 위하여 이 문제에 답하려 애써야 한다."

그런데 바이닝거는 유대인을 위한 '해법'은 자기 안에 있는 유대인의 성격을 '극복'하는 것이어야 한다고 말했다. 반대로 비트겐슈타인은 결코 그렇게 말하지 않았다.

비트겐슈타인은 적어도 한동안 자신과 자신의 일에서 유대인의 특징을 분명히 드러내려 애썼다. 바이닝거에 대한 독서가 하나의 자극이 되었을 수도 있다. 나는 이 문제에 대해 뭐라고 말할 수 없다. 그러나 자신에 대한 점검 — 그가 유럽 내 유대인의 위치를 명확히 파악하고, 그들 안에서 볼 수 있는 고유의 특징을 자기 내부에서 찾아내려는 노력의 일환으로 글을 쓴 것 — 은 바이닝거의 글에서 결코 찾아볼 수 없는 내용이었다.

비트겐슈타인은 바이닝거가 '유대인 문제'에 관한 논의를 인류학 문제가 아닌 '정신과 사고의 경향Geistesrichtung'에 관한 논의로 만든 것에 대해 심각하고 중요한 일에 주목했다고 생각했을지 모른다. 하지만 그는 바이닝거의 방식이 잘못됐다고도 생각했다.

비트겐슈타인은 1931년에 쓴 글 [C 18-19]에서 이렇게 밝혔다. "나는 오직 재생산적으로만 사고한다고 생각하는데, 이런 내 견해에 어떤 진실이 있을 것이다." 그리고 그는 이것을 유대인의 특징이라고 보았다. 그러나 중요한 대목은 이 메모의 마지막 문단이다. 여기에서 그는 비유대인의 작품을 판단하는 기준으로 유대인 작가나 유대인 예술가의 작품을 평가하는 것은 잘못이라고 말한다. 내용을 강조하기 위해 이 구절을 두 개의 문단으로 나누겠다.

우리들은 (맞건 틀리건) 이렇게 말할 수 있을 것이다. 유대인의 정신은 아주 작은 꽃 한 송이나 풀 한 포기조차 산출해낼 수 없다고. 그러나 유대인 정신의 본질은 오히려 남의 정신 속에서 자라난 작은 꽃이나 풀을 그려내어 그로써 포괄적인 그림을 기획하는 것이라고.

우리는 어떤 결함을 지적하려고 이 말을 하는 것이 아니며, 이 말이 명백한 사실인 한 아무것도 문제되지 않는다. 다만 위험이 있다면 유대인 작품의 본성이 비유대인 작품의 그것과 혼동될 때뿐이며, 특히 아주 흔하게 일어날 수 있는 일로서 유대인 작품을 탄생시킨 작가 자신이 이 혼동 속에 빠질 때다. [C 19]

바이닝거라면 유대인의 생각^{Geist}과 재능에 대해 이런 식으로 쓰지 않았을 것이다. 비트겐슈타인은(당시) 그가 말했던 이런 종류의 '위험'에서 끊임없이 자신을 발견했다.

*

누군가가 비트겐슈타인에게 왜 바이닝거의 책을 중요하게 여기느냐고 묻는 장면을 상상해보자. 그의 대답을 짐작해보면, 그가 유독 유대인에 관한 장을 언급했을 것 같지는 않다.

그는 바이닝거가 플라톤과 같은 관점에서 남자와 여자의 성격 차이를 논하는 방식에 대해 여러 차례 나에게 말했다. 플라톤은 (예를 들어 《국가》 10권에서) 영혼이 지상에 내려가 살 때 필요한 육체를 선택한다고 가정한다. 흔히들 인간의 성격이 얼굴에 나타난다고 말하는데, 이것은 이런 사고방식의 원시적 형태다. 혹은 이렇게 말할 수도 있겠다. 인간의 외모는 그의 성격대로 만들어진다고. 즉 다듬어지거나 거칠어진다고. (《철학적 문법》*, 176쪽, §128에서 바이닝거에 대한 언급 참조.)

바이닝거는 자신의 책 서두, 그러니까 '머리말' 부분에서 해부학, 생리학, 형태론에 대한 연구 ─ 예를 들어, 남자의 해부학적 구조와 여자의 해부학적 구조 비교 ─ 는 우리가 '남자'와 '여자'의 차이(개념)를 분명하거나 완벽하게 표현하는 데 도움이 되지 않는다고 말한다. '그 중간 형태'가 너무도 많다는 것이다. 그러므로 정확하게 말하려면, '전체적으로'라거나 '보다 남성다운' 혹은 '보다 여성다운' 같은 표현을 사용해서 말해야 할 것 같다. 그러나 우리가 그 안에서 말하고 살아가는 개념들은 그렇지 않다.

---

* 루트비히 비트겐슈타인 지음, 러시 리스 편집, 앤서니 케니(Anthony Kenny) 옮김, 《철학적 문법*Philosophical Grammar*》, Oxford, 1974.

모든 형태는 하나의 성과 다른 성의 중간임에도 인간은 결국 둘 중 **하나**, 남자 **아니면** 여자이다. [바이닝거의 책 98쪽]

이런 식으로 인간을 본다는 것은 개개의 인간을 타인과 구분하는 **존재**의 형태, 즉 **실재**를 인식하는 것이다. 이 '존재'의 뜻 혹은 의미를 연구하는 것이 … 과제이며 … 성격 연구의 주된 난제다. [98, 99쪽]

형태학이 모든 생리적 변화가 이루어지는 동안 불변하는 유기체의 **형태**를 다루는 것과 마찬가지로, 성격 연구는 정신적 삶 전체에서 동일하다고 간주되는 어떤 것, 정신(영혼)의 삶에 관한 모든 표현에서 발견되는 어떤 것을 그 목적으로 한다. [102쪽]

이 짧은 인용문들은 이 안에서 바이닝거가 하고자 하는 말이 무엇인지 설명이 필요하다. 바이닝거는 '천재'를 '남성성$^{being\,a\,man}$의 고차적 형태'라고 말하면서 ─ 이 내용이 그의 책에서 핵심이 되는 장들을 차지한다 ─ "천재는 … 모든 외부적인 위대함[세상의 위대함]을 포기함으로써, 순전히 내면의 위대함에 의해 부각된다"고 주장한다. [178쪽] 그는 이렇게 말했다:

천부적인 재능(소질이 아닌)과 성(sex, 남성 혹은 여성)은 **유전되지 않는** 두 가지 요소로서 모든 '유전 요인'과 별개이며, 거의 임의적으로 만들어지는 것 같다. [145n쪽]

그는 '천재^{genius}'라는 단어를 피하기 위해 *Begabung*(천부적인 재능$^{gift\text{-}edness}$, 능력^{ability}) 같은 단어를 사용한다. 천재는 *Begabung*이 최고로 발

달한 형태다. 천부적인 재능은 과거로부터 생명과 성격을 얻되, 부모나 조상의 과거가 아닌 본인의 과거로부터 얻는다. 천재와 우수한 기억력 — 유아기 때부터 자신에게 의미 있게 다가온 경험, 다시 말해 그의 삶을 삶 자체로 만들어주었던 경험(중고등학교에서 배운 내용이 아니라)을 기억하는 방식 — 사이에는 (내적인) 관련이 있다. 우리가 비범한 천재와 뛰어난 기억력 사이의 관련성을 간과한다면, 그 이유는 자신의 삶을 떠올리면서 어디에서 관련성을 발견할 수 있는지 찾아보지 않았기 때문이다. 재능 있는 사람은 자신이 경험한 특정한 일들에 열렬한 관심을 보일 뿐 아니라 그 일들이 자기 삶에 갖는 '의미'를 생생하게 감지한다. 그리고 그 일들은 어떤 의미에서 원형이라고 할 수 있는 그만의 것으로서 그가 무엇을 만들어낼지 결정한다.

> 재능 있는 인간은 자신의 삶에서 일어나는 각각의 사건들을 기억할 때 무수한 별개 상황의 이미지로 떠올리지 않는다. … 어떤 면에서 그는 그 이미지들을 **종합적으로 이해한다.** … 그리고 이 이미지의 연속성은 그가 살아 있음을, 세계에 속해 있음을 확인할 수 있는 유일한 것이다. [157-158쪽]

이 책은 한 권의 '완벽한 자서전'으로 볼 수도 있다. 그렇게 쓰였든 그렇지 않든 말이다. 1931년에 비트겐슈타인은 자신에 관한 진실 — 혹은 가식 — 을 제대로 바라보기 위한 방법으로 자서전 집필에 관심을 가졌다. 아마도 '천재' 혹은 위대한 인물에게 자서전과 '불멸을 향한 욕구Unsterblichkeitsbedürfnis'와의 관계, 그리고 '한 사람의 인생을 거짓으로 만드는 것'이 그러한 인물에게 가져올 파멸 속에서 자서전의 역할에 대한 바이닝거의 심오하고 진지한 논의가 그 씨앗, 하나의 씨앗이 되었을지 모른다. 그러나 늘 그렇듯 이 경우에도 비트겐슈타인이라는 토양에 떨어진 씨앗은 본래의 식물과 전혀 다른 생명체로 자랐다.

바이닝거의 글은 이렇다:

완벽한 자서전을 쓰려는 욕망은 그 욕망이 그 사람 자신에게서 비롯할 때 언제나 우월한 인간임을 나타내는 표징이 된다. 진정으로 **충실한** 기억 안에 **경애심**의 뿌리가 있기 때문이다. 진정한 인격자라면 얼마간의 물질적 이익이나 얼마간의 건강상 이익을 위해 과거로부터 벗어나라는 제안이나 요구에 직면할 때, 그렇게 해서 세상에서 가장 귀한 보물이나 그야말로 행복 자체를 얻는다 할지라도 그것을 거부할 것이다. [160-161쪽]

새로운 경험들이 자신에게 의미를 가져다준다고 느끼는 이유, 자신에게 어떤 운명이 있다고 느끼는 이유는 그에게는 이미 지나온 삶이 언제나 현재이기 때문이다.

이런 사람에게 삶에서 일어난 일에 대한 경애심의 느낌은 비유적으로든 아니든 '공경'과 유사하다. (비트겐슈타인의 〈프레이저의 황금가지에 대한 논평〉에서 사용된 단어와 비교해보자: "슈베르트 사망 후 그의 형은 슈베르트의 악보 일부를 조각조각 잘라 그가 총애하던 제자들에게 한 소절씩 주었다. 이 행동은 경애심*Pietät*의 표시로서, 누구도 악보를 손대지 못하고 접근하지 못하게 하는 행동만큼이나 충분히 이해할 수 있다. 설사 슈베르트의 형이 악보를 불에 태웠다 해도 우리는 여전히 경애심*Pietät*의 표시로 이 행동을 이해할 수 있을 것이다." [F 5])

앞서 인용한 글과 같은 페이지에서 바이닝거는 이렇게 쓴다:

그리고 괴테가 말하는 참으로 비범한 위인은 그 자신이 실수를 모면한 입장에서 너무 엄격하고 가혹할지 모르지만, 다른 사람들이 계속해서 실수를 반복하는 모습을 볼 때 여전히 자신의 지난 날 행위와 과오에 결코 미소를 짓지 않을 것이며, 과거의 사고방식과 생활방식을 결코 조롱하지도 않을 것이다. … 지난 날 자신이 믿은 모든 것을 남들 앞에서 떠들며 비웃는 사람들, 그 모두를 '극복한' 과정을 조롱하는 사람들 — 그런 사람들에게 과거의 삶은 결코 진지하지 않았으며, 새로운 삶 또한 그다지 중요하지 않을 것이다. … 그들이 '극복한' 모든 단계들 가운데 어떠한 단계도 그들의 본성 깊은 곳에 있는 무엇에도 근거하지 않았다. 이와는 대조적으로, 위대한 사람들의 자서전을 보면 그들은 아주 사소해 보이는 일에도 헌신을 다해 중요성을 부여한다. … 비범한 사람은 인생의 **모든** 일에서, 아무리 작고 아무리 부수적인 일에조차 중요성을 부여하는 방법과 그것이 자신의 발전에 기여하는 방법을 알며, 그리하여 자신의 회고록에 특별한 '**경애심**'을 부여할 것이다.

자신이 태어날 신체를 선택하는 정신이라는, 정신에 대한 플라톤적 신화 혹은 이미지에서, 정신은 그들이 영위할 삶의 형태나 특징도 선택할 것이다. 1931년 한 원고에서 비트겐슈타인은 이와 유사한 이미지를 사용했는데, 아마도 바이닝거를 슬쩍 곁눈질했으리라 짐작된다. 이 구절 말미에 비트겐슈타인은 '우리가 자신의 삶에 대해 갖는 느낌'을 이야기한다. 그는 이 느낌은 세계 내에서 어떤 관점(위치와 환경)을 지닐지 선택할 수 있는 상상의 피조물이 갖는 느낌과 비교할 수 있으며, 이 사실은 태어나기 전에 자기 몸을 선택한다는 신화의 근거가 된다고 말한다. 여기에서는 바이닝거와의 차이가 워낙 분명해 유사한 부분이 무엇인지 더 이상 보이지 않을지 모른다.

나는 내 정신이 거주할 곳으로 지상의 어떤 존재를 선택할 여지를 가지고 있었으며, 내 정신이 이 보잘것없는 피조물을 자신의 앉을 자리이자 전망 지점으로 선택했다고 상상할 수 있을 것이다. 아마도 아름다운 집이 있다 한들 제외되었을 테고 그 집 또한 그를 거부했기 때문이리라. 이런 결정을 하기까지 정신은 분명히 상당한 확신이 필요했을 것이다.

우리는 "모든 전망에서 매력을 찾을 수 있다"고 말할 수 있을지 모르지만, 그것은 잘못이다. 옳은 것은, 모든 전망은 그것을 의미심장하게 보는(그러나 이는 그것을 실제와 다르게 본다는 뜻은 아니다) 사람에게는 의미심장하다고 말하는 것이다. 그리고 이런 의미에서 모든 전망은 똑같이 의미심장하다.

그렇다, 나에 대한 다른 모든 사람들의 경멸조차도, 나의 장소에서 본 세계의 본질적이고 의미심장한 부분으로서, 내가 나 자신의 것으로 만들어야 한다는 것은 중요하다.

인간이 숲의 나무로 태어나길 선택할 수 있다면, 누군가는 가장 아름답거나 가장 큰 나무를 선택할 테고, 누군가는 가장 작은 나무를 선택할 것이며, 또 누군가는 평균이나 평균 이하의 나무를 선택할 것이다. 속물근성에서 벗어나자는 말이 아니라, 누군가가 가장 키 큰 나무를 선택한 바로 그 이유 혹은 그런 종류의 이유로 각자의 나무를 선택한다는 의미이다. 우리가 자신의 삶에 대해 지니고 있는 느낌이 세계 내에서 자신의 입각점을 택할 수 있었던 그런 존재의 느낌과 비교될 수 있다는 것이, 내가 믿기에는, 우리의 출생 이전에 우리가 스스로의 신체들을 택했다는 신화 ― 또는 믿음 ― 의 근저에 놓여 있다. [F 11]

비트겐슈타인이 어떤 사람은 세상에서 가장 키 크고 잘 생긴 나무로 태어나길 선택하고, 어떤 사람은 가장 작은 나무로 태어나길 선택하며, 또 어떤 사람은 눈에 띌 만한 아무런 특징이 없는 '평범한' 나무로 태어나길 선택한다고 가정할 때, 이미 이것은 그러한 존재들이 앞으로 살게 될 삶에 대해 갖게 될 태도와 감정의 차이다.

　정신이 선택을 하고 그 결과 이처럼 '비이성적인' 결과가 만들어진다는 사실은 바이닝거에게 중요하지 않다. 이 사람이 나의 삶에 대한 느낌과 다른 삶에 대한 느낌을 지닌 정신 혹은 인격으로 태어난다 해도, 바이닝거는 그 안에서 '더 완벽하거나' '덜 완벽한 것', '더 진지하거나(의식이 훨씬 강하거나)' '덜 진지한 것', '자신의 삶에 더 창조적이거나' '덜 창조적인 것'의 차이만 볼 뿐이다. 그가 출생 전에 정신이 선택을 한다는 신화의 측면에서 말했다면, 여성으로 자라게 될 몸을 선택한 경우 틀림없이 열등한 인격이 드러날 거라고 말했을지 모른다. 정신이 처음부터 열등하지 않은 다음에야, 어떤 정신도 세계를 둘러보기 위해 이런 장소를 선택하지 않을 것이며, 어떤 정신도 다른 사람들과 비교했을 때 이런 삶의 방식을 선택하지 않을 것이라고 말이다.

　비트겐슈타인은 다양한 사람들의 다양한 '본성', 내가 인식하는 나의 본성('비겁함')과 다른 사람들에게 인식되는 본성 사이의 차이에 대해 말한다. 내 본성이 실은 비겁하지 않은 척 가장하면서 이런 가식된 모습에 의지한다면, 나는 자기기만적인 삶을 살게 될 것이다. 우리가 태어난 시간과 장소, 태어난 역사적 물질적 환경과 마찬가지로 이 차이들은 본질적으로 정신의 선택에 의해 '주어진' 것이다. 비트겐슈타인은 이런 맥락에서 여성의 '본성'과 남성의 '본성' 사이의 차이를 말했을 것이다. 내가 사진을 보정하는 데 정성을 쏟는 대신 내 본성을 인식할 때 나는 어떤 '가능성들'을 알아보게 될 것이다. 노력해서 발전시킬 수 있는 성격 특성이 있는가 하면, 인위적이고 가식적이 되지 않고서는 나로서는 도무지 다루기 어려운 성격 특성이 있다는 것을 말이다. 이런 식으로 말하다 보면, 남성의 본성에는 없으며 우리가 남성에게는 상상조차 할 수 없는 가능성들이 여성의 본성에 있음을 인정하게 된다. 마찬가지로 여성에게는 상상조차 할 수 없는 발전 가능성을 이 남성의 본성이 제공한다는 걸 알게 될 수도 있다. 바이닝거는 여성에게는 고차적 본성을 지닐 가능성조차 없다고 자주 말한다. 그러나 그는 한 사람과 다른 사람의 정신이나 성격 사이의 차이는 언제나 정도의 (본성이 아닌) 차이, 동일한 척도 위에서 더 높거나 낮은 차이라고 말함으로써 처음부터 발을 뺄 여지를 만들어 놓았다. 하지만 '모든 형태는 하나의 성과 다른 성의 중간임에도 인간은 결국 둘 중 하나, 남자 아니면 여자다'라는 그의 언급(《성과 성격》 98쪽)을 고려하면, 우리는 이것이 둘을 구별하는 절대적인 차이, 더 이상 단순화할 수 없는 본질적인 차이를 보여주는 개념이라고 생각했을 수도 있다.

바이닝거는 '더 고차적'이라거나 '더 열등한' 같은 개념으로 판단한다. 그리고 그의 판단은 '대단히 뛰어날'지언정 결코 일반적이지 않다. 그가 한 많은 말들이 훌륭하다. 그러나 그가 한 사람의 인생을 이런저런 방식으로 생각하면서 '고차적 인간의 특징'이라고 칭할 때, 그는 항상 우리가 남자들의 위대함과 평범함을 구분할 때 이용하는 척도와 기준을 가지고 더 높거나 낮다고 생각한다. 마치 그는 우리가 여러 부류의 여자들에게 감탄할 때, 남자들의 성격을 평가할 때와 달리, 여성의 비범함이나 평범함을 평가하는 다양한 종류의 방식과 증거를 이용하여 다양한 수준을 표현한다는 생각을 한 번도 해본 적이 없거나 완전히 무시했던 것 같다.

이른바 훌륭한 성격에 대해 다른 방식으로 고려할 수 있다. 어쩌면 우리는 다른 척도를 근거로 탁월함에 대해 말해야 할 것이다. 그런 경우 '두 가지 척도(남자의 기준이나 여자의 기준) 가운데 무엇이 더 중요한가?'라는 질문은 의미가 없을 것이다.

*

비트겐슈타인과 함께 산책을 하면서 나는 버지니아 울프를 언급했다. 그녀가 사망한 직후였다. 그는 버지니아 울프가 문학, 미술, 음악, 과학, 정치 등의 분야에서 얼마나 두각을 나타내는지가 사람의 가치 기준이 되는 가정에서 성장했다고 말했다.* 그러고는 이렇게 덧붙였다. "나는 늘 궁금했어. 왜 우리는 이런 것들만 중요하게 생각해야 하는가 하고 말이야. 이런 분야에서는 사실상 무언가를 성취하지 못하는 한 누구도 존경받지 못하잖아?"

위대한 시인, 위대한 작곡가, 위대한 화가 등 이런 사람들 가운데 남자에 비해 여자가 극히 드문 것으로 보아, 일반적으로 여자가 남자보다 지적 능력이 열등하거나 재능이 부족하다는 식의 말들을 버지니아 울프는 식탁 앞에서 수시로 들으며 자랐을 것이다. 비트겐슈타인은 위대한 작곡가 같은 위대한 인물 가운데 여성이 없는 이유는 여성에게 자기만의 방이 없기 때문이라는 버지니아 울프의 생각에 대해 말하면서, 결코 그런 이유 때문이 아니라고 반박했다. 오히려 버지니아 울프는 다른 '성취들'(이 단어를 사용해야 한다면)은 없는지 묻지 않은 채 그것만이 진정하게 유일한 기준이라는 아버지의 개념을 버리지 못했다는 것이다.

"설사 언젠가 훌륭한 음악, 훌륭한 시가 만들어지고, 위대한 작곡가들 가운데 여성의 비율이 높아진다 해도, 나는 그런 이유로 여성을 더 높이 평가하게 되진 않을 걸세. 내가 살면서 깊이 존경했던 여자들

---

* 그녀의 아버지, 레슬리 스티븐(Leslie Stephen)은 철학, 역사, 사회 분야에서 뛰어난 저자였다.

에게 발견한 모습만으로도 나는 여성을 존경할 거야. 남자에게는 그런 부분을 발견할 수 없지. 남자에게는 결코 기대할 수도 바랄 수도 없는 부분이네."

비트겐슈타인은 사람들의 '본성die Natur' 즉 다양한 사람들의 다양한 본성에 대해 말한다. 그리고 내가 '나의 비겁한 본성'(비트겐슈타인의 예)이라든지 나의 자존심 강한 본성(톨스토이의 《신부 세르게이》가 생각난다)을 인정하고 인식하는 방식은 기본적으로 내가 지닌 성격을 결정할 것이다. "실제로 난 그렇지 않다"고 스스로에게 말하려 하거나 다른 사람들과 함께 있을 때 나 아닌 다른 사람인 척 가장한다면, 나 자신에게 거짓을 말하거나 거짓된 삶을 사는 것이 될 것이다.

인간이 기만적인 삶, 특히 자신을 기만하는 삶을 사는 방식은 이것만이 아니다. 바이닝거에게 그런 거짓된 삶Lebenslüge의 두려움은 비트겐슈타인에게도 그만큼 끔찍한 것이었다. 그리고 내가 내 삶의 어떤 부분이 경멸받을 만하다는 걸 인정하고 그것에 책임을 져야 한다는 다른 사람의 평가를 받아들인다면, 바이닝거는 그것을 거짓이라고 말한다.

올바른 인격을 지닌 사람'der bedeutende Mensch'은 자기 삶의 도덕을 타인이 평가하도록 스스로에게 강요하지 않을 것이다. 그 평가는 자기 자신에게서 이루어져야 한다. 그렇지 않으면 그것은 자신의 판단도, 자신의 행동을 이해하려는 시도도 될 수 없다. 괴테가 제젠하임에서 프레데리케와의 연애 사건 때문에 자신이 받을 죄나 비난에 대해 다른 사람의 판단을 받아들였다고 상상해보자. 이것은 회피이자 거짓이 되었을 것이다. 그랬다면 타인이 아닌 자신이 판단을 내릴 때 유일하게 도움이 될 수 있었던 자기반성은 이루어지지 않았을 것이다.(《성과 성격》225f쪽 참조)

비트겐슈타인은 이 의견에 동의했을지 모른다. 그러나 비트겐슈타인이 다른 사람들의 본성 — 어떤 의미에서 이처럼 다양한 사람들의 실제 모습 — 을 이야기할 때, 그는 사람의 본성은 저마다 다름에도 불구하고 자신이 아닌 다른 존재가 되려 애쓰는 것을 '거짓', 즉 *Lebenslüge*이라고 말한다. 바이닝거는 이에 대해 여지를 남기지 않는다. 비트겐슈타인은 이 사람의 본성과 저 사람의 본성이 같지 않으며, 이 사람에게 옳은 것(혹은 반드시 필요한 것)이 다른 사람에게는 옳지 않을 수 있음을 강조하곤 했다. 그러므로 어떤 문제가 생길 때 다른 사람의 삶에서 본보기를 찾고 그들의 해결 방법을 신뢰하거나, 내가 존경하는 누군가라면 이런 상황에서 어떻게 행동했을지 묻는 것은 잘못이다. 그는 "다른 사람의 사례를 참고하지 말고 자신의 본성을 따르라!"[C 41]라고 말했다. 혹은 그 이전에는 "다른 사람들이 생각하는 것이 아니라, 본성보다 높은 오직 한 가지만을 본성이 말하고 인정하게 하라"[C 1]라고 주장했다.

이상은 '우리가 삶에 대해 갖는 느낌'(279-280쪽 참조)과 관련하여 비트겐슈타인이 언급한 내용으로, 태어날 세계의 관점을 선택할 수 있었던 창조물이 느꼈을 법한 감정에 비유될 수 있다. 비트겐슈타인의 원고에는 이 페이지 바로 전에 교정과 인쇄를 거치지 않은 다음의 내용이 있다.

In meiner Autobiographie müsste ich beachten, mein Leben ganz wahrheitsgetreu darzustellen und *zu verstehen*. So darf meine unheldenhafte Natur nicht als ein bedauerliches Accidens erscheinen, sondern als eine wesentliche Eigenschaft(nicht Tugend). Wenn ich es durch einen Vergleich klar machen darf:

Wenn ein 'strassenköter' seine Biographie schreibt, so bestü nde die Gefahr, dass er entweder.

(a) seine Natur verleugnen,
oder (b) einen Grund ausfindig machen würde,
auf sie stolz zu sein,
oder (c) die Sache so darstellen, als sei diese
seine Natur eine nebensächliche
Angelegenheit

Im ersten Falle lügt er, im zweiten ahmt er eine für den Naturadel natürliche Eigenschaft, den Stolz, nach, der ein *vitium splendidum* ist, das er ebensowenig wirklich besitzen kann, wie ein krü ppelhafter Körper natürliche Grazie. Im dritten Fall macht er gleichsam die sozialdemokratische Geste, die die Bildung über die rohen Eigenschaften des Körpers stellt, aber auch das ist ein Betrug. Er ist was er ist, und das ist zugleich wichtig und be – deutsam aber kein Grund zum Stolz ; anderseits immer Gegenstand der Selbstachtung. Ja, ich kann den Adelsstolz des Andern und seine Verachtung meiner Natur anerkennen, denn ich erkenne ja dadurch nur meine Natur an und den Andern, der zur Umgebung meiner Natur, die Welt, deren Mittelpunkt dieser vielleicht hässliche Gegenstand, meine Person, ist. (MS 110)
[내 자서전에서 나는 내 인생을 진실하게 이야기하는 동시에 그것을 이해하기 위해 노력해야 한다. 예를 들어, 내 비겁한 본성은 나의 유감스러운 이상 성격이 아니라 본질적인 특성(미덕이 아닌)으로 보아야 한다.

비유적으로 설명하면, 어떤 거리의 부랑자가 자서전을 쓰려 할 경우 위험 요소는 다음 셋 중 하나가 될 것이다.

(a) 자신의 본성이 그렇다는 걸 부인한다

혹은 (b) 그것을 자랑스럽게 여기기 위해 이유를 찾는다

혹은 (c) 그것을 ― 자신에게 그런 본성이 있다는 것을 ― 대수롭지 않다는 듯 이야기한다

첫 번째 경우 그는 거짓말을 하는 것이다. 두 번째 경우 그는 귀족 특유의 특성을 흉내 내는 것이다. 이때의 자랑스러움은 **빛나는 결함**$^{vitium\ splendidum}$이며, 불구인 신체가 자연스러운 우아함을 드러낼 수 없듯 그가 현실적으로 결코 가질 수 없는 것이다. 세 번째 경우 그는 변변찮은 유형의 특징보다 문화를 중시하는, 이를테면 사회민주주의적 태도를 보인다. 그러나 이 역시 기만이다. 그는 그 자신이다. 이것은 중요한 사실이고 뭔가 의미를 지니지만 자부심의 이유는 되지 않는다. 반면에 이것은 언제나 자기존중의 대상이다. 그리고 나는 다른 사람의 귀족적 자부심과 내 본성에 대한 그의 경멸을 받아들일 수 있는데, 왜냐하면 여기에서 나는 단지 내 본성의 실체에 관심을 기울이며, 타인을 내 본성을 이루는 환경 ― 아마도 이처럼 추한 대상인 내 인격을 중심으로 한 세계 ― 의 일부로서 고려할 뿐이기 때문이다.]

그는 부랑자(혹은 하층민)에 대해 말한다. "그는 그 자신이다. 이것은 [그가 하층민이라는 것은] 중요한 사실이고 뭔가 의미를 지니지만 자부심의 이유는 되지 않는다." 그렇다면 그가 '반면에 이것은 언제나 자기존중의 대상이다$^{anderseits\ immer\ Gegenstand\ der\ Selbstachtung}$'라는 말을 덧붙인 이유는 무엇일까? 내가 짐작하기로, 그가 자기 모습에 대해 경멸감만 느낀

다면 '그는 자신이 아니길 원하거나' 거의 원하게 될 터이기 때문이다. 혹은 잘 해봐야 그의 삶에 대해 '마치 이것을 — 자신에게 그러한 본성이 있다는 것을 — 대수롭지 않다는 듯' 생각하거나. 그렇게 되면 '자서전'은 그의 삶이 아닌 다른 사람의 이야기가 될 것이다. 그는 결코 자기삶을 이해하지 못할 것이다.

비트겐슈타인은 나중에 이렇게 썼다(1947년 글이지만 1931년에 쓴이 글과 관련이 있다). "어떤 사람이 거짓말을 하지 않는다면, 그는 충분히 독창적이다. 왜냐하면 바람직한 독창성은, 그것이 제아무리 특색 있다 하더라도, 어쨌든 일종의 기예나 특징일 수는 없기 때문이다." [C 60]

비트겐슈타인은 다른 사람이 되길 소망했다는 글을 자주 썼다. 1914년에 그는 군에 자진 입대했는데(건강상 이유로 병역이 면제되었을 것이다), 무엇보다 극히 위험한 상황에 처하게 되면 자신을 변화시킬 수 있을 거라고 희망했기 때문이다. 그는 "죽음을 마주하고 선다면" 삶에 어떤 가치가 있는지 발견할 수 있을 테고, 무엇이 삶에 의미를 부여하는지 상상하는 대신 직접 체험할 수 있을 거라고 기대했다. (293쪽에 인용된 헤르미네 비트겐슈타인의 회상록 내용 참조) 우리는 그가스스로에게 다음과 같은 지침을 적용했음을 알 수 있다. "당신 자신이아닌 것을 원하거나 되려고 하지 말라!" 이런 지침도 있다. "다른 사람이 되기 위해 노력하라!" 두 지침이 서로 충돌할 필요는 없다. "다른 사람이 되기 위해 노력하라!"는 종종 이렇게 이야기되기도 한다. "자기자신의 모습에 대해 스스로를 기만하려 해서는 안 된다!"

특히 전쟁 발발 후 첫 두 해 동안 그가 쓴 글에서 이 내용을 발견할수 있다. 전쟁이 발발하기 전 러셀에게 쓴 편지에도 그가 늘 몰두하던낯설지 않은 내용이 드러난다.

그러나 전쟁이 끝나고 마침내 빈에 돌아왔을 때, 친척과 친구들은 그가 크게 달라졌다고 말했고 그 스스로도 그렇게 말했다. 상속받은 전 재산을 내놓고 작은 마을의 초등학교 교사가 되었을 때, 그는 어떤 의미에서 이미 다른 삶을 시작했다. 다른 사람들이 알아볼 있는 변화까지 포함해 그가 그토록 중요하게 여기던 내면의 변화가 어느 정도까지 일어났는지 우리는 짐작할 수 없다. 그 둘은 혼동하기 쉽다. 전쟁 마지막 해에 그가 엥겔만에게 쓴 편지에 이와 관련된 내용이 언급되어 있다. 전쟁 전에 그가 러셀에게 쓴 (날짜 미상의) 편지를 먼저 소개한 다음 이 편지를 인용하겠다.

Und ich hoffe immer noch es werde endilich einmal ein endgültiger Ausbruch erfolgen, und ich kann ein anderer Mensch werden ⋯ Vielleicht glaubst Du dass es Zeitverschwendung ist über mich selbst zu denken ; aber wie kann ich Logiker sein, wenn ich noch nicht Mensch bin! *Vor allem* muss ich mit mir selbst in's reine kommen!

[그리고 저는 마지막으로 한번만 더 사태가 분출하길, 그래서 제가 다른 사람으로 바뀔 수 있기를 계속해서 바라고 있습니다. ⋯ 선생님은 나 자신에 관한 이런 생각을 시간 낭비라고 생각하실지 모르겠습니다. 하지만 제가 인간이 되기 전에 어떻게 논리학자가 될 수 있겠습니까! 단연코 **가장** 중요한 일은 나 자신과의 거래를 청산하는 것입니다!]* [L

---

* B. F. 맥기니스 번역. 마지막 구절 "muss ich mit mir selbvst in's reine kommen!"의 번역을 제외하면 훌륭한 번역이라고 생각한다. 나에게는 이 글의 번역본이 없지만, 여기에서 '자신과의 거래를 청산한다'는 말은 적절하지 않다고 생각한다. 내가 알기로 'in's reine gebracht'라는 표현은 금융 및 기타 분야에서 결제와 관련하여 말할 때 사용되는 것처럼 '모든 일이 해결되었다'고 말하는 상황에서 흔히 사용된다. 1796년에 횔덜린(Friedrich Hölderlin)은 헤겔에게 프랑크푸르트의 어느 가정에 개인 교사('Hofmeister')

엥겔만에게 보내는 편지의 날짜는 1918년 1월 16일로 되어 있다. 우리는 이 편지에 대한 엥겔만의 답장을 가지고 있지 않다. 엥겔만은 1916년 올뮈츠에서 비트겐슈타인을 만난 이후 그에게 드러난 변화에 대해 말했을 것으로 짐작된다. 비트겐슈타인은 장교 훈련을 받기 위해 올뮈츠에 파견되어 엥겔만과 그의 가족을 방문하곤 했다. 비트

자리를 알선하려 했고(그와 헤겔은 1788년 같은 해에 튀빙겐의 프로테스탄트 신학교에 입학해 이후로 한동안 친구로 지냈다), 모든 내용을 알아본 뒤 헤겔에게 편지를 썼다.(1796년 11월 20일) "Die ganze Sache ist *ins reine gebracht.* Du bekommst, wie ich vorauswusste, 400 fl., hast freie Wäsche und Bedienung im Hause, und die Reisekosten will HE. Gogel vergüten.…" 그러나 매우 *불안한* 마음 상태를 겪은 후 '안정된 마음 상태'에 이르렀다고 말하는 경우, 'mit mir in's reine kommen' 혹은 'mit sich im reinen sein'이라는 표현도 사용된다(내 생각에 더 일반적으로 사용되는 것 같다). 비트겐슈타인의 언급도 이런 의미라고 생각한다. 나는 뫼리케(Eduard Mörike)의 소설 《화가 놀텐*Maler Nolten*》 가운데 한 구절에 주목했다:

> Hass, Liebe, Eifersucht zerissen seine Brust, er fasste und verwarf Entschluss auf Entschluss, und hatte er die wirbelnden Gedanken bis ins Unmögliche und Ungeheuere matt gehetzt, so liess er plötzlich jeden Vorsatz wieder fallen und blickte nur in eine grenzenlose Leere.
> Nach verfluss einiger Tage war er soweit *mit sich im reinen*, dass er stillschweigend allem und jedem seinen Lauf lassen und etwa zusehen wollte, wie man in Neuburg sich weiter gebärden würde ….

그리고 나는 마티아스 클라우디우스(Matthias Claudius)의 문장도 참고했다. 성체성사 교리에 대해 루터가 초기에 겪은 난관들을 설명한 글이다:

> Vernunft und Scharfsinn, daran es ihm so wenig als Zwingli fehlte, hatten ihn viel versucht und hart angefochten. 'Das bekenne ich', schrieb er … '… Ich habe wohl so harte Anfechtung erlitten und mich gerungen und gewunden, dass ich gerne heraus gewesen wäre … Aber ich bin gefangen ; kann nicht heraus: der Text ist zu gewaltig da und will sich mit Worten nicht lassen aus dem Sinne reissen.'
> Wenn der Doktor Luther sich aber durch seine Zweifel einmal durchgeschlagen hatte und mit seiner Überzeugung *im reinen war*, so mochte ihn auch weiter nichts erschüttern, und er war keck.
> (모든 예시문의 이탤릭체는 필자가 표시했다.)

겐슈타인은 편지에서 이렇게 말한다.

Es ist allerdings ein Unterschied zwischen mir jetzt und damals, als wir uns in Olmütz sahen. Und dieser Unterschied ist soviel ich weiss der, dass ich jetzt ein wenig anständiger bin. Damit meine ich nur, dass ich mir jetzt ein wenig klarer über meine Unanständigkeit bin als damals.
[그래, 지금의 나는 우리가 올뮈츠에서 만났던 당시의 나와 다르네. 그리고 내가 아는 한 이 차이는 지금의 내가 과거의 나보다 **조금** 더 *anständig*(조금 덜 기만적)이라는 거야. 내 말은 단지 나의 *Unanständigkeit*(거짓)에 대해 나 자신이 (mir) 과거보다 좀 더 분명하게 알고 있다는 의미라네.] [E 10, 번역은 필자]

나의 가식과 나 자신이 그것을 숨기고 있다는 사실을 스스로 좀 더 분명하게 인식한다면, 내가 자신에게 부여한 역할을 연기하면서 나는 이런 사람이라고 스스로를 속이는 경향이 좀 더 줄어든다면, 바로 이 것이 그가 '다른 사람이 되라'고 말한 의미의 일부일 것이다.

다시 말해, 내가 자신의 거짓을 좀 더 분명하게 안다면 나는 얼마간 다른 사람이 될 것이다. 여기에서는 *Unanständigkeit*를 거짓으로 번역해야 할 것이다(원래 뜻은 무례함, 무례한 언행 - 옮긴이). 푸르트뮐러 Furtmüller가 번역한 "예의 없는lack of decency"보다 확실히 낫다.

'Ein anständiger Mensch zu sein'은 '괜찮은 사람이 되다'로 번역할 수 있다. 우리가 '괜찮은decent'을 다음과 같이 생각한다면 말이다. '우리의 편의를 위해 수고를 아끼지 않는 것을 보니 그는 아주 괜찮은 사람인 것 같다.' '그에게 추천서를 써달라고 부탁하는 걸 왜 그렇게 두려워하는 거야? 어쨌든 그는 괜찮은 사람이야, 치사한 인간이 아니라고!' '그런 상황에서 그 사람처럼 괜찮게 행동할 수 있다고 확신할 수 있다면 좋으련만.'

왠지 찜찜하다는 확신이 드는 사람을 괜찮은 사람으로 여기지는 않을 것이다. 하지만 그렇다고 그를 무례한indecent 사람이라고 칭해서는 안 된다. 이것은 anständig에 해당하면서 부정형을 갖춘 하나의 영어 단어를 찾으려 할 때 생기는 어려움이다.

물론 독일어 anständig(예의 바른, 적절한)가 영어로 'decent(예의 바른, 괜찮은)'로 번역될 수 없는 경우는 얼마든지 있다. 예를 들어(주목할 만한 예는 아니지만 마침 이 예가 생각났다), 1946년에 비트겐슈타인은 죽음과 맞닥뜨린 한 영웅에 대해 썼다. 영웅은 "그가 상상한 죽음이 아닌 진짜 죽음"을 정면으로 마주했다. 그런 다음 계속해서 이렇게 쓴다. "위기에서 명예롭게creditably 행동한다는 것은 무대에서 영웅을 잘 연기할 수 있다는 것을 뜻하는 것이 아니라, 죽음 자체를 똑바로 쳐다볼 수 있다는 것을 뜻한다." [C 50, 번역은 필자]

여기서 'creditably(명예롭게)'는 anständig에 썩 적합한 단어가 아니다. 하지만 그렇다고 'decently(예의바르게, 괜찮게)'라고 옮겼다면 이상했을 것 같다.

*

헤르미네 비트겐슈타인은 남동생에 대한 짧은 글 〈내 동생 루트비히〉에서 이렇게 말한다.

1914년 전쟁이 발발하자 동생은 오스트리아로 돌아왔다. 이중 탈장으로 수술을 받은 적이 있어 이미 병역을 면제받았지만 그는 입대를 고집했다. 나는 그가 단순히 조국을 지키겠다는 바람 때문에 자원한 것이 아니라는 걸 잘 안다. 동생에겐 또한 순수한 지적인 작업 외에 힘든 과제를 스스로 떠안으려는 강렬한 욕망이 있었다. 처음에 그는 갈리치아의 군 수리창까지만 갈 수 있었다. 하지만 그는 계속해서 전방에 배치해달라고 요구했다. 안타깝게도 이제 나는 당시 군 당국이 범했던 그 우스운 오해가 잘 기억나지 않는다. 그들은 매번 동생이 더 쉬운 보직으로 옮기려 했다고 여겼다. 사실은 더 위험한 곳으로 옮기고 싶어 했는데도 말이다. (28쪽 참조)

전쟁이 시작된 지 6주가 막 지났을 때 비트겐슈타인은 1914년 9월 13일자로 자신의 노트에 이렇게 썼다.

Heute in aller früh verliessen wir das Schiff mit allem, was darauf war. Die Russen sind uns auf den Fersen. Habe furchtbare Szenen erlebt. Seit 30 Stunden nicht geschlafen, fühle mich sehr schwach und sehe keine äussere Hoffnung. Wenn es mir jetzt zu Ende geht, so möge ich einen guten Tod sterben eingedenk meiner selbst. Möge ich mich nie selbst verlieren.
[오늘 아주 이른 아침, 우리는 모든 것을 두고 배에서 내렸다. 러시아인들이 우리 뒤를 바싹 따르고 있다. 끔찍한 상황이 지나갔다. 30시간 동안 잠을 자지 않았고, 완전히 지쳤으며, 어디에도 희망이 보이지 않는다. 지금 나의 끝이 다가오는 거라면, 스스로를 돌보면서 좋은 죽음을 맞길. 결코 자아를 잃지 않길.]

이틀 후의 일기는 이렇다.

Wir sind in unmittelbarer Nähe des Feindes. Bin guter Stimmung, habe wieder gearbeitet. Am besten kann ich jetzt arbeiten während ich Kartoffel schäle. …

Jetzt wäre mir die Gelegenheit gegeben, ein anständiger Mensch zu sein, denn ich stehe vor dem Tod Aug in Auge. Möge der Geist mir erleuchten. …

[우리와 적 사이에는 아무것도 없다. 기분이 좋아 다시 뭔가 일을 했다. 최상의 상태에서 일을 할 수 있는 바로 지금, 나는 감자를 깎고 있다. … 나는 죽음과 정면으로 마주보며 서 있기에, 지금 괜찮은 인간이 될 기회를 잡아야 한다. 성령이 내게 빛을 주시기를. …]

1년 6개월 뒤인 1916년 4월 중순:

In 8 Tagen gehen wir in Feuerstellung. Möchte es mir vergönnt sein, mein Leben in einer schweren Aufgabe auf's Spiel zu setzen.

[8일 후면 우리는 포화 속으로 들어간다. 뭔가 위험한 임무를 맡아 목숨을 걸 수 있으면 좋으련만.]

3주 뒤:

Vielleicht bringt mir die Nähe des Todes das Licht des Lebens. Möchte Gott mich erleuchten.

[죽음이 가까워지면 생명에 빛이 비칠지도 모른다. 신이 나를 깨우치시길.]

아래 글은 (자원하여) 포병대 관측병으로 임무를 맡아 떠나기 전날 쓴 것이다. 포격은 밤에 가장 극심했고 그는 야간 근무를 서야 했다. 첫 날 밤이 지난 후 그는 이렇게 썼다.

In steter Lebensgefahr. Die Nacht verlief durch die Gnade Gottes gut. Von Zeit zu Zeit werde ich verzagt. Das ist die Schuld einer falschen Lebensauffassung. …

[내 목숨이 끊임없는 위험 속에 놓여 있다. 신의 은총으로 밤은 무사히 지나갔다. 때때로 나는 용기를 잃는다. 삶에 대한 잘못된 시각 탓이다. …]

아마 야간 근무 덕에 그는 낮에는 자유 시간을 얻었을 것이다. 낮에는 포격이 잠잠한 편이었다. 셋째 날 기록은 이랬다.

Hatte jetzt reichlich Zeit und Ruhe zum Arbeiten. Aber es rührt mich nichts. Mein Stoff ist weit von mir entfernt. Der Tod gibt dem Leben erst seine Bedeutung.

[일하기에 충분한 시간과 고요를 누리고 있다. 그러나 무엇도 나를 자극하지 못한다. 나의 물건은 아주 멀리 떨어진 곳에 있다. 오직 죽음만이 삶에 의미를 부여한다.]

그에게는 육체적인 피로보다, 포격과 폭격을 당하는 것보다 파견대에서 다른 군인들과 함께 생활하고 일하는 것이 여러 가지 면에서 더 힘들었다. 헤르미네 비트겐슈타인은 이런 부분을 ─ 다른 병사들과 함께 생활할 수도 있다는 사실을 ─ 그가 생각한 감당해야 할 일들 가운데 하나로 언급하지 않는다. 분명히 그는 이 생활이 어떠하리라는 것을 대체로 알고 있었고, 쉽지 않으리라는 것도 알았다. 남아 있는 몇 안 되는 메모들(전쟁 중 첫 2년 동안 쓴 메모만 남아 있다)은 이런 문제들이 종종 그가 눈앞에 닥친 죽음에 의해 절실하게 깨달은 바대로 사는 데, 철학(어느 모로 보나 그에 못지않게 중요한)에 매진하는 데 방해가 되었음을 시사한다.

1914년 8월 중순에 벌써 이렇게 기록되어 있다(그가 12월 중순까지 배치된 선박에서 함께 강을 건너는 동료 군인들을 언급하면서).

Die Bemannung ist eine Saubande. Keine Begeisterung, un-glaubliche Roheit, Dummheit und Bosheit. ⋯ Es wird wohl unmöglich sein, sich hier mit den Leuten zu verständigen. ⋯ Also in *Demut* die Arbeit verrichten und um Gottes willen nicht sich selbst verlieren!! Nämlich am leichtesten verliert man sich selbst, wenn man sich anderen Leuten schenken will.

[나와 함께 배에 오른 동료들은 돼지들이다. 무엇에도 열의가 없고, 믿기 어려울 만큼 천박하고 아둔하고 사악하다. ⋯ 여기 이 인간들과 대화를 한다는 건 거의 불가능할 것이다. ⋯ 그러니 **겸손한** 자세로 일할 것, 그리고 무엇보다 나 자신을 잃지 말 것! 특히 다른 사람을 위해 시간을 내려다간 자기 자신을 잃기 쉽다.]

10일 후(1914년 8월 25일):

Es wird jetzt für mich eine enorm schwere Zeit kommen, denn ich bin jetzt tatsächlich wieder so verkauft und verraten wie sei-nerzeit in der Schule in Linz. Nur eines ist nötig: alles was einem

geschieht betrachten können ; *sich sammeln*. Gott helfe mir.
[내 앞에 대단히 힘든 시간이 놓여 있다. 지금 나는 오래 전 린츠의 학교
에서처럼 배반과 배신을 당하고 있기 때문이다. 이럴 때 필요한 건 단
하나. 일어나는 모든 일을 심사숙고할 것, 그리고 **정신을 가다듬을 것**. 신
께서 나를 도와주시길.]

'일어나는 모든 일을 심사숙고할 것': 서 있는 땅에서 끌려 내려와 말
려들거나 휩쓸리지 말 것. 스스로를 잃지 말고 정신을 가다듬을 것.

1914년 11월 초:

Hang nur nicht von der äusseren Welt ab, dann brauchst du dich
vor dem, was in ihr geschieht, nicht zu fürchten. Heute Nacht
Wachdienst. Es ist x leichter von Dingen als von Menschen un-
abhängig zu sein. Aber auch das muss man können.
[외부 세계에 의지하지 말자. 그러면 그 안에서 일어나는 일을 두려워
할 필요가 없다. 오늘밤은 보초근무다. 인간에게 의지하지 않는 것보다
사물에 의지하지 않는 것이 훨씬 쉽다. 그러나 인간에게도 의지하지 않
을 수 있어야 한다.]

그리고 다시 8일 후:

Nur sich selbst nich verlieren!!! Sammle dich! Und arbeite nicht
zum Zeitvertreib, sondern fromm um zu leben. Tue keinem ein
Unrecht!

[다만 스스로를 잃지 말 것!!! 정신을 가다듬을 것! 그리고 시간을 보내기 위해서가 아니라 살기 위해 헌신적으로 일에 매진할 것. 누구도 부당하게 대하지 말 것!]

'… sondern fromm um zu leben(살기 위해 헌신적으로)': 그렇지 않으면 그의 삶은 불경한 형태가 될 터이기에. 삶을 지켜보는 방식으로 일할 것.

6개월 뒤(1915년 3월), 이 시기엔 오랜 기간 일을 할 수 없었다.

Bin sozusagen seelisch Abgespannt. Was dagegen zu machen ist?? Ich werde von widerlichen Umständen aufgenährt. Das ganze äussere Leben mit seiner ganzen Gemeinheit stürmt auf mich ein. Und ich bin innerlich hasserfüllt und kann den Geist nicht in mich einlassen. Gott ist die Liebe.
[말하자면 마음이 해이해지고 있다. 해결 방법이 없을까? 나는 혐오스러운 환경에서 밥을 먹고 목숨을 유지하고 있다. 나의 전 외부 세계가 온통 천박한 모습으로 나에게 들이닥친다. 내 안은 증오로 들끓어 성령을 들여보낼 수가 없다. 신은 사랑이다.]

'… ich bin innerlich hasserfüllt und kann den Geist nicht in mich einlassen(내 안은 증오로 들끓어 성령을 들여보낼 수가 없다)': 여기에 새로운 내용이 있을까? 이런 식의 언급은 다음 해인 1916년 4월 말에 한 차례, 5월에 두 차례, 총 세 차례에 걸쳐 그가 쓴 글에 다시 등장한다.

Die Mannschaft mit wenigen Ausnahmen hasst mich als Freiwilligen. So bin ich jetzt fast immer umgeben von Leuten, die mich hassen. Und dies ist das einzige, womit ich mich noch nicht abfinden kann. Hier sind böse, herzlose Menschen. Es ist mir fast unmöglich eine Spur von Menschlichkeit in ihnen zu finden. ⋯ [내가 자원 입대자라는 이유로 부대원 모두가 거의 예외 없이 나를 싫어한다. 그러니까 나는 거의 항상 나를 싫어하는 사람들에 둘러 싸여 있는 것이다. 그리고 나는 아직 이 상황을 어떻게 다루어야 할지 알지 못한다. 이곳에는 악의적이고 냉혹한 사람들이 있다. 그들에게 인간성의 흔적이라곤 거의 찾아볼 수 없다.⋯]

하지만 일주일이 채 지나지 않은 5월 6일에, 위(295쪽)에서 인용한 메모 가운데 'Das ist die Schuld einer falschen Lebensauffassung (삶에 대한 잘못된 시각 탓이다)' 바로 뒤에 이어서 이렇게 썼다.

Verstehe die Menschen. Immer wenn du sie hassen willst, trachte sie statt dessen zu verstehen. Lebe im innern Frieden. Aber wie kommst du zum innern Frieden? Nur indem ich Gottgefällig lebe. *Nur* so ist es möglich, das Leben zu ertragen. [사람들을 이해하자. 그들을 혐오한다는 생각이 들 때마다 대신 그들을 이해하기 위해 노력하자. 내면을 평화롭게 하자. 그렇지만 어떻게 해야 내면에서 이런 평화를 찾는단 말인가? **오직** 신을 기쁘게 하는 방식으로 살 때 가능하다. 그래야만 삶을 견딜 수 있다.]

이틀 뒤:

Die Leute mit denen ich beisammen bin sind nicht so sehr ge-
mein als *ungeheuer* beschränkt. Das macht den Verkehr mit ih-
nen fast unmöglich, weil sie einen ewig missverstehen. Die
Leute sind nicht dumm, aber beschränkt. Sie sind in ihrem Kreise
klug genug. Aber es fehlt ihnen der Charakter und damit die
Ausdehnung. 'Alles versteht das rechtgläubige Herz.' Kann jetzt
nicht arbeiten.

[나와 함께 있는 사람들은 비열하다기보다 **끔찍하게** 편협하다. 그렇기
때문에 그들과 함께 일하기가 거의 불가능하다. 그들은 영원히 서로를
오해하기 때문이다. 이 사람들은 아둔하진 않지만 편협하다. 자기들 무
리 안에서는 제법 똑똑하다. 그러나 그들은 인격이 결여되어 있으며 따
라서 아량도 부족하다. '진정한 믿음을 가진 사람의 마음은 모든 것을
이해할 것이다.' 지금은 일을 할 수가 없다.]

II.

1935년에 비트겐슈타인은 러시아로 가서 가능하면 그곳에 정착할 계
획을 세웠다.(파니아 파스칼의 〈비트겐슈타인: 사적인 회고록〉, 39-91
쪽, 드루어리의 〈비트겐슈타인과의 대화〉, 161-262쪽, 비트겐슈타인이
케인스에게 보낸 두 통의 편지, 1935년 6월 30일과 7월 6일자 - L 132, 134,
135 참조) 그는 케인스에게 보낸 편지에, 러시아에서 '적절한 직업'을
찾지 못할 경우, 의학을 공부한 뒤 가능하면 러시아에서 의사로 일할
생각이라고 썼다. 당시 그가 철학 수업과 강의를 모두 그만둘 생각이
었는지는 확실하지 않다. '적절한 직업'이란 학문에 관계된 직업이 아
니었을까 짐작한다. 분명한 사실은 여전히 영국에서 책을 출간할 계
획을 갖고 있었다는 것이다.

6월 30일자 편지에서 그는 케인스에게, 런던 주재 러시아 대사 마이스키에게 자신을 소개시켜줄 수 있는지 물었다. 그렇게 해주면 마이스키가 러시아 관리들에게 자신을 소개할지 모른다고 말이다. 그리고 편지 말미에 이렇게 덧붙였다. "지난 번 당신의 방에서 나올 땐 서글픈 기분이었습니다. 내가 하려는 일을 하게 만드는 것이 무엇인지, 그것이 나에게 얼마나 힘든 일인지 당신이 전혀 이해하지 못하는 건 아주 당연하죠." (L 132)

두 번째 편지(1935년 7월 6일자)에서는 기꺼이 러시아 대사를 소개해주겠다는 케인스의 의향에 감사하며 이렇게 말했다.

나는 레닌그라드의 '북방 연구소'와 모스크바의 '소수민족 연구소' 관리들과 대화를 하고 싶습니다. 내가 듣기로 이 연구소들은 식민지들, 그러니까 소련 주변의 최근 식민지가 된 지역에 이주를 원하는 사람들을 상대로 일을 한다더군요. … (L 134)

그리고 이렇게 끝을 맺는다.

당신은 내가 러시아에 가려는 이유를 어느 정도 이해할 거라 믿습니다. 한편으로 부적절하고 심지어 유치한 이유라는 걸 나도 인정하지만, 그 모든 이유들 뒤에는 진지하고 심지어 좋은 이유가 있다는 것도 사실이지요. (L 135)

그에게 가장 중요한 이유들 가운데에는 자신에 대한 그리고 철학에 대한 반성이 있었을 거라 짐작해본다. 그러나 그 이유가 무엇인지는 누구도 알지 못할 것이다.

케인스는 마이스키에게 보내는 소개장에 이렇게 썼다. "그가 러시아에 가고자 하는 이유를 말씀드리는 일은 그에게 맡겨야 할 것 같습니다. 그는 공산당원은 아니지만, 러시아의 새 정권이 지향한다고 믿는 생활양식에 크게 공감하고 있습니다." (L 136)

1930년에 그는 "우리 시대의 산업, 건축, 음악, 파시즘, 사회주의에 표현된" 서양 문명 정신은 그에게 이질적이고 혐오감을 주며, 이 문명이 어떤 목적과 목표를 가지고 있다 해도 그것을 이해할 수 없을 거라고 썼다.(C 6-7) 전형적인 서양의 과학자가 비트겐슈타인의 글을 이해하든 높이 평가하든 그런 건 중요하지 않았다. "그는 내가 말하는 정신을 결코 이해하지 못할 터이기 때문이다. 우리 문명의 특징을 말해주는 단어는 '진보'다.⋯"

우리가 과학에 관한 러시아의 발표를 보도한 신문 기사를 읽을 때, 혹은 이러이러한 시기에 완성하겠노라는 대규모 프로젝트에 관한 신문 기사를 읽을 때를 생각해보자. 여기에도 그가 기술한 내용이 해당하지 않았을까? 나는 비트겐슈타인이 이 문제에 대해 논하는 걸 들어본 적이 없다. 아마도 그는 그 비교가 가볍고 피상적이라 여겼을 것이다. 1948년 어느 날 저녁, 드루어리와 나는 비트겐슈타인에게 정기간행물 하나를 보여주었다. 여기에는 리센코Trofim Lysenko의 유전학 이론들을 정당화한 상당히 긴 러시아 논문 번역본이 수록되어 있었다. 드루어리와 나는 이 논문을 이상한 정당화라고 생각했던 것 같다. 비트겐슈타인은 논문을 읽고 이렇게만 말했다. "자네들이 이 논문에 대해 달리 뭐라고 말하든, 이 논문은 결코 서양의 논문이 아니야." 이 말은 그 자신이 이 논문을 인정하겠다는 의미가 아니었다. 그렇지만 우리는 이 논증을 서양의 기준으로 평가할 수 있다고 생각해서는 안 되었다.

그는 1931년에도 '서양 문명'에 대해 이야기했다. 당시 그는 유대 문화가 서양 문화와 어떻게 다른지 강조하기 위해 유대인 작가, 예술가, 사상가(그는 특별히 자기 자신을 언급했다)의 작품들이 서양 문명의 작품들과는 다른 목적, 다른 형태의 업적을 지니며 다른 재능을 표현했다고 말했다. 그의 1931년 글을 소개하겠다.

서양 문명에서 유대인은 언제나 그에게 적합하지 않은 잣대로 평가된다. 그리스 사상가들이 서양적인 뜻에서의 철학자도 서양적인 뜻에서의 과학자도 아니었다는 것, 올림픽 경기의 참가자들이 운동선수들이 아니었으며, 또 [어떠한] 서양적인 전문 분과에도 걸맞지 않다는 것은 많은 이들에게 분명하다. 유대인들의 경우에도 역시 그러하다. 우리에게는 우리 [언어의] 낱말들이 유일한 척도로 보이기 때문에, 우리는 그들을 공정하게 대하는 데 번번이 실패한다. 따라서 그들은 어느 땐 과대평가되었다가 어느 땐 과소평가된다. [C 16]

1930년대에 몇몇 케임브리지 과학자들이 마르크스주의에 대해 이야기했는데, 그 가운데 특히 J. B. S. 홀데인Haldane이 있었다. 마르크스주의자들은 단순히 과학 발전의 진보가 아닌 역사의 진보에 대해 말했다. 간혹 이 둘은 결국 같은 결과를 낳는 것 같지만.

1943년에 비트겐슈타인은 스완지에서 열린 대학 철학 협회 모임에 참석했다. 패링턴Benjamin Farrington 교수가 '인과 법칙과 역사'에 관한 논문을 읽었고, 스완지 계곡에서 철과 석탄 채굴업의 시작과 성장에 대해 언급했다. 이 산업으로 인해 계곡과 계곡에 사는 주민들의 삶은 광재 더미와 폐기된 광산 장비로 상처를 입었지만 산업과 생산량은 놀랄 만큼 증가했다. 이후 세대들은 이를 통해 교훈을 얻어 새로운 방법을 개발한다. 이 과정을 좀 더 장기적으로 본다면, 전반적으로 꾸준한 진보 과정의 한 단계로 여기게 될 것이다. 나는 패링턴이 '역사 발전의 일반 법칙'이나 그 비슷한 말을 사용했는지는 기억나지 않지만, 이 말을 간과했을 거라고 생각하지 않는다.

토론에서 비트겐슈타인은 사람이 사는 환경에 변화가 생길 때, 이 변화가 새로운 가능성을 열기 때문에 우리는 그것을 진보라고 부른다고 말했다. 그러나 이 변화 과정에서 그 전에 있었던 기회들이 사라질지 모른다. 이것은 어떤 면에서는 진보였지만 어떤 면에서는 퇴보였다. 역사적 변화는 진보인 동시에 파멸일 수도 있다. '전반적인 진보'에 대한 당신의 설명을 정당화하기 위해 이 둘을 비교 검토할 방법은 없다.

패링턴은 진보가 파멸일 수도 있다는 사실을 생각하지 못했다. 무엇이 그 예가 될 수 있을까?

비트겐슈타인 "네, 당신이 철과 석탄 채굴업이 산업을 발전시킬 수 있는 반면 동시에 광재 더미와 낡은 장비로 계곡의 경관을 훼손할 수도 있다고 말씀하셨을 때 바로 그 내용을 설명하신 겁니다."

패링턴은 이것이 전반적으로 진보가 이루어졌다는 사실에 반대하는 이유가 될 수는 없다고 생각했다. "비록 우리 문명에 추한 면들이 있지만, 나는 동굴에 살던 원시인처럼 살아야 하느니 차라리 지금 우리처럼 사는 게 낫다고 확신합니다."

비트겐슈타인 "네, 물론 그러시겠지요. 하지만 원시인도 그렇게 생각할까요?"

나중에 집으로 걸어올 때 어떤 사람이 역사발전 법칙은 상황이 더 나아지기 마련임을 증명하기 때문에 자신은 낙관적이라고 말하자, 비트겐슈타인은 이 의견 어디에도 좋게 평가할만한 데가 없다고 언급했다. "반면에 누군가가 이렇게 말한다면 칭찬할 수 있을 걸세. '아무래도 상황이 점점 악화되고 있고, 이 상황이 개선될 거라고 제시할만한 아무런 증거도 찾을 수가 없다. 하지만 그럼에도 불구하고 나는 상황이 더 나아질 거라고 믿는다!'라고 말이야."

이 무렵 비트겐슈타인은 맥스 이스트먼^{Max Eastman}의 《마르크스주의: 이것은 과학인가?》*를 내 방 책장에서 꺼내 훑어보고 있었다. 그는 이스트먼은 마르크스주의가 혁명에 도움이 되고자 한다면 더욱 과학적이 되어야 한다고 생각하는 것 같은데, 이것은 심각한 착각이라고 말했다. "사실 과학보다 보수적인 건 없네. 과학은 철로를 놓아. 그리고 과학자들에게는 자신들의 연구가 이 철로를 따라 이동하는 것이 중요하지." 또 언젠가는 '철로'가 일부 사람들이 '과학 법칙' 혹은 '자연의 필연적 결과'에 대해 생각하고 언급하는 방식을 돕는 이미지로도 이용된다고 말했다. 즉 이 경우에는 '과학적 방법'을 언급하는 이미지로 이용된다.

예를 들어 이스트먼은 이렇게 말했다.(그의 책 215쪽) "나는 여전히 레닌이 완성한 혁명적인 공학 체계를 믿는다. … [이 장^章들은] 과학혁명적 태도가 칼 마르크스의 형이상학적 사회주의를 대신한다는 것이 무슨 의미인지 보여준다."

이스트먼의 주장에 대해 비트겐슈타인은 이렇게 말했다. "그러나 1917년에 레닌이 개입했을 때 그의 행동은 과학적이 아니었어. 비극

---

* 런던, 1941.

적이었지." 다시 말해, 비극에서 '불가피한' 요소인 영웅의 행동이라는 것이다. 그러나 신문은 이 단어를 다르게 사용한다. 내가 공산주의자 친구에게 이 말을 전하자, 그는 비트겐슈타인의 말은 레닌의 행동이 끔찍한 재앙이라는 의미였을 거라고 생각했다.

1947년의 한 논평에서 비트겐슈타인은 수 년 동안 주장해온 견해를 밝히며 다음과 같이 썼다.

> 어떤 사람은 **이렇게** 반응한다: "아니, 나는 그것에 대해 참지 **않겠소!**" 그리고 저항한다. 어쩌면 이것은 마찬가지로 참을 수 없는 상황을 초래할지 모르며, 그때쯤엔 아마도 더 이상 저항할 힘이 고갈될지 모른다. 그러면 사람들은 말한다: "**그가 그렇게** 하지 않았더라면 불행을 피했을지도 모른다." 그러나 이 말의 타당성을 어떻게 증명할 수 있는가? 사회 발전의 법칙을 누가 알겠는가? 제아무리 똑똑한 사람이라도 결코 알 수 없으리라 확신한다. 당신이 투쟁하겠다면 투쟁할 것이다. 당신이 희망하겠다면 희망할 것이다.
>
> 당신은 투쟁하고, 희망하며, 심지어 **과학적으로** 믿지 않으면서도 믿을 수 있다. [C 60]

그는 레닌이 '사업가적'이라고 말하려 하지 않았을까. 이것은 비트겐슈타인이 실질적인 논쟁뿐 아니라 철학에도 요구하는 바였다. 내 기억에 그는 신문에 '호전적인 연설'이 보도되어야 한다는 것에 반대했다. "그것은 사업가적이지 않다. 그것은 그저 분노를 토로할 뿐이기" 때문이다. 그는 실제로 사람들이 일에 대해 논의할 할 때 이런 요청으로 시작한다고 말했다. "자, 무슨 일이 있나 봅시다." "Nur kein Geschwätz!"—"내용을 구구절절 늘어놓지 맙시다!" 더 강한 표현도 있다. "흥분해서 날뛰지 맙시다!" 1947년에 나는 결혼생활 지도 협의회라는 기관을 공격하는 '좌파' 신문에 글을 한 편 기고했고, 비트겐슈타인에게도 이 글을 보냈다. 그리고 동봉한 편지에 길버트 라일Gilbert Ryle이 《마인드Mind》지에 쓴 논평을 언급하면서, 할 수 있다면 이 논평에 계란을 투척하고 싶다고 말했다. 비트겐슈타인은 답장에 이렇게 썼다.

> 자네 글이 전달하는 의도와 일부 표현 방식에 동의한다는 말 외에 자네 글을 비평할 생각은 없네. 논쟁술, 그러니까 계란 투척 기술은 자네도 잘 알다시피 가령 복싱만큼이나 고도의 기술을 요하는 일이네. 내가 자네 글에 동의하지 않는 부분은 의견을 너무 심하게 몰아붙인다고 생각해서가 아니라(그건 가능하다고 생각하지 않아), 아마도 확실한 결정타가 부족하고 손놀림만 너무 잦다고 생각하기 때문이야. 말할 것도 없이 나는 그만큼 좋은 글을 쓸 수 없었을 테고, 아무것도 쓰지 않는 것보다는 제대로 된 글을 쓰는 게 더 낫지. 자네가 라일에게 계란을 투척하는 건 대찬성일세. 다만 진지한 얼굴로 잘 던지길 바라네! 어려운 점은 이거야. 쓸데없는 말이나 표현을 하지 말 것. 상대방이 아닌 자네 자신만 해를 입을 테니까. 이런 설교를 늘어놓는 나를 용서하게. 어리석은 글일지 몰라도 의도는 선하다네. 그리고 가능하다면 라일을 비난하는 글을 써주길 바라네.

1939년 나치가 프라하를 침공하기 한두 달 전, 독일 망명자 신문은 개인을 존중하는 자유주의 체제의 본질이 무엇인가에 대한 베네시(Eduard Benes, 당시 체코슬로바키아 외무장관 – 옮긴이)의 성명서 한 쪽을 실었고, 그 맞은편에 무자비함과 현실정치Realpolitik의 필요성에 관한 히틀러의 자서전 《나의 투쟁》 가운데 한 쪽을 실었다. 이것은 베네시에 대한 존경을 표하려는 의도였다. 나는 근사한 계획이라고 생각했고, 비트겐슈타인에게 두 개의 글을 보여주었다. 그는 글을 읽고는 잠시 말이 없더니 이윽고 생각에 잠긴 채 고개를 끄덕였다. "동시에 보니 [《나의 투쟁》을 가리키며] 이 글이 저 글보다 훨씬 사업가적이군."

히틀러는 무솔리니가 그랬던 것처럼 정권 장악을 위한 가장 효율적인 전략 및 정권 유지의 수단에 관한 문제에서는 사업가적일 수 있었다. 그러나 세상의 이목을 끌면서 수많은 청중을 향해 연단에 선 히틀러와, 그가 연설 중에 청중의 열광을 얻기 위해 내놓은 말을 생각하면, 그의 글은 허풍이었다. 내 생각에 비트겐슈타인은 레닌이 연설을 할 때 뭔가 할 말이 있었다고 믿었던 것 같다. 스탈린 역시 마찬가지였을 거라고 생각했을지 모른다. 1930년대에 비트겐슈타인에게 이것은 결코 유일하지는 않지만 중요한, 두 체제 간의 뿌리 깊은 차이를 보여주었을 것이다.

한번은 우리가 트라팔가 광장에 앉아 있을 때 그는 건물들 특히 캐나다 하우스의 건축 양식에 대해 이야기했다. 우리는 음악에 대해서도 이야기했는데, 특히 오늘날 브람스를 연주하기가 상당히 힘들다고 말했다. 마이러 헤스^{Myra Hess}는 브람스 생전 연주 방식과 정확히 똑같이 브람스를 연주했다. 그러나 지금 그런 식으로 — 당시 사람들의 정서적 반응에 맞게 감정에 중점을 두면서 — 브람스를 연주해봐야 그 음악이 우리에게 아무 의미가 없을 터였다. 최근 몇 년간 그가 들은 음악가는 단 한 사람, 음악이 의미하는 바가 무엇인지 진정으로 알고 연주하는 피아니스트 — "바로 위대한 브람스" — 가 유일했다. 그는 음악이 무엇인지, 수사적 기교가 무엇인지 본능적으로 찾아낼

줄 아는 음악가였다. 마이러 헤스의 연주 방식은 브람스 시대의 음악이었을 테지만, 오늘날 브람스 음악은 수사적 기교에 지나지 않으며 우리에게 어떤 감동을 주든 그 음악은 더 이상 브람스가 아니다. 비트겐슈타인은 건축 회사에서 이제 막 완공한 캐나다 하우스를 가리켰다. 이 건축 양식은 과장이 심한 특정 양식들을 이어받음으로써 어떤 전통을 따르고 있지만, 그 안에서 아무것도 말하지 않는다. 위대한 문화에 어울리기 위해 규모는 크다. 하지만 ― 그는 건물을 향해 손사래를 치며 ― "그것은 과장된 양식이며, 히틀러와 무솔리니 식이다." 그렇다고 그가 다른 건축가는 그렇지 않은 양식으로 건물을 지었을 거라고 말하지는 않았을 것이다. 오늘날 그리고 이곳에, 그렇지 않은 건축 양식은 없다. 그리고 캐나다 하우스는 히틀러와 무솔리니가 왜 과장되게 일해야만 했는지 보여주는 데 도움이 되었다. 건물이 보여주었듯 그들은 정신적으로 우리와 정확히 같았다.

　1939년부터 1945년까지 이어진 전쟁이 막바지에 다다를 무렵, 우리는 유럽의 여러 나라 국민들이 정상적인 생활을 되찾을 수 있을지 궁금했다. 비트겐슈타인은 "중요한 것은 사람들이 일을 갖게 된다는 것"이라고 여러 차례 반복해서 말했다. 그는 1935년에도 이렇게 말했을 것이다. 당시에는 '재건'이라는 문제가 없었지만 말이다. 그는 러시아의 새 체제가 대다수 국민을 위해 일을 제공할 거라고 생각했다. 누군가가 러시아의 노동자 통제, 노동자가 자유롭게 직업을 그만두거나 변경하지 못하는 환경, 혹은 어쩌면 강제 노동수용소에 대해 말했다 해도 비트겐슈타인의 생각은 흔들리지 않았을 것이다. 그는 그 나라의 ― 혹은 어떤 사회에서든 ― 대다수 국민이 정규직을 갖지 못한다면 끔찍한 일일 거라고 생각했다. 그리고 이 부분은 강조하지 않았지만, 사회에 '계급 차별'이 만연하다면 역시나 끔찍한 일일 것이다.* "다른 한편으로 독재 정치에 대해서는…?"— 그는 미심쩍다는 듯 어깨를 으쓱해 보이며 말했다 —"딱히 분노가 일지 않는다."

그러나 의견을 말하는 것도, 선택을 하는 것도, 거절하는 것도 용납하지 않는 엄격한 노동자 통제는 일자리는 지속적으로 제공했을지 모르지만, 비트겐슈타인이 중요하게 여기는 노동에 대한 긍정적인 태도는 거의 제공하지 못했다.

바이스만Friedrich Waismann은 아마도 슐리크가 어느 미국 대학교에서 했던 강의 내용과 관련하여 1931년에 비트겐슈타인이 했던 발언을 아주 간략하게 기록한다. "우리는 미국인에게 무엇을 줄 수 있는가? 반쯤 부패한 우리 문화? 미국인에게는 아직 문화가 없다. 하지만 그들은 우리에게서 러시아에 대해 … 아무것도 배울 것이 없다. 열정은 무언가를 보장한다. 반면 우리 논의는 무엇 하나 옮길 힘이 없다." [W 142]

1917년 레닌의 개입은 증거에서 도출한 과학적 결론이 아니라 여러 가지 가능성 등을 고려한 것이었다. 마르크스주의자들은 이렇게 말했을 것이다. 그런 면에서 그 개입을 '과학적'이라고 말하는 것은 레닌의 결과를 '단지 실증적'으로 다루는 것에 불과하다고. 나는 비트겐슈타인이 의미한 바는 이런 것이라고 생각한다. 러시아의 생활 방식에서 변화를 일으키는 것은 과학이나 사회공학의 응용이 아니라, 오히려 혁명에 참여한 사람들의 정신, 혁명을 완수해낸 그 정신과 생명력이었다고. 그는 러시아 국민들이 생활하고 일하는 방식 안에 이 생명력이 고스란히 드러난다고 생각했던 것 같다.

한번은 그가 이렇게 말했다. "마르크스는 자신이 보고 싶은 형태의

---

* 내가 러시아에서는 '관료에 의한 통치'가 그 나라의 계급 차별을 야기하고 있다고 말하자 그가 이렇게 말했다. "러시아 체제에 대한 나의 호감을 무너뜨리는 것이 있다면 계급 차별의 증가일 것이다." 그가 이렇게 말한 이유는 하위 계급이 시민권을 박탈당하고 사회 정책 결정에 목소리를 내지 못한다고 생각해서였을까? 나는 그렇게 생각하지 않는다.

사회를 기술할 수 있었고, 그게 전부다."

나는 마르크스가 보다 중요한 일을 하고 있다고 생각했기 때문에 이렇게 대꾸했다. "그는 반대와 비난에 맞서 자신의 입장을 고수하기도 했습니다. 다른 사람들이 인정하는 사실을 거론하고 다른 사람들이 인정하는 기준으로 논쟁하면서 말이죠. 그는 단순히 자신이 선호하는 바를 말하는 게 아니에요."

"그래, 그는 단순히 자신이 선호하는 바를 말하지 않아. 그는 다른 사람들이 자신처럼 생각하도록 만들지도 모르지. 하지만 반대로 그가 주장하는 사실이나 논증을 확신하지 않는 사람들도 있네."

"자신이 보고 싶은 형태의 사회를 기술할 수 있었고, 그게 전부다"라는 비트겐슈타인의 말은 내가 어설프게 짐작했던 것과 달리 마르크스에 대한 폄하나 비난이 아니었다. 어쨌든 비트겐슈타인은 그런 의미에서 한 말이 아니었다. 나는 그가 〈윤리학에 대한 강의〉를 설명하면서 바이스만에게 했던 말과의 유사점을 확인했어야 했다.[W 117] 첫째, 우리는 도덕적 가치가 왜 그런 가치를 지니는지 누군가에게 설명하려는 것으로는 도덕적 가치가 무엇인지 그에게 가르칠 수 없다. 둘째, 어느 시점에서 우리는 '일인칭으로 말'해야 하며, 그것은 더 이상 사실과 증거의 문제가 아니다. 마르크스는 '참으로 인간적인'이나 아마도 '유일하게 진정한 사회공동체' 같은 표현으로 자신의 견해를 피력하고 싶었으나, 그런 견해를 확증하는 이론은 있을 수 없다는 걸 비트겐슈타인은 말하고 있었던 것이다. 그러나 그런 표현들이 단순히 공허한 슬로건만은 아니다. 이 표현들은 마르크스의 논의에서 나름의 역할을 한다. 그렇지만 한편 이 논의는 심각한 오해를 드러내기도 한다. 만일 마르크스가 공산주의 사회가 실현되리라는, 그가 말하는 과학(혹은 변증법)에 근거한 예측을 했다 하더라도, 공산주의 사회를 옹호할 이유가 될 수는 없으며, 그것을 일으키기 위해 투쟁할 근거 또한 되지 않을 것이다.

비트겐슈타인이 마르크스가 중요하게 여기는 무언가에 공감했다면, 그것은 아마 프롤레타리아 계급에 대한 마르크스의 신념이었을 것이다. 자본주의 전복과 도래할 '비자본주의' 사회를 특징지을 육체노동의 중요성에 관한 신념 말이다. 이에 관한 마르크스의 진술은 프롤레타리아 계급의 '역사적 임무'에 대한 그의 글과, 과학이 세계를 변화시키며 그들을 위해 일하게 되리라는 그의 주장에 의해 축소되고 왜곡된다. 그러나 그가 잇따라 예를 제시하며 자본주의 하에서 노동자의 지위 하락을 증명할 때, 그는 이에 맞서 싸우는 누군가의 힘으로 글을 쓴다. 비트겐슈타인에게는 — 우리가 접한 기록들을 통해 판단하건대 — 이 투쟁 의식이 러시아 노동자의 생명력으로 드러났을지 모른다. 그것은 부분적으로 '러시아 정권이 지향한다고 믿는' 것이었을 수 있다. 그러나 나는 이런 측면에서 그가 했던 명확한 진술들이 기억나지 않는다.

나는 다만 육체노동에 대한 강조가 그가 강하게 공감한 부분이었다는 정도만 말하겠다.

그는 육체노동을 없애거나 불필요하게 만드는 것을 목표로 삼은 정권에 공감하지 않았을 것이다. 기계가 육체노동을 대체할 수 있으리라는 생각을 — 그 생각에 어떤 일리가 있다 해도 — 달갑게 여기지 않았을 것이다. 그는 결코 모든 사람이 육체노동자가 되어야 한다고 생각하지 않았다. 그건 마치 모든 사람이 학교 선생이 되어야 한다는 것과 다를 바 없었다. 내 생각에 그가 '강하게 공감한' '삶의 방식'은 어떤 면에서 육체노동이 중심이 되는 삶이었다. 하지만 그가 상상한 삶의 모습을 자세히 알지 못하므로 이 부분은 막연한 채로 넘어가야겠다. 그는 케인스에게 보내는 두 번째 편지에서 이렇게 말했다. "두 기관의 관료들과 이야기를 하고 싶습니다. … 내가 듣기로 이 기관들은 '식민지' 즉 소련 주변의 최근 식민지가 된 지역에 이주를 원하는 사람들을 상대한다고 하더군요." 그는 최근 식민지가 된 지역에 가서 의사로 일하길 원했던 것 같다. 이 지역들은 대규모 산업과 거대 프로젝트의 성장에 덜 시달렸을지 모른다. 삶의 방식도 보다 원시적이었을 것이다. 그러나 어디까지나 내 짐작일 뿐이고, 이런 생각들이 그에게 아무런 영향을 미치지 않았을 지도 모른다.

'러시아의 새로운 체제가 지향하는 … 삶의 방식'은 모호하다. 혹은 여기에서 '체제'가 소련의 중앙정치국이나 공산당을 의미한다면 더욱 그럴 것이다. 그리고 러시아에 가서 사는 문제의 찬성 혹은 반대 이유는 러시아가 아닌 다른 나라의 공산당에 가입하는 문제의 찬성 혹은 반대 이유와 분명히 다르다. 어떤 철학자에게는 이것이 공산당의 목적과 계획에 동의하느냐의 문제가 아니라, 어쨌든 그 같은 당의 당원이 될 수 있느냐의 문제였을 것이다.

1945년에 나는 비트겐슈타인과 함께 걸으며 (트로츠키주의) 혁명 공산당의 당원이 되어야겠다는 생각이 들었다고 말했다.

"되어야겠다고? 왜 되어야겠다고 생각하지?"

"현 사회에 대한 그들의 분석과 비판의 주된 이유와 목적에 동의하는 부분이 점점 많다는 걸 알게 됐습니다."

"당원이 되지 않아도 지금까지 동의했던 것처럼 계속 동의하면 되지 않나."

"나 자신에게 이 말을 하고 싶어서요. '여기가 로도스다, 여기서 뛰어라(hic Rhodus, hic salta)'."

비트겐슈타인은 즉시 걸음을 멈추었고 표정이 점점 심각해졌다.

누군가가 그에게 관심 있는 문제를 언급할 때면 늘 그랬던 것처럼. "잠깐, 이 문제에 대해 이야기를 좀 해야겠네." 우리는 공원 벤치에 앉았다. 그러나 그는 곧바로 자리에서 일어났다. 여러 방향으로 걸으면서 실례를 들어 설명하고 싶었기 때문이다.

그가 말하려는 요점은 이랬다.

당원이 되면 당의 결정대로 행동하고 말할 각오가 되어야 하네. 자네는 다른 사람을 설득하려 애써야 할 거야. 논쟁을 하거나 문제에 답을 제시할 때 뭔가 미심쩍은 부분이 있어도 당의 노선에서 등을 돌려 이렇게 말해서는 안 되네. "왠지 썩 옳은 일 같지 않군. 어쩌면 이 문제는(어떤 문제든) 이런 식으로 처리하는 게 더 낫지 않을까. …" 한 가지 방법으로 실행해봤다가 이런 식으로 길을 돌아 나와 다시 다른 방법으로 실행해버릇 한다면, 당원으로서 무슨 쓸모가 있겠나. 언젠가는 당의 노선이 바뀔 때가 있겠지. 그러나 그때까지 자네 입에서는 당이 합의한 내용만 나와야 하네. 계속 그 길만 따라야 한단 말이네.

반면에 철학을 할 땐 이동 방향을 바꾸기 위해 부단히 준비해야 해. 어느 시점이 되면 어려운 문제를 붙들고 싸워왔던 모든 방법이 분명히 뭔가 잘못됐다는 걸 알게 되거든. 적어도 생각을 하려면 계속 가지고 있어야 할 것만 같았던 중심 개념들을 포기할 수 있어야 하네. 뒤로 돌아가 처음부터 다시 시작해야 하는 거지. 그리고 자네가 철학자로서 사고하고 있다면, 공산주의 사상을 다른 사상과 다르게 다룰 수는 없어.

어떤 사람들은 철학을 삶의 방식이라고 말하지. 공산당원으로 활동하는 것 역시 삶의 방식이네.

1931년에 그는 괄호 안에 이렇게 썼다. "(철학자는 그 어떤 이념 공동체

의 시민도 아니다. 바로 이것이 그를 철학자로 만든다.)"[Z 455]

비트겐슈타인은 1935년 여름에 관광객으로 러시아를 방문했고, 그 해 가을에 다시 케임브리지에서 강의를 시작했다. 1936년 6월 학기가 끝날 무렵 나는 그와 차를 마셨다. 그는 이제 어떻게 해야 할지 고민이라고 말했다. 그의 연구원 기간이 끝나 가는데, 뭔가 직장을 잡으려 애써봐야 할지 혼자 어디든 가서 책을 쓰면서 시간을 보내야 할지 잘 모르겠다고 했다. (그는 내 의견을 듣고 싶은 게 아니었다. 생각을 정리하기 위해 누군가와 이야기를 하고 싶었던 것이고, 분명히 내 앞에 온 다른 사람들과도 이런 이야기를 했을 것이다.) 그는 천천히 말을 이어갔다. "나는 아직 ― [잠시 멈춤] ― 돈이 조금 있어. 그래서 사는 동안 혼자 연구하면서 지낼 수 있네." 이 대화에서 그는 러시아에 갈지도 모른다는 말은 어떤 식으로든 꺼내지 않았다. 그가 책을 쓰기 위해 그곳에 가려고 생각했을 거라고는 상상할 수 없다. 그리고 그는 곧 (어쨌든 8월 이전에) 노르웨이에 갔고, 그곳에서 9개월 동안 머물면서 《철학적 탐구》 제1부 가운데 절반가량의 초고를 작업했다. 나는 1937년 6월이나 7월에 케임브리지에서 다시 그를 보았다. 그는 러시아에 대해 언급하지 않았고, 대화의 주제가 무엇이 됐든 그쪽으로 이어지지는 않았을 것이다. 8월 초에 그는 계속 글을 쓰기 위해 다시 노르웨이에 갔다. 1938년 여름에는 한 차례 케임브리지를 떠났고 기간도 일주일이 채 되지 않았다. 그 기간을 제외하면 강의를 마친 날부터 9월 말까지 줄곧 케임브리지에 있었다. 존 모란 교수는 〈비트겐슈타인과 러시아〉*를 쓰기 위해 연구 중일 때 나에게 편지를 보냈는데, "타티아나 니콜라예브나 곤스타인(그녀는 1935년에 레닌그라드에서

---

* 85쪽 각주 참조.

비트겐슈타인이 자신을 방문했다고 말한다)에게서 그가 1939년에 두 번째 소련 여행을 했고, 이때 모스크바에서 소피아 알렉산드로브나 야놉스카야를 방문했다는 취지의 보고서"를 받았다는 내용이었다. 내 생각에 두 번째 여행 날짜에 분명히 혼동이 있었던 것 같다. 비트겐슈타인은 6월 말까지 줄곧 케임브리지에 있었으며, 그의 누이들이 독일 (국가사회주의자) 정부당국으로 인해 곤란에 처하게 되어 빈으로 갔다. 나는 그가 떠나기 바로 직전에 그를 보았다. 헤르미네 비트겐슈타인은 그가 그들의 독일 변호사와 함께 빈에서 베를린으로 갔고, 그곳에서 곧바로 뉴욕으로 향했다고 말한다. 나는 그가 돌아온 지 얼마 후에 다시 그를 보았다.

2, 3년 뒤 비트겐슈타인은 나와 대화하면서, 러시아에서(모스크바일 것으로 짐작한다) 어떤 여자 교수와 철학에 대해 이야기를 나누었는데, 그녀가 자신에게 헤겔을 더 읽어야 한다고 말했다고 했다.

인용문헌

비트겐슈타인의 글에서 인용한 문헌은 본문에서 괄호 안에 아래 목록의 약자로 표기했다.

B 루트비히 비트겐슈타인,《'철학적 탐구'를 위한 예비 연구*Preliminary Studies for the 'Philosophical Investigations*》, 2nd ed., Oxford, 1969: Blackwell; 1st ed., 1958. 일반적으로《청색 책》과《갈색 책》으로 알려져 있다.

C 루트비히 비트겐슈타인,《문화와 가치*Culture and Value*》, G. H. 폰 브릭트 von Wright, 하이키 니만Heikki Nyman 편집, 피터 윈치Peter Winch 옮김, Oxford, 1980: Blackwell. [*Vermischte Bemerkungen*(1977; 2nd ed., 1978)의 제2판 수정본을 번역한 것으로 독영 대역임]

E 파울 엥겔만Paul Engelmann,《루트비히 비트겐슈타인에게 받은 편지와 회고록*Letters from Ludwig Wittgenstein with a Memoir*》, B. F. 맥기니스 McGuinness 편집, L. 푸르트뮐러Furtmüller 옮김, Oxford, 1967: Blackwell. [독일어 제목은 *Ludwig Wittgenstein: Briefe und Begegnungen*(1970)]

F 루트비히 비트겐슈타인,〈프레이저의 황금가지에 대한 논평Remarks on Frazer's Golden Bough〉, 러시 리스 편집, A. C. 마일스Miles 옮김, Retford, 1979: The Brynmill Press.

L 루트비히 비트겐슈타인,《러셀, 케인스, 무어에게 보낸 편지들*Letters to Russell, Keynes and Moore*》, B. F. 맥기니스의 도움으로 G. H. 폰 브릭트 편집, Oxford, 1974: Blackwell.

LE 루트비히 비트겐슈타인,〈윤리학에 대한 강의A Lecture on Ethics〉, *Philosophical Review* 74(1965), 3-12.

LF 루트비히 비트겐슈타인, 〈루트비히 폰 피커에게 보낸 편지들Letters to Ludwig von Ficker〉, 앨런 재닉Allan Janik 편집, 브루스 질레트Bruce Gillette 옮김, 《비트겐슈타인: 자료와 관점*Wittgenstein: Sources and Perspectives*》, C. G. 루크하르트Luckhardt 편집, Hassocks, 1979: Harvester; Ithaca, NY, 1979: Cornell University Press. [*Briefe an Ludwig von Ficker*의 영어 번역, 월터 메쓰라갈Walter Methlagal의 도움으로 G. H. 폰 브릭트 편집, Salzburg, 1969: Müller]

MS 미출간 원고

P 루트비히 비트겐슈타인, 《철학적 탐구*Philosophical Investigations*》, G. E. M. 앤스컴Anscombe 옮김, 2nd ed., Oxford, 1958: Blackwell; 1st ed. 1953.

R 루트비히 비트겐슈타인, 《철학적 단평*Philosophical Remarks*》, 러시 리스 편집, 레이먼드 하그리브스Raymond Hargreaves와 로저 와이트Roger White 옮김, Oxford, 1975: Blackwell. [*Philosophische Bemerkungen*(1964)의 영어 번역본, 쪽 번호 동일]

W 《비트겐슈타인과 빈 학파*Wittgenstein and the Vienna Circle*》(프리드리히 바이스만이 기록한 대화록), B. F. 맥기니스 편집, 요아힘 슐테Joachim Schulte와 B. F. 맥기니스 옮김, Oxford, 1979: Blackwell. [Friedrich Waismann, *Ludwig Wittgenstein und die Wiener Kreis*의 영어 번역본, B. F. 맥기니스 편집, Oxford, 1967: Blackwell, 쪽 번호 동일]

Z 루트비히 비트겐슈타인, 《쪽지*Zettel*》(독일어와 영어), G. E. M. 앤스컴과 G. H. 폰 브릭트 편집, G. E. M. 앤스컴 옮김, Oxford, 1967: Blackwell; 2nd ed.. [영어판: 1981]

약자 뒤에는 이 책에 명시한 판본의 참조 면수를 밝혔다. 다만 P(해당 경우 외에 'p.'는 참조 면수를 나타낸다)와 Z의 경우에는 단락 번호를, MS는 G. H. 폰 브릭트의 비트겐슈타인 문서 목록에 수록된 번호를 참조했다: *Wittgenstein* (Oxford, 1982: Blackwell)에서 G. H. 폰 브릭트, 'The Wittgenstein Papers', pp. 35-62 참조. 가령 [E 34]처럼 각괄호 안에 참고문헌을 표시한 경우 독일어 원문을 참조한 것이며, (L 134)처럼 둥근 괄호의 경우 비트겐슈타인의 글을 인용했음을 의미한다. 참고문헌을 표시하지 않은 인용문의 출처는 미출간(독일어) 원고다. 영어로 출간되지 않았거나 쉽게 구할 수 없는 경우에 한해, 혹은 번역에 특별히 문제가 있는 경우 독일어 원문을 이용했다. 비트겐슈타인의 글과 번역문에서 인용한 내용은 특별히 명시한 경우를 제외하면 위 목록의 판본을 근거로 했다(필요하거나 도움이 된다고 생각되는 부분은 약간 수정했다). 그밖에 번역은 편집자가 했으며 이 경우 역시 각괄호를 이용하여 독일어 판본의 면수를 밝혔다.

편집자 주

헤르미네 비트겐슈타인, 내 동생 루트비히

1. 헤르미네는 "루트비히가 마투라(Matura, 레알김나지움의 졸업시험이자 대
학입학 자격시험) 후 베를린의 공과대학에 입학했다"고 말했다. 내가 그에
게 들은 바에 따르면, 그는 1906년 가을에 볼츠만 밑에서 물리학을 공부하
기 위해 빈 대학교에 입학할 준비를 하고 있었다. 볼츠만은 1906년에 사망
했다. 비트겐슈타인이 물리학을 공부하려는 생각을 포기하고 공학을 공부
하기 위해 베를린에 간 때가 바로 이 시기였다. 헤르미네는 그가 "항공학
분야의 문제와 실험에 매달리느라 많은 시간을 보냈고" "이 시기 혹은
그 직후에 철학에 … 사로잡히게 … 됐다. … 당시 그는 철학에 관련된 글을
한 편 쓰기 시작했고, 결국 유사한 문제에 관심을 갖고 있는 예나 대학의
프레게 교수에게 연구 계획을 보이기로 결심했다"고 말했다. 그는 프레게
를 방문했고, 프레게는 그에게 철학 연구를 계속하라고 격려하면서 "케임
브리지에 진학해 러셀 교수 밑에서 공부하라고 조언했으며, 그는 그렇게
했다."

이상의 내용에 따르면, (a)비트겐슈타인이 베를린 공과대학을 그만둔 이
유는 철학을 공부하기 위해 공학을 포기하기로 결심했기 때문이며 (b)그가
베를린에서 곧바로 케임브리지에 진학했다는 건 오해의 소지가 있다(이
문제에 대해 나는 그에게 직접 들은 말과 다른 사람들에게 들은 내용만을 근거로
말할 수 있다). 그는 베를린 공과대학을 그만두고 맨체스터 공과대학에
진학해(이는 그의 아버지의 충고에 따른 결정인 것 같다) 여전히 공학을 공부
했으며, 특히 항공공학의 특정한 문제들을 연구했다. 이때가 1908년이었
고, 그는 1911년 말까지 줄곧 맨체스터에 있었다. 처음 맨체스터에 왔을
때 그는 더비셔 황무지 가장자리에 위치한 작은 마을, 글로솝 근처에서
연을 이용해 여러 차례 실험을 시작했다. 이곳은 전반적으로 바람이 정말
많이 부는 곳이었다. (그는 글로솝의 한 여관에서 묵었다. 그가 지내는 방은

몹시 추웠고 방안의 난방은 약했는데, 그는 주인아주머니에게 그런 걸 말해본 적이 없고 영어도 서툴렀으며 석탄을 더 달라고 요구하면 된다는 생각이 미처 떠오르지 않았다고 말했다.) 그는 이어서 모터 설계와 프로펠러 설계를 시작했다. 비트겐슈타인이 프로펠러를 설계하면서 수학 문제를 접하게 되어 자연스럽게 수학에 점차 관심을 갖게 되었으리라는 의견도 있었다.(W. 메이스[Mays], 〈비트겐슈타인의 맨체스터 시기Wittgenstein's Manchester Period〉, 《가디언Guardian》, 1961년 3월 24일) 비트겐슈타인이 나에게 직접 전한 말은 이렇다. 공학 연구실에서 연구하던 시기에 그와 그곳의 연구원 두 사람이 매주 한 번씩 저녁에 모여 수학에 관한 문제들이나 '수학의 기초'에 관해 토론하기 시작했다. (토론이 계속되면서 모임 횟수가 더 잦아졌을지 모른다—그가 이런 말을 했는지는 기억나지 않는다.) 한번은 모임 중에 비트겐슈타인이 이 문제들을 다룬 책이 있으면 좋겠다고 말하자, 연구원 가운데 한 사람이 "그런 책이 있다. 러셀이 쓴《수학의 원리The Principles of Mathematics》라는 책이고, 몇 년 전에 나왔다"고 말했다. 비트겐슈타인은 그때 처음으로 러셀의 이름을 들었고, 그에게 찾아가도 괜찮은지 물었다. 나는 비트겐슈타인이 프레게를 알게 된 것도《수학의 원리》를 통해서였을 거라고 생각한다. 당시 그가 프레게를 보러 간 때가 러셀을 방문하기 전인지 그 이후인지는 의견이 분분한데, 그건 중요한 문제라고 생각하지 않는다. (그는 드루어리에게 말했던 것처럼 나에게도 프레게에게 '완전히 압도되었다'고 말했다.) 그는 케임브리지에서 러셀과 한 학기를 보낸 후, 철학에 전념해야 할지 항공학으로 돌아가야 할지 아직 결정을 내리지 못해 러셀의 의견을 구했다. 그는 러셀이 읽어볼 수 있도록 어떤 주제로 글을 써서 제출했다. 러셀은 첫 문장을 읽은 뒤 그에게 항공학으로 돌아가서는 안 된다고 말했다.(《버트런드 러셀 자서전The Autobiography of Bertrand Russell 1914-1944》(London, 1968; the 2nd of 3 vols, pp. 98-99).)

2. 그가 오두막을 지은 해는 1914년이고 처음 그곳에서 생활한 해는 1921년 이었다. 아르비트 셰그렌[Arvid Sjögren]과 함께 살았다.

3. 그가 가장 먼저 배치 받은 곳은 크라쿠프에 기지를 둔 비스툴라 강 경비정, 고플라나 호였다. 약 6개월 뒤에 육군 수리창에 배치되었다.

4. 비트겐슈타인은 공증인이 마지막으로 한 말을 나에게 전했다. "그러니까

당신은 재정적 자살을 원하는군요."

5. 2개 언어의 판본이 출간된 해는 전쟁 이후인 1922년이다. 편집 및 번역자는 러셀이 아니라 C. K. 오그던[Ogden]이었다.

6. 집 건축이 완공된 직후인 1929년 1월에 그는 케임브리지에 갔고, 자신의 책으로 박사학위를 받았다. 러셀과 무어가 시험관이었는데, 비트겐슈타인 이 시험장에 들어섰을 때 러셀은 미소를 지으며 "살면서 이렇게 어이없는 경우는 처음이다"라고 말했고, 이내 세 사람은 함께 이런저런 철학적인 문제들에 대해 잠시 논의했다.

F. R. 리비스, 비트겐슈타인에 대한 기억들

F. R. 리비스는 1895년 7월 14일에 태어났다. 1936년부터 1962년까지 다우닝 칼리지의 특별연구원과 케임브리지 대학교 영문학 부교수를 지냈다. 1932년 부터 1953년까지 계간평론지《스크루티니》를 발간하고 편집장으로 일했다. 이 책에 실린 글은 1973년《더 휴먼 월드*The Human Wrold*》에 게재된 것이다. 리비스 박사는 이 책에 다시 실어도 좋다고 허락한 후 몇 달 뒤에 사망했다.

7. W. E. 존슨[Johnson, 1858-1930], 킹스 칼리지 펠로이며 케임브리지 도덕과학클 럽의 시지윅 강사[Sidgwick Lecturer]였다.

8. 보다 정확히 말하면《수학의 원리*The Principles of Mathematics*》저자로서. (320쪽 헤르미네 비트겐슈타인의 회상록에 관한 주석 1과 비교할 것.)《수학 원리*Principia Mathematica*》제1권은 1910년 말에 출간되었다.

9. 비트겐슈타인 사망 직후 러셀이 나에게 했던 이야기와 조금 다르다. 나는 비트겐슈타인이 1914년 이전에 케임브리지에서 보낸 시간을 "아마도 생애 가장 행복한 시간"이라고 말했다고 전했다. 그러나 러셀은 조용히 이렇게 말했다. "글쎄, 그는 당시엔 그렇게 생각하지 않았네. 어느 날 밤 자정 직전에 비트겐슈타인이 내 방 문을 두드린 뒤 안으로 들어오더니 이렇게 말하더군. '이 방을 나서면 자살하러 갈 겁니다.' 그러고는 아무 말 없이 방안을 왔다갔 다 거닐기 시작했지. 잠시 후 내가 물었네. '비트겐슈타인, 자네 지금 논리학 에 대해 생각하고 있나 아니면 자네 죄에 대해 생각하고 있나?' '둘 다입니 다!' 그가 여전히 방안을 서성이며 말했네."《버트런드 러셀 자서전

1914-1944》(London, 1968: the 2nd of 3vols, p. 99)와 비교해보자. 이 책에서 러셀은 "매일 저녁 자정"이라고 밝히고 있으며, 비트겐슈타인이 방안에 들어왔을 때 그가 한 말은 그의 다음 문장으로 짐작할 뿐 따로 언급하지 않는다.

10. E 66-67(독일어 판본에서 47-48쪽)과 비교해보자.

> 우리 집에서 가진 작은 모임에 관해 비트겐슈타인의 평가를 말한다면, 언젠가 … 그가 나에게 다음과 같이 했던 말이 떠오른다. "돼지한테 먹이를 줄 정도의 웬만한 지능은 갖추고 있군." 그런데 이 표현 ─ 비트겐슈타인이 즐겨 사용하는 오스트리아 구어체 표현 가운데 하나다 ─ 은 오해받기 쉬울 것 같다. 이 표현은 약간 폄하하는 듯한 느낌을 주지만, 무언가를 쓰고도 남을 만큼 이용할 수 있어 특별히 귀하지 않다는 점에서만 그렇다. 다시 말해 이 말은 심지어 돼지에게 먹이를 줄 만큼 사고력이 매우 풍부하다는 의미이지, 아무짝에도 쓸모가 없어 돼지에게 먹이나 줄 정도라는 의미가 결코 아니다.

11. (!).

M. O'C. 드루어리, 비트겐슈타인과의 대화에 관한 비망록

12. 247쪽에 두 가지 언급이 같은 대화에서 잇따라 나온다.

13. 독일어판에서는 이 구절이 35쪽에 있다. B. F. 맥기니스의 번역은 Ludwig Wittgenstein, *Prototractatus: An Early Version of 'Tractatus Logico-Philosophicus'*(ed. B. F. McGuinness, T. Nyberg, and G. H. von Wright, trans. D. F. Pears and B. F. McGuinness, London, 1971, p. 15) 주석 1(이 주석의 해당 부분은 16쪽에 있다)에서 볼 수 있다.

14. 시몬 베유[Simone Weil], 《노동일지와 마지막 편지*Écrits de Londres et dernières lettres*》(Paris, 1957, p. 74).

15. 불가타 성경 시편 119편 131절. 흠정역 성경에는 "내가 입을 열어 헐떡였나이다"로 나와 있다.

16. 244쪽에서는 다른 상황에서 키르케고르에 대한 비트겐슈타인의 반응이 나온다.

17. R. S. 파인-코핀[Pine-Coffin]은 《고백록*Confessions*》 번역본(Harmondsworth, 1961)에서 이 구절을 다음과 같이 옮긴다.

그러나 당신은 선 자체이시니 당신 외에 어떠한 선도 필요치 않습니다. … 어느 인간이 이 진실을 이해하도록 다른 이를 가르칠 수 있겠습니까? 어느 천사가 다른 천사에게 이것을 가르칠 수 있겠습니까? 어느 천사가 인간에게 이것을 가르칠 수 있겠습니까? 우리는 당신에게 묻고 당신 안에서 구해야 합니다. 당신의 문을 두드려야 합니다. 그때에야 비로소 우리가 원하는 것을 얻을 것이며 우리가 구하는 것을 찾게 될 것입니다. 그때에야 비로소 우리에게 문이 열릴 것입니다.

18. 오토 바이닝거, 《성과 성격*Geschlecht und Charakter*》(Vienna, 1903; photographic reprint, Munich, 1980; English trans., London and New York, 1906).

19. 바이닝거 인용문의 출처는 피코 델라 미란돌라의 《인간 존엄성에 관한 연설*Oratio de hominis dignitate*》이다. 이 책은 1486년 혹은 1487년에 쓰인 것으로 추정되며, 1495-1496년에 그의 유작들을 출판할 때 처음 출간되었다. (이 책에 실린 본문의 출처는 G. Pico della Mirandola, *De Hominis dignitate, Heptaplus, De ente et uno*, ed. Eugenio Garin, Florence, 1942, pp. 104, 106이다.) 드루어리는 〈비트겐슈타인과의 대화〉 원고 초반 작업 때 이 구절을 자신이 직접 번역했지만 여기에서는 원문 그대로 실었다. 피코의 원문을 그대로 싣는 것이 더 낫다. 그러나 드루어리의 번역은 지금 내 옆에 있는 다른 번역본보다 훨씬 훌륭하므로 여기에 그의 번역을 싣겠다.

"아담이여, 우리는 그대에게 창조물의 수준에서 고정된 위치를 부여하지 않았다. 얼굴 표정이 그대 혈통의 특징이 되리라고 정하지 않았으며, 그대는 특별히 행해야 할 임무도 없다. 그러므로 그대가 어떤 지위를 선택하든 그대의 결정과 소망대로 표현하고 싶은 의사, 행하고 싶은 기능을 소유하고 간직하게 될 것이다. 다른 모든 창조물들은 우리가 그들을 위해 정해 놓은 법과 규정에 단단히 묶여 있다. 하지만 그대는 그대의 두 손 위에 놓인 자유로운 선택에 의해 자신의 운명을 결정할 수 있도록 어떠한 제약에도 구속받지 않는다. 그대는 자연 안에 존재하는 어떠한 창조물보다 주변을 쉽게 살필 수 있도록 우주의 한가운데에 위치한다. 그대는 하늘의 거주자도 땅의 거주자도 아니며, 우리는 그대를 언젠가는 죽을 인간으로도 불멸의 존재로도 창조하지 않았다. 그러므로 그대는 자유롭게 아무런 대가 없이, 그대의 생각대로 자신의 이미지를 만들고 주조할 수 있을 것이다. 그대가 동물과 같은 낮은 단계의 존재로 내려가길 원한다면 그렇게 할 수 있고, 천국의 시민이 되려는 강렬한 열망이 있다면 또한 그렇게 할 수 있다."

오 아버지 신의 한없는 관대함이여, 오 인간의 끝없는 행운이여. 인간에게 그가 선택한 것을 지니고 그가 바라는 것이 되어도 좋다는 허락이 내려졌다. 어머니의 자궁으로부터 … 지상에 도달한 들판의 짐승들은 탄생의 순간 어떠한 존재도 될 수 있다. 시간의 첫 순간 혹은 바로 직후에 천국의 벗들은 이미 영원토록 계속될 모습으로 존재한다. 그러나 인간은 신의 선물에 의해 내면에 씨앗을 품고 태어나 그로부터 모종의 창조물로 자라게 된다. 그러므로 그가 어떤 씨앗을 기르기로 결정하든, 그 씨앗은 그를 위해 자라서 열매를 맺을 것이다. 만일 그가 철저히 무위도식하며 살기로 했다면, 그의 삶은 관능성을 즐길 테고 그리하여 그는 육욕적인 창조물이 될 것이다. 만일 그가 이해의 길을 선택한다면, 그는 육욕적인 본성에서 벗어나 거룩한 존재로 변화할 것이다. 만일 그가 진정으로 지혜를 사랑하는 사람이 되려 한다면, 그는 천사나 신의 아들과 같아질 것이다. 그러나 만일 모든 형태의 독립된 개별 존재가 자신의 영spirit을 담을 수 없다면, 그는 자신의 혼soul 한가운데에서, 만물의 중심이자 만물 이전에 존재하는 신의 유일성이라는 신비 안에서 성령과 하나가 될 것이다.

M. O'C. 드루어리, 비트겐슈타인과의 대화

20. 1937년에 쓴 내용과 비교해보자.

종교에서 신앙심의 모든 단계에 보다 낮은 단계에서는 아무런 뜻을 가지지 않는 표현 방식이 대응한다는 것은 틀림없을 것이다. 아직 보다 낮은 단계에 있는 자에게, 보다 높은 단계에서 의미를 가지는 이 가르침은 아무것도 아니며 공허하다; 그것은 오직 **잘못** 이해될 수 있다. 그리고 따라서 이 말들은 이 사람에게는 유효하지 않다. 예를 들어, 예정설에 관한 사도 바오로의 가르침은 나의 단계에서는 무신앙심, 불쾌한 헛소리이다. 따라서 그것은 나에게는 어울리지 않는다. 왜냐하면 나는 나에게 제공된 그림을 오직 잘못 적용할 수 있기 때문이다. 만일 그것이 경건하고 훌륭한 그림이라면, 그것은 나와는 크게 다른 단계에 있는 사람, 그러니까 분명히 나와는 전혀 다른 방식으로 그의 삶에서 그 그림을 적용할 사람을 위한 것이다. [C 32]

21. 1912년 6월 22일, 러셀에게 보내는 편지에서 비트겐슈타인은 다음과 같이 썼다.

저는 요즘 틈나는 대로 제임스의《종교적 경험의 다양성》을 읽고 있습니다. 이 책은 저에게 많은 도움이 됩니다. 조만간 성인聖人이 되겠다고 말하려는 게 아닙니다. 그렇지만 정말 크게 개선되고 싶은 제 방식으로 적지 않은 개선을 이루어주리라 생각합니다. 그러니까 불안(Sorge, 괴테가《파우스트》제2부에서 말한 의미에서)를 없애는 데 도움이 되는 것 같습니다. (L 10)

22. 비트겐슈타인이 쓴 1931년 원고에서 그는 각괄호를 사용하여 이 문제와 그가 논하고 있는 철학적 문제들을 분리한다. "기독교 내에서 이 문제는 마치 신이 인간들에게 이렇게 말하는 것 같다. 비극을 연출하지 말라, 즉 지상에서 천국과 지옥을 연출하지 말라. 천국과 지옥은 **나의** 소관이다." [C 14]

23. 146쪽과 비교할 것.

24. 도스 힉스는 당시 유니버시티 칼리지 런던의 명예교수였으며, 은퇴 후 케임브리지에서 지냈다. 도덕과학클럽은 현재 철학회Philosophical Society로 불린다.

25. 스완지에서 자유의지에 관한 토론을 시작하면서 나는 한 가지 사례를 들었다. "약간의 노력으로 나는 감정을 자제할 수 있었고, 그리하여 그에게 아주 신랄하게 말하지는 않았습니다." 그러자 토론 중에 비트겐슈타인이 이렇게 말했다. "이런 일은 나에게 매일 일어나는 일이네." 그리고 잠시 후 이렇게 덧붙였다. "그건 그렇고 알다시피 자네는 그때 감정을 자제하지 못하지 않았나."

26. 몇 년 뒤에 비트겐슈타인은 나에게 이렇게 말했다. "자네도 알다시피 나는 내가 원할 때 철학을 그만둘 수 있다고 말했지. 하지만 그건 거짓말이야! 난 그만둘 수 없네."

27. 물음표는 드루어리의 표기. 인용문에서 첫 번째 언급은 아마 1930년으로 짐작되며, 당시 드루어리는 어쨌든 아직 케임브리지 대학교 학부생이었다. 뉴욕시립대학 교수직에서 러셀이 배제됐다는 말이 나온 시기는 분명히 1940년 가을 이후였을 것이다.

28. 법학박사 새뮤얼 존슨Samuel Johnson이 쓴《기도와 명상Prayers and Meditations》 3판(H. R. Allenson, Limited, London: 발행연도 없음, 그러나 1826년이나 1872년으로 추정된다. 초판은 1785년에 출간되었다)의 156-157쪽 참조.

29. 나는 드루어리가 보여준 원고의 초고를 읽었을 때 그에게 이 문장에 대해 물어보려 했다. 비트겐슈타인이 '맞서다'라는 단어를 특별히 강조했는지,

즉 이 말을 이탤릭체로 표시해야 하는지 궁금했다.

30. 이 대화를 나누던 시기에 그는 현재《철학적 단평*Philosophical Remarks*》이라고 불리는 책을 쓰고 있었다.

31. 제임스 진스 경*Sir James Jeans*(Cambridge, 1930). 비트겐슈타인이 소유한 책의 여백에는 몇 군데 연필로 그의 견해가 적혀 있다. 마지막으로 견해를 적은 면은 53쪽이다.

32.《초 한 자루의 화학적 역사*A Course of Six Lectures on the Chemical History of a Candle*》(London, 1861). 패러데이는 1860년에 런던 왕립연구소의 자녀들을 위해 이 강의를 했다. 강의록은 패러데이가 아니라 젊은 과학자 윌리엄 크룩스*William Crookes*에 의해 출간되었다. 패러데이는 강의록을 쓰지 않았으며, 속기사가 그대로 받아 적은 강의 내용을 크룩스가 정리했다(옥스퍼드 교수들과 TLS*The Times Literary Supplement* 담당자들께는 죄송하지만).

33. 이후, 가령 1937년에 비트겐슈타인은 이런 식의 말투는 혼란과 혼동을 야기하므로 피하고 싶다고 말했다. Ludwig Wittgenstein, 'Ursache und Wirkung: Intuitives Erfassen' ['인과관계: 직관적 인식'], *Philosophia* 6(1976)의 391-445쪽과 비교할 것.

34. 물론 비트겐슈타인은 로마서를 여러 차례 읽었으며 무어도 그랬다.

35. 레이먼드 타운젠트 씨*Mr Raymond Townsend*는 1936년에 비트겐슈타인에게 축약본 한 권을 주었다.

36. 피에로 스라파*Piero Sraffa*. 경제학자이며 케임브리지 트리니티 칼리지의 특별연구원이다. 비트겐슈타인은《철학적 탐구》서문에서 스라파와 여러 차례 대화를 나눈 것에 특별히 감사를 전한다. 그는 실무에 관해 어느 누구보다 스라파의 판단을 중요하게 여겼던 것 같다.

37. 지금의 뉴캐슬 대학교.

38. 때는 1920년 7월과 8월이었고, 장소는 휘텔도르프에 있는 클로스터노이부르크였다. 비트겐슈타인이 초등학교 교사로 재직하기 직전이었다. 비트겐슈타인이 1920년 7월 19일과 [1920년 8월 20일]자로 엥겔만에게 보낸 두 통의 편지[E 34-7] 참조.

39. 1935년 7월이었다. L 132-137 참조. 이 내용에 대한 드루어리의 '1934년' 항목이 누락된 게 분명하다.

40. 윌리엄 H. 프레스콧, 《멕시코 정복사History of the Conquest of Mexico》
3 vols(London, 1843, vol. 2, pp. 175-176).

41. 드루어리의 본가.

42. 요한복음 16장 7절.

43. 레싱의 《신학논박서Theologische Streitschriften》, 'Eine Duplik'(1778)에
서. 《고트홀트 에프라임 레싱 전집Gotthold Ephraim Lessings Sämmtliche
Schriften》(ed. Karl Lachman, 3rd revised ed. by Franz Muncker, 23 vols,
Stuttgart, 1886-1895; Leipzig, 1897-1907; Berlin and Leipzig,
1915-1924; complete photographic reprint, Berlin, 1968, vol. 13, Leipzig,
1897)의 23-24쪽 참조. 레싱의 언급에 대한 이해를 돕기 위해 드루어리가
번역한 인용문의 원본과 함께 바로 앞 구절의 원본을 제시하겠다.

> Nicht die Wahrheit, in deren Besitz irgend ein Mensch ist, oder zu sein
> vermeinet, sondern die aufrichtige Mühe, die er angewandt hat, hinter die
> Wahrheit zu kommen, macht den Wert des Menschen. Denn nicht durch
> den Besitz, sondern durch die Nachforschung der Wahrheit erweitern sich
> seine Kräfte, worin allein seine immer wachsende Volkommenheit bestehet.
> Der Besitz macht ruhig, träge, stolz - Wenn Gott in seiner Rechten alle
> Wahrheit, und in seiner Linken den einzigen immer regen Trieb nach Wahrheit,
> obschon mit dem Zusatze, mich immer und ewig zu irren, verschlossen hielte,
> und spräche zu mir: wähle! Ich fiele ihm mit Demut in seine Linke, und sagte:
> Vater gieb! die reine Wahrheit ist ja doch nur für dich allein!

첫 번째 구절의 번역은 이렇다.

> 한 사람의 가치를 형성하는 것은 누군가가 지니거나 지니고 있다고 생각하는 진리가
> 아니라, 진리의 뿌리를 알아내려는 그의 고된 노력이다. 그 사람의 능력이 커지고
> 그 안에서 완전함이 점차 늘어나는 이유는 그가 진리를 소유하기 때문이 아니라
> 진리를 찾기 때문이다. 소유는 사람을 자족적이고 게으르며 오만하게 만든다.

44. 비트겐슈타인이 나에게 말했던 것처럼, 이것은 파울이 친구들과 자주 즐기
던 일종의 게임이었다. 그는 음악에 상당히 조예가 깊었으며, 악보로 가득
찬 아주 큰 서재를 만들었다. 그가 다른 방향을 보는 동안, 친구 한 명이
책꽂이에서 악보 몇 권을 꺼내 펼쳐서 두세 마디를 제외한 나머지 부분을

모두 가린 다음, 그에게 이 약간의 부분만 보여준다. 그러면 파울 비트겐슈타인은 매번 이 악보의 작품 이름을 알아맞혔다. 루트비히 비트겐슈타인이 나에게 이 말을 한 건 '배우면 조예가 깊어진다'는 걸 알려주기 위해서였다. 그는 형의 연주를 좋아하지 않았지만 형의 '경이적인 연주법'을 존경했으며, 파울이 오른쪽 팔을 잃기 전에도 그랬지만 그 후에 특히 그랬다.

45. 비트겐슈타인 원고 가운데 하나에 뜬금없이 이런 말이 나온다. "다른 사람의 깊숙한 곳에 있는 것을 가지고 장난치지 마라!" [C 23]

46. 확실히 이 항목은 더 앞에 배치되어야 했다.

47. 기도서의 실제 내용은 이렇다. "악마와 악마의 모든 소행을, 세상의 헛된 허영과 영광을, 세상의 모든 탐욕스런 욕망과 육체의 쾌락적인 욕망을 끊으라."

48. 157-159쪽 참조.

49. 시릴 배럿Cyril Barrett 편집(Oxford, 1968). 편집자는 서문에서 결코 비트겐슈타인이 이 책을 썼거나 썼으리라 짐작하지 않는다고 강조한다.

50. 루가복음 1장 28절. "Und der Engel kam zu ihr hinein, und sprach: Gegrüsset seist du, Holdselige!"

51. 비트겐슈타인은 유언장에 포래커 씨Mr Fouracre 앞으로 약간의 유산을 남겼다.

52. 1943년 3월 말이나 4월 초였을 것이다. 그는 1943년 4월 1일에 가이 병원에서 나에게 편지를 썼고, 4월 중순에 일주일 동안 스완지에 머물렀다. 아마도 그 직후에 뉴캐슬에 갔으리라 생각한다. 나는 1943년 9월에 그곳에서 그를 방문했다.

53. 148쪽 참조.

54. 〈순수의 노래Song of Innocence〉 가운데 '밤Night'의 3연과 5연.

55. 〈천국과 지옥의 결혼The Marriage of Heaven and Hell〉 가운데.

56. 〈영원한 복음The Everlasting Gospel〉에 나오는 구절.

57. 1946년의 두 언급과 비교할 것: "광기를 병으로 간주해야만 할 필요는 없다. 왜 그것을 갑작스런 — **다소** 갑작스런 — 성격 변화로 여겨서는 안 되는가?" [C 54]; "'지금이야말로 우리가 이 현상을 **다른** 어떤 것과 비교해 볼 가장 좋은 기회다' — 하고 사람들은 말할 수 있다 — 여기서 나는 예컨대

정신병들을 생각하고 있다."[C 55]

58. 이 무렵 나는 몇 주 동안 더블린에서 지내며 비트겐슈타인과 드루어리를 방문했다. 비트겐슈타인은 드루어리의 건강을 염려하며(그는 2년 전쯤 병을 앓았었다) 나에게 걱정을 토로했다. 드루어리는 마치 양쪽으로 높은 담이 쳐진 길을 걷느라 길 외에는 앞에 아무 것도 보이지 않는 사람처럼, 병원 업무 말고는 어디에도 한눈을 팔지 않을 만큼 열심이라고 했다. 1949년 1월에 비트겐슈타인은 노트에 이렇게 썼다. "안식일은 단순히 휴식을 위한 시간, 쉼을 위한 시간이 아니다. 우리는 우리의 일을 단지 안으로부터만이 아니라, 바깥으로부터도 고찰해야 할 것이다."[C 80]

59. 비트겐슈타인은 1942년에 쓸개 제거 수술 후 가이 병원에 환자로 입원했던 자신의 경험을 어렴풋이 기억했을지 모른다. 그는 특히 오전에 병동을 '회진'하던 한 젊은 의사의 상상력 결핍에 대해 나에게 말했다. "그는 병실에 들어와 내 침실 위편에 서더니 ─ 제법 나이 든 교수인 ─ 나에게 "그래, 간밤엔 잘 잤어요?"라고 말을 걸더군. 나라면 학생한테조차 그런 말투로 말하지 않았을 거야. 비트겐슈타인은 병참 부사관 같은 의사의 억양을 흉내 냈다. 그는 드루어리가 그런 태도를 보일 거라고는 상상도 할 수 없었고, 그저 그가 병원 일과를 잘 견딜지 걱정했을 것이다.

60. 요제프 브로이어Josef Breuer와 지그문트 프로이트, 《히스테리 연구Studien uber Hysterie》(1st ed., Leipzig and Vienna, 1895; 영어 제목은 Studies on Hysteria, ed. and trans. James and Alix Strachey, London, 1956). 비트겐슈타인은 1939년 혹은 1940년에 쓴 글에서 이렇게 말했다. "이유는 모르겠지만, 나는 늘 정신분석의 진정한 기원은 프로이트가 아니라 브로이어에서 시작되었다고 믿었다. 물론 브로이어의 씨앗이 아주 작았을 수는 있다."[C 36]

61. 148쪽과 이 페이지의 주석 16번과 비교할 것.

62. 136쪽과 이 페이지의 주석 12번과 비교할 것.

63. 비트겐슈타인이 소장한 책들 가운데 내가 발견한 리비우스의 저서는 학생판 21-3이 유일하다. 비트겐슈타인이 1929년 이전에 구입할 수 없었던 중고 책으로, 나는 그가 1942년에 이 책을 갖게 되었으리라 생각한다. 그는 일부 구절을 책의 행간에 독일어로 옮겼다. 비트겐슈타인이 더블린에 두고 간 대여섯 권의 책들 가운데 한 권일 것이다.

1942년 가을에 그가 나에게 보낸 편지에는 책을 좀 읽고 있다고 쓰여 있다. 그는 "탐정소설뿐 아니라" 키케로 — "대체로 지루하네" — 도 읽었고, 한니발의 이탈리아 침략에 관한 리비우스의 해설서는 "엄청 재미있다"고 말했다. 그는 여전히 가이 병원에서 일하면서 토요일마다 케임브리지에서 강의를 했다. 11월(1942년)에 그는 나에게 편지로, 수학의 기초에 관한 강의를 하고 있는데 "아무래도 이제 라틴어 책을 읽을 시간은 없을 것 같네. 그래서 걱정이라는 말은 아니고"라고 썼다.

1944년에 — 그 해인 것 같다 — 그는 레오폴트 폰 랑케^{Leopold von Ranke}에 관해 읽고 있었다. 랑케는 어떤 일이 발생하기까지 전조가 된 사건들을 주의 깊게 설명한 다음, 마치 사태가 다른 식으로 전개될 수 있으리라고는 누구도 상상할 수 없었다는 듯이 "이런 상황에서 그것은 불가피한 일이었다. …" 같은 말을 덧붙였는데, 비트겐슈타인은 이런 방식을 흥미롭게 여겼다. 그는 에두아르트 마이어^{Eduard Meyer}의 《기독교의 기원과 시작*Ursprung und Anfänge des Christentums*》(Stuttgart and Berlin, 1921-1923)과 《몰몬교의 기원과 역사*Ursprung und Geschichte der Mormonen*》(Halle a. S., 1912)도 읽고 있었다.

64. 1937년에 쓴 글과 비교할 것: "복음서에 맑고 부드럽게 흐르는 샘물 …." [30]

65. 그 전에 비트겐슈타인은 드루어리와 내가 함께 있는 자리에서 이 이야기를 한 적이 있다. 그는 "이 이야기가 사실이면 좋겠다"고 말한 다음, 거의 경외감에 가까운 희열을 느끼며 이렇게 덧붙였다. "존경심을 드러내는 대단히 훌륭한 방법이야!" 드루어리는 "끔찍한 방법"이라고 말했고, 나도 동의했던 것 같다. 지금 생각해보면 이 말은 적절하지 않았다. 다시 말해, 비트겐슈타인은 방금 표현한 감정을 어떤 식으로든 바꾸지 않고 인정했을 것이다. 그리고 이반의 조치에 대한 그의 감정은 성당을 보고 기억하면서 그가(비트겐슈타인이) 느낀 감정과 별개일 수 없었다. "존경심을 드러내는 대단히 훌륭한 방법이다!"라는 그의 말은 가장 깊은 숭배의 표현으로서 인간의 희생이라는 특정한 형태에 대해 말한 것에 가깝다. 우리가 "하지만 이건 끔찍한 일입니다!"라고 말했다면, 그는 이것은 당시에 무슨 일이 일어났는지 우리가 모른다는 걸 증명하는 거라고 말했을 것이다.

66. 136쪽과 비교할 것.

67. 더블린의 로스 호텔로 돌아오는 길이었다. (그가 미국에서 맬컴 교수와 지내는 동안 그의 병은 이미 심각한 상태였다. 맬컴의《회고록Memoir》94쪽과 비교할 것.)

68. 12월 4일 — 진단 후 약 보름 뒤 — 편지에서 비트겐슈타인은 나에게 이렇게 썼다. "서서히 나아지고 있네. 의사 말로는 몇 달 지나면 일하는 데 무리가 없을 거라고 해. … 내 생명이 이런 식으로 연장되다니 유감이네. 병이 나을 거라는 말을 듣고 나는 깜짝 놀랐네." 맬컴의《회고록》95쪽에 있는 유사한 편지의 해당 구절과 비교할 것. 그 전에 비트겐슈타인은 수술로 암을 치료할 수 없다고 썼다. 나중에 드루어리에게 들은 말에 따르면 2차성 암종이 발병해 척추에 전이됐기 때문이었다.

69. 사망하기 약 6주 전(드루어리의 이번 방문 5주 전)에 비트겐슈타인은 다시 일을 잘 할 수 있게 됐다. 1949년 11월 말부터 대략 1951년 2월 말까지, 그는 나에게 편지에 썼듯이 "호르몬이 일을 하도록 내버려 두고" 있으며, 쓸 만한 가치가 있는 글을 아무것도 쓸 수 없을 것 같은 기분이 자주 들었다. 그는 호르몬 치료를 중단할 때 정신력을 회복했다.

기타 참고문헌

이 책에 수록된 책들 외에 비트겐슈타인에 관한 다른 저자의 글과 저서이다.

Karl Britton, 'Portrait of a Philosopher', *Listener* 53(January-June 1955), 1071-2; repr. in K. T. Fann (ed.), *Ludwig Wittgenstein: The Man and his Philosophy*(1967), pp. 56-63.

Paul Engelmann, *Letters from Ludwig Wittgenstein with a Memoir* (인용문헌 참조)

D. A. T. G[asking] and A. C. J[ackson], 'Ludwig Wittgenstein', *Australasian Journal of Philosophy* 29(1951), 73-80; repr. as 'Wittgenstein as a Teacher' in K. T. Fann, op. cit., pp. 49-55.

V. Kraft, 'Ludwig Wittgenstein', *Wiener Zeitschrift für Philosophie, Psychologie, Pädagogik* 3(1950-1951), 161-3.

H. D. P. Lee, 'Wittgenstein 1921-1931', *Philosophy* 54(1979), 211-20.

Norman Malcolm, *Ludwig Wittgenstein: A Memoir*, with a Biographical Sketch by Georg Henrik von Wright(London, 1958: Oxford University Press; 2nd ed. in press)

W. Mays, 'Wittgenstein's Manchester Period', *Guardian*, 24 March 1961, 10; cf. the same author's 'Note on Wittgenstein's Manchester Period', *Mind* 64(1955), 247-8.

Bertrand Russell, 'Ludwig Wittgenstein', *Mind* 60(1951), 297-8.

Gilbert Ryle, 'Ludwig Wittgenstein', *Analysis* 12(1951-1952), 1-9.

K. E. Tranøy, 'Wittgenstein in Cambridge 1949-1951: Some Personal

Recollections', *Acta Philosophica Fennica* 28(1976)(*Essays on Wittgenstein in Honour of G. H. von Wright*), 11-12.

John Wisdom, 'Ludwig Wittgenstein, 1934-1937', *Mind* 61(1952), 258-60.

비트겐슈타인 회상록

초판 1쇄 발행 | 2017년 11월 13일

엮은이 | 러시 리스
옮긴이 | 이윤, 서민아
펴낸이 | 이은성
편 집 | 문화주, 이채영
디자인 | 백지선
펴낸곳 | 필로소픽

주 소 | 서울시 동작구 상도동 206 가동 1층
전 화 | (02) 883-3495
팩 스 | (02) 883-3496
이메일 | philosophik@hanmail.net
등록번호 | 제 379-2006-000010호

ISBN 979-11-5783-094-7 93100

필로소픽은 푸른커뮤니케이션의 출판 브랜드입니다.

이 도서의 국립중앙도서관 출판시도서목록(CIP)은 서지정보유통지원시스템 홈페이지(seoji.nl.go.kr)와
국가자료공동목록시스템(www.nl.go.kr/kolisnet)에서 이용하실 수 있습니다. (CIP제어번호: CIP2017027419)